管理者的财务思维

《运营透视+资金管控+财务分析+利润增长》

段昕宏◎著

人民邮电出版社

北京

图书在版编目（CIP）数据

管理者的财务思维 ：运营透视+资金管控+财务分析+利润增长 / 段昕宏著. -- 北京 ：人民邮电出版社，2021.5
ISBN 978-7-115-56132-9

Ⅰ．①管… Ⅱ．①段… Ⅲ．①企业管理—财务管理 Ⅳ．①F275

中国版本图书馆CIP数据核字(2021)第046440号

内 容 提 要

当下，企业间竞争加剧，市场对企业的发展提出更高的要求，企业已经进入精细化发展阶段。而企业财务管控，是企业管理的重点和难题之一。如何才能运营好企业财务？如何才能让管理者对财务相关业务了如指掌？如何让企业在市场竞争中免除财务之忧？如何让企业财务人员更专业地做好企业财务管理？本书从企业运营过程中常见的财务管控问题着手，分别从 18 个方面，帮助读者透析企业运营状况、树立正确的企业管理认知、合理设置企业财务管控架构、建立财务管控体系等，全面而翔实地梳理了企业运营的各个方面，适合读者阅读使用。

◆ 著　　段昕宏
责任编辑　李士振
责任印制　彭志环

◆ 人民邮电出版社出版发行　　北京市丰台区成寿寺路 11 号
邮编　100164　电子邮件　315@ptpress.com.cn
网址　https://www.ptpress.com.cn
北京天宇星印刷厂印刷

◆ 开本：720×960　1/16
印张：22.25　　　　　　　　2021 年 5 月第 1 版
字数：328 千字　　　　　　2025 年 1 月北京第 16 次印刷

定价：89.80 元

读者服务热线：(010)81055296　印装质量热线：(010)81055316
反盗版热线：(010)81055315
广告经营许可证：京东市监广登字 20170147 号

前言

多年以来，关于企业管理的理论不断变化，但企业管理的本质却始终如一。管理思维始于人类独立思维，发展于人类群体活动，管理的本质正是"团队目标＋个性诉求＋物类协同"。千百年来，管理的本质始终如一，变化的只是管理细致思维。

企业管理坚持"规则为大"，企业管理要尽可能在所有重大事项上确立规则与定量。企业管理尊重"诉求差异"，独立个体的诉求各异，企业在制订规则时必须正视并尊重差异。企业管理崇尚"大道至简"，管理创新的初衷和目的就是简化，规则要简，再简，还要简。

至于财务管控，人类群体合作催生会计职业，会计天生就是企业的管理核心。企业发展优势各异，销售生猛、技术尖端、资源独占、生产精细化或兼而有之。但管理核心仍非会计莫属，现代企业尤其如此。没有良好的财务管控体系，企业的发展必然受阻。

会计天然具有规则优势，会计准则、税法均为运营准绳。

会计天然具有工具优势，软件工具要运用娴熟。

企业管理者与财务人员天生相适，企业管理者平衡全局，财务人员坚守规则。

很多企业管理者要么不懂财务，要么轻视财务，而财务人员可能知识不全、沟通不力……总之企业管理者与财务人员难以同频，企业管理者甚至不知道财务管控到底要管控什么，更谈不上管控好坏。

因此，本书从企业运营的本质出发，立足于财务管控，借助丰富的图表和情景剧场，对企业运营管理进行全面梳理和分析，并对企业财务管控体系的建立进行深入剖析，力求为企业管理者提供企业财务管控的完整思路。

本书第一章到第四章透视企业运营，展示运营大道至简，通过规范管理、财务管控、成熟规则三方顺序牵连，揭示规范运营的重要意义，同时简单介绍了财务部门架构和会计基础工作。

本书第五章到第九章讲述了规范管理所需的五大体系保障，包括内部控制体系规则保障、全面预算体系计划保障、合同管理体系契约保障、成本核算体系结算保障、财务分析体系总结保障。

第十章到第十八章讲述了财务管控的九大主战场，包括资金管控、固定资产管控、成本管控、费用管控、应收账款管控、存货管控、税费管控、项目投资管控、集团财务管控等。

本书不但有生动有趣的案例，也有框架搭建的思路，还有操作性极强的方法，可以给企业主、创业者、财务管理者、企业财务人员、相关研究者及爱好者提供有益的思考和实用的方法。

希望通过阅读本书，企业管理者能够不再迷茫、不再感到无从下手，财务人员能够跳出职业局限，管理者与一线人员能协作配合，充分利用会计核算和财务管理这两大职能利器，做好财务管控，让企业的发展更加健康，让企业更具市场竞争力，降低成本，赢得利润。

编　者

目录

第十三章　费用管控

第一章

企业运营透视：如何知悉企业发展现状

企业运营涉及众多要素，市场上各类管理理念同样繁杂，再加上企业职工的多样性，使很多企业管理者只能发现或解决企业运营的表层问题，难以触及核心。因此，在增强企业管控能力之前，我们必须透视企业运营，抓住企业运营的核心。

1.1 透视企业运营

麻将，这一看似简单的游戏，能够流传至今，正是因为其间蕴藏的古老智慧。借助这样的智慧，我们也能透视企业运营，真正找到企业运营的关键。

不同的企业有各自的运营法则，全球各地的人们也都有各自的文化习惯，一群有着共同目的的人聚集在一起，就能借助规则实现整合，进而创造出令人惊奇的成就，这与麻将的游戏模式实在像极了。

由此及彼，麻将不正是运营管理的缩影吗？

（1）四人一参与者一团队。所有员工集结在一起，组成团队，成为企业运营的重要驱动力。

（2）结果获得一目的性一业务。业务是企业运营的核心内容，业务模式奠定了团队作战的基调，也成为企业运营的目标。

（3）规则一有规则一约束。无规矩不成方圆，企业想要将所有员工的力量整合到一起，就需要以规则为约束。

（4）结果一有成果一考核。成果是检验团队战斗力的关键指标，而如何定义企业运营的成果则需要相应的考核机制。

在上述 4 个关键要素中，还要注意隐含的关键词，即"所有"或"竭尽所有"：企业运营中的所有人、所有业务、所有规则、所有考核都必须得到有效整合。

从麻将透视企业运营，我们就会很容易获得企业运营的两个重要启迪。

（1）麻将能够经久不衰，意味着这种运营理念有效。

（2）反向来看，企业运营管理更应建立"大道至简"的思维模式。

1.2 企业运营七大基本职能

人是企业运营的基石，也是企业创造价值的主体。企业人才可以来自天南海北，但需要满足企业运营的需求。在人才招募及团队组成方面，企业必须以企业分类为基础，并以企业运营七大基本职能为出发点，进而设计企业的组织架构、部门设置及岗位设置。

1.2.1 企业的分类

不同的企业需要招募不同类型及不同数量的人才。因此，在探讨企业运营的团队建设问题之前，企业必须明确自身的企业分类。一般而言，企业可以按照规模大小及会计核算类型两种标准进行分类。

1. 按规模大小分类

关于企业规模大小的划分，一般可以从行业类型、营业收入、从业人员数量或企业资产总额等维度，将企业分为大型、中型、小型、微型等 4 类。这里采用中华人民共和国国家统计局（以下简称"国家统计局"）的分类标准，如表 1.2 - 1 所示。

表 1.2 - 1 统计上大中小微型企业划分标准（2017 年）

行业名称	指标名称	计量单位	大型	中型	小型	微型
农、林、牧、渔业	营业收入（Y）	万元	$Y \geq 20\,000$	$500 \leq Y < 20\,000$	$50 \leq Y < 500$	$Y < 50$
工业	从业人员（X）	人	$X \geq 1\,000$	$300 \leq X < 1\,000$	$20 \leq X < 300$	$X < 20$
	营业收入（Y）	万元	$Y \geq 40\,000$	$2\,000 \leq Y < 40\,000$	$300 \leq Y < 2\,000$	$Y < 300$
建筑业	营业收入（Y）	万元	$Y \geq 80\,000$	$6\,000 \leq Y < 80\,000$	$300 \leq Y < 6\,000$	$Y < 300$
	资产总额（Z）	万元	$Z \geq 80\,000$	$5\,000 \leq Z < 80\,000$	$300 \leq Z < 5\,000$	$Z < 300$

续表

行业名称	指标名称	计量单位	大型	中型	小型	微型
批发业	从业人员（X）	人	$X \geqslant 200$	$20 \leqslant X < 200$	$5 \leqslant X < 20$	$X < 5$
	营业收入（Y）	万元	$Y \geqslant 40\,000$	$5\,000 \leqslant Y < 40\,000$	$1\,000 \leqslant Y < 5\,000$	$Y < 1\,000$
零售业	从业人员（X）	人	$X \geqslant 300$	$50 \leqslant X < 300$	$10 \leqslant X < 50$	$X < 10$
	营业收入（Y）	万元	$Y \geqslant 20\,000$	$500 \leqslant Y < 20\,000$	$100 \leqslant Y < 500$	$Y < 100$
交通运输业	从业人员（X）	人	$X \geqslant 1\,000$	$300 \leqslant X < 1\,000$	$20 \leqslant X < 300$	$X < 20$
	营业收入（Y）	万元	$Y \geqslant 30\,000$	$3\,000 \leqslant Y < 30\,000$	$200 \leqslant Y < 3\,000$	$Y < 200$
仓储业	从业人员（X）	人	$X \geqslant 200$	$100 \leqslant X < 200$	$20 \leqslant X < 100$	$X < 20$
	营业收入（Y）	万元	$Y \geqslant 30\,000$	$1\,000 \leqslant Y < 30\,000$	$100 \leqslant Y < 1\,000$	$Y < 100$
邮政业	从业人员（X）	人	$X \geqslant 1\,000$	$300 \leqslant X < 1\,000$	$20 \leqslant X < 300$	$X < 20$
	营业收入（Y）	万元	$Y \geqslant 30\,000$	$2\,000 \leqslant Y < 30\,000$	$100 \leqslant Y < 2\,000$	$Y < 100$
住宿业	从业人员（X）	人	$X \geqslant 300$	$100 \leqslant X < 300$	$10 \leqslant X < 100$	$X < 10$
	营业收入（Y）	万元	$Y \geqslant 10\,000$	$2\,000 \leqslant Y < 10\,000$	$100 \leqslant Y < 2\,000$	$Y < 100$
餐饮业	从业人员（X）	人	$X \geqslant 300$	$100 \leqslant X < 300$	$10 \leqslant X < 100$	$X < 10$
	营业收入（Y）	万元	$Y \geqslant 10\,000$	$2\,000 \leqslant Y < 10\,000$	$100 \leqslant Y < 2\,000$	$Y < 100$
信息传输业	从业人员（X）	人	$X \geqslant 2\,000$	$100 \leqslant X < 2\,000$	$10 \leqslant X < 100$	$X < 10$
	营业收入（Y）	万元	$Y \geqslant 100\,000$	$1\,000 \leqslant Y < 100\,000$	$100 \leqslant Y < 1\,000$	$Y < 100$
软件和信息技术服务业	从业人员（X）	人	$X \geqslant 300$	$100 \leqslant X < 300$	$10 \leqslant X < 100$	$X < 10$
	营业收入（Y）	万元	$Y \geqslant 10\,000$	$1\,000 \leqslant Y < 10\,000$	$50 \leqslant Y < 1\,000$	$Y < 50$
房地产开发经营	营业收入（Y）	万元	$Y \geqslant 200\,000$	$1\,000 \leqslant Y < 200\,000$	$100 \leqslant Y < 1\,000$	$Y < 100$
	资产总额（Z）	万元	$Z \geqslant 10\,000$	$5\,000 \leqslant Z < 10\,000$	$2\,000 \leqslant Z < 5\,000$	$Z < 2\,000$
物业管理	从业人员（X）	人	$X \geqslant 1\,000$	$300 \leqslant X < 1\,000$	$100 \leqslant X < 300$	$X < 100$
	营业收入（Y）	万元	$Y \geqslant 5\,000$	$1\,000 \leqslant Y < 5\,000$	$500 \leqslant Y < 1\,000$	$Y < 500$
租赁和商务服务业	从业人员（X）	人	$X \geqslant 300$	$100 \leqslant X < 300$	$10 \leqslant X < 100$	$X < 10$
	资产总额（Z）	万元	$Z \geqslant 120\,000$	$8\,000 \leqslant Z < 120\,000$	$100 \leqslant Z < 8\,000$	$Z < 100$
其他未列明行业	从业人员（X）	人	$X \geqslant 300$	$100 \leqslant X < 300$	$10 \leqslant X < 100$	$X < 10$

2. 按会计核算类型分类

按照会计核算类型的不同，企业一般可以分为制造、建安、商贸、服务等类型。

其中，制造型企业是最常见的企业类型，其核算方式最具代表性。简而言之，制造型企业就是将采购来的物料通过各种加工手段制造为成品。

即使并非制造型企业，如果我们能够将制造型企业的核算与管控融会贯通，也能够很好地做到触类旁通。

因此，本书将以更具代表性的中小型制造企业为例，对企业运营管控进行全面阐述。

1.2.2　七大基本职能

无论企业规模大小，企业都应当具备一些基本的职能部门，这些部门的功能分别是采购、仓储、技术、生产、销售、综合、财务职能，如表 1.2－2 所示。企业的团队建设及运营管控也都需要以此为出发点，不断地丰富和完善。

表 1.2－2　企业七大基本职能

职能	关键事务
采购	寻市场、询比价、签合同、建档案、进材料、收发票、付货款
仓储	收材料、发材料、收产品、发产品、管存货、保安全、联物流
技术	优工艺、做开发、制清单、保质检
生产	修机器、组生产、降成本
销售	寻市场、保广宣、找客户、签合同、销产品、催回款、做售后
综合	设架构、引人力、审合同、做接待、信息化、管档案、促综合、接外联
财务	汇预算、做考核、管资金、审合同、做核算、核账实、撰分析、筹税务

1.2.3　组织架构

组织架构是企业的流程运转、部门设置及职能规划等最基本的结构依据，是指按照国家法律法规、股东会决议和企业章程，明确股东会、董事会、监事会、经理层和内部各层级机构设置、职责权限、人员编制、工作程序等的制度安排。整体上，可以将组织架构分为两类，一类是法人治理结构，另一类是内部职能机构。

1. 法人治理结构

法人治理结构是现代企业制度中最重要的组织架构，狭义的公司治理主要是指公司内部股东会、董事会、监事会及经理层之间的关系。公司作为法人，也就是作为由法律赋予了人格的团体人、实体人，需要有相适应的组织体制和管理机构，使之具有决策能力、管理能力，行使权利，承担责任，从而使公司法人有效地活动起来，因而法人治理结构很重要，是公司制度的核心。

（1）股东会是企业最高权力机关，由全体股东组成，对企业重大事项进行决策，有权选任和解除董事，对企业经营管理有广泛的决定权。

（2）董事会是股东会的业务执行机关，负责企业业务经营活动的指挥与管理，对股东会负责。

（3）监事会是股东会领导下的监察机构。监事会与董事会平行并立，独立地对董事会、总经理、高级职业经理人乃至整个企业业务活动进行监督。为确保独立性，监事不得兼任董事和总经理。

（4）经理层的主要构成人员是经理。经理是企业日常运营管理和行政事务的负责人，由董事会决定聘任或解聘，对董事会负责。

2. 内部职能机构

在法人治理结构下，企业根据内部职能和发展需求，还需要设置各类内部职能机构。随着企业治理理念的不断发展，常见的内部职能机构设置一般分为 5 种类型，如图 1.2－1所示。

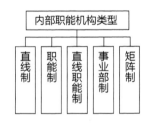

图 1.2－1　内部职能机构类型

（1）直线制。直线制是最古老、最简单的组织形式。直线制企业实行垂直领导，每个下属部门都只接受一个上级的指令，且不另设职能机构（可设职能人员协助主管人工作），一切管理职能基本上都由经理执行，一般要求经理能对所有问题做出决策。直线制只适用于规模较小、生产技术比较简单的企业。

（2）职能制。职能制中设立职能机构协助经理管理，经理把管理职责和权力交付职能机构，各职能机构在业务范围内发号施令，下级除接受经理指挥外，还需接受职能机构领导。

职能制的优点是能适应现代化工业企业生产技术复杂、管理需求精细的特点，能充分发挥职能机构专业管理作用，减轻直线领导工作负担。

职能制的缺点也很明显：企业缺乏必要的集中领导和统一指挥，容易形成多头领导；不利于建立健全各级负责人和职能部门的责任制，往往会出现"有功大家抢，有过大家推"的现象；直接领导和职能部门指令冲突时，下级无所适从。

（3）直线职能制。直线职能制也叫直线参谋制，是在直线制和职能制基础上取长补短建立的。

随着企业规模扩大，直线经理的任务越来越复杂，仅依靠个人的知识和时间已无法承担，需要专家的帮助，职能人员就是这种专家。职能经理的作用是为直线经理提供有效建议、服务和帮助。

绝大多数企业都采用直线职能制。在这种类型下，管理机构和人员分为两类：一类是直线领导机构和人员，按命令统一原则行使指挥权；另一类是职能机构和人员，按专业化原则从事职能管理。直线领导机构和人员在自己的职责范围内有一定的决定权和对所属下级的指挥权，并对部门工作负全部责任。而职能机构和人员则是直线指挥人员的参谋，不能直接对部门发号施令，只能进行业务指导。

直线职能制的优点是既保证了企业管理体系的集中统一，又可在各级直线机构领导下，充分发挥各专业管理机构的作用。

直线职能制的缺点是职能部门之间的协作和配合性较差，职能部门的许多工作要直接向上层领导报告请示才能处理，一方面加重了上层领导的工作负担，另一方面也造成了办事效率低。为了克服这些缺点，可以设立各种综合委员会或建立各种会议制度，协调各方面工作。

（4）事业部制。事业部制是一种高度集权下的分权管理体制，适用于规模庞大、产品种类繁多、技术复杂的大型企业。企业下设若干个自主运营的业务单位——事业部，事业部或按产品来划分，或按地区来划分，每个事业部都是要对成本、利润负责的利润中心。事业部制组织架构类似于直线职能制组织架构，因此保留了直线职能制组织架构的部分特点。但是二者存在本质差别，事业部被赋予更大的职责及权限，是相对独立的单位，直线职能制组织架构内部则不存在这样的单位。实际上，每个事业部往往更类似于一个直线职能制组织架构单位。

（5）矩阵制。矩阵制既有按职能划分的垂直领导系统，又有按产品（项目）划分的横向领导关系，是为解决直线职能制横向联系差、缺乏弹性的问题而形成的。

矩阵制的特点表现在围绕某项专门任务成立跨职能部门的专门机构。这种组织架构形式是固定的，人员却是变动的，项目小组负责人及成员都是根据需求临时委任和组织的，任务完成即解散。因此，这种组织架构非常适用于横向协作和攻关项目，适用于技术进步较快、技术要求较高的企业，如项目设计、工程建设等。

矩阵制的优点是机动、灵活，各方面有专长的人都需要通过严格的选拔，且有信任感、荣誉感。这种组织形式能极大地激发人员的责任感和工作热情，加强不同部门之间的配合和信息交流。

矩阵制的缺点是项目经理责任大于权力，项目经理相对于部门经理来说，常常存在着一层"职权差距"，项目经理职权只是一种不完全的职权。

1.2.4　部门设置

企业应根据发展目标和职能任务，按照科学、精简、高效原则，合理设置部门和岗位，明确职责权限，形成各司其职、各负其责、便于考核、相互制约的工作机制。

企业在部门设置时切忌盲目效仿。如今很多中小企业都存在大企业化的现象，即职能复杂化、部门虚拟化、人员膨胀化，甚至"一部一人一总监"的现象层出不穷，对外造成合作伙伴的不信任，对内则导致职工职位攀比和不合理的待遇要求。

因此，务实是部门设置的基础，企业应结合行业特点、业务特点和企业实际设计合理的架构。如在大多数企业采用的直线职能制架构下，企业可以按照七大基本职能设置内部部门，辅以矩阵制架构应对建设工程及研发项目等临时性工作。

与此同时，部门设置也不能机械地与职能划分对应，尤其是小微企业可以采用一部门多职能的设置方法，简化组织结构，如采购与仓储合并为一、财务与综合合并为一；大型集团则可采用一职能多部门的方法，细化职能分工，如销售职能分设市场部、策划部、销售部等，综合职能分设总经办、人力资源部、行政部、后勤部等。

企业在进行部门设置时，需要遵循以下5个原则。

（1）职能实现原则。部门设置必须凸显职能所在，确保目标实现。当某一职能与两个或两个以上部门关联时，应将每一部门的职责加以明确，以确保职能实现。

（2）权力分割原则。业务的决策权、执行权和监督权分割。

（3）最少部门原则。部门犹如齿轮，力在齿轮间的传递始终存在损耗，类似于物理学上的机械效率永远小于100%。所以部门数量力求少而精。尤其是中小型企业，多一个部门就会多一个负责人员，其人工成本、办公成本会相应增加。多一个部门就会多一个接口或环节，同样会增加内耗和降低效率。

（4）预期稳定原则。看似只调整了一个部门，但整个体系都须随之而动。因此，一旦部门设置完成，除非业务环境发生重大变化，部门设置一般不做大的调整。

（5）弹性设置原则。这个原则与预期稳定原则并不矛盾。预期稳定并非固定不变，部门设置或撤销应随业务的需要而进行，部门设置没有永久性的概念；与此同时，在解决临时问题时，企业也可以设立临时部门或工作组。

1.2.5　岗位设置

岗位设置包括岗位级次设置、管理跨度设置、岗位说明书编制等内容。

（1）岗位级次设置应本着从简原则。一般而言，中小型企业各职能部门可设置2~3个级次。

（2）管理跨度设置应本着尽力原则。所谓管理跨度，就是一个上级直接指挥的下级数目。考虑到管理者的精力限制，为了增强管理效果，一般而言，中小型企业每一层级主管可下设 1～3 名直接下属。

（3）岗位说明书编制应本着简洁明晰的原则。岗位说明书应用规范的文件形式对组织各类岗位的岗位名称、工作性质、任务、责任、权限、工作内容和方法、工作条件、职种职级以及该岗位任职人员的资格条件、考核项目等做出统一的规定。

1.3　企业三大业务循环

业务是企业运营的核心，只有在业务的不断循环发展中，企业才能持续进步。企业必须抓住企业运营的核心业务循环，如制造型企业的供、产、销三大业务循环等。

1.3.1　采购与付款循环

采购与付款循环是供应环节的核心业务循环，主要包括三大业务核心，即采购货物收到并入库、发票收取并认证、采购货款支付。

1.3.2　生产循环

生产循环是生产环节的核心业务循环，其实质就是将各类原材料通过物理或化学方式组合加工成各种成品的过程。

1.3.3　销售与收款循环

销售与收款业务、采购与付款业务，二者互为镜像业务，销售与收款循环是销售环节的核心业务循环，同样包括三大业务核心，即销售货物发出并交接、发票开具并缴税、销售货款收取。

1.4 如何以财务视角看运营

"财"是企业运营的落脚点。无论是企业的前期财务投资，还是日常的财务健康，或是后续的财务回报，都需要企业懂得从财务视角看运营。否则，即使企业业务蒸蒸日上，也可能陷入财务危机。

1.4.1 企业运营现状

我们一直在谈"业财融合"，但"业财互异"才是企业运营现状的真实写照，本该作为管理核心的财务职能，却沦为"扯大旗"的角色，使企业陷入各种财务管理困局，财务危机也随之形成。

1. 账实不相符

账实相符是对企业运营的底线要求，但即使三令五申，在有些企业这一要求仍然很难得到满足。例如，很多中小型企业的仓库按实物入库时间登记，财务却按发票收取时间登记，这势必造成账面物料与仓库实物的不相符。诸如此类的事项数不胜数。

2. 算不清楚账

账务核算的核心就是成本核算，但如果企业尚且不能做到账实相符，完善的成本核算就更加无从谈起。目前，很多企业甚至只会制作税务报表，其他财务报表的日常管理几乎没有，只有当总经理需要时才会临时整理编制，由此可见这些企业的会计信息质量。缺乏完善数据支撑的决策难以真正推进企业发展。

3. 运营周转慢

账实不符、算不清账，企业就难以有效监控各类业务的运营周转，导致应收账款周转慢、对不上账、呆坏账频发等账务难题的发生，存货周转慢、库存积压等问题也会随之发生。

4. 做事无预算

预算是指导企业运营的重要依据，但预算也是很多企业运营管理中的一大难题。这是因为，很多中小型企业在基础性事务处理中障碍重重，在缺乏基础数据支撑的情况下，就更不要提管理升级类的预算管理了。

5. 税务风险高

税收是企业运营费用的重要组成部分，合理进行纳税筹划也成为很多企业的共同选择。但很多中小型企业管理者缺乏税务基础常识，错把偷税漏税认为是"合理的税务筹划"，进而对财务人员提出不合理的要求，这势必造成管理者与财务人员之间的沟通障碍。财务人员偶尔地"打擦边球"，也可能促使企业触碰税务高压线，面临严重的税务风险。

1.4.2 运营现状分析

目前，上述运营问题广泛存在于各类中小型企业当中，很多企业管理者把业务做得风生水起，最终却落入财务困局，直至企业因此难以为继。从财务视角来看，产生此类运营状况的原因主要在于 3 个层面。

1. 高层轻视财务

中小型企业创始人或管理者多为销售型或技术型人才，更善于处理与业务相关的专业问题，但对企业管理尤其是财务管理并不熟悉。虽然很多企业管理者后期也会研习工商管理硕士（Master of Business Administration，MBA）甚至高级管理人员工商管理硕士（Executive Master of Business Administration，EMBA）等管理类课程，但对财务管理仍然缺乏重视，甚至持有轻视态度。

2. 财务专业局限

由于企业高层的轻视，很多中小型企业在招募财务人员时，并不会要求过硬的专业水平。因此，财务人员受限于自身知识储备的不全面，难以发挥财务管控职能、助力企业运营。与此同时，很多财务人员虽然具备一定的账务处理能力，但却不善于内部沟通，这同样制约了其财务管控职能的发挥。

3. 运营规则不清

有些中小型企业管理者也意识到规则对于管理的重要意义，期望获得一套行之有效的运营规则，但往往求而不得。

这是因为，这些中小型企业在创立之时就未曾重视管理规则的体系建设：企业创立时，管理者更加重视生存，较小的团队规模和简单的业务模式，使得寥寥几项管理规定就能囊括所有，出现争议管理者直接出面解决；随着企业不断成长、规模不断壮大，企业管理者的管理思路也只是"逢山开路，遇水搭桥"，出现什么问题就设置相应的规则，虽然在不断地"打补丁"，但企业管理规则始终未能形成体系。

第二章
如何正确地认知企业管理

　　企业管理涉及对企业生产经营活动的计划、组织、指挥、协调和控制等一系列活动。通过全盘梳理企业管理过程，我们不难发现，企业管理的基础就是规范管理，只有具备一套成员认可、行之有效的规则，企业管理活动才能有序推进；而要实现规范管理，就必然需要以财务管控为核心，这又离不开成熟规则的支持。

2.1 无规范管理，企业无法发展

任何时代的企业发展都必须以规范管理为基础。"无规矩不成方圆"，缺乏规范管理的企业也势必成为一盘散沙，企业资源难以得到有效整合，更难以形成一股有效的推动力量。

2.1.1 企业发展的四个阶段

企业发展一般会经历4个阶段：创业期、成长期、成熟期、转型期，与之对应的管理策略是维持生存、业务蝶变、风险防范、积极转型，如图2.1－1所示。

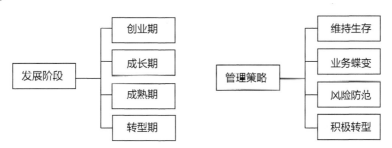

图2.1－1 企业发展阶段及管理策略

一般而言，处于成长期的企业对管理规范的需求更为强烈，因为只有基于管理规范的有效整合，企业才能对创业期的各项成果进行整合，进而跃进至稳定发展的成熟期。因此，从规范管理的实施来看，成长期的实施也更为彻底。

对很多习惯粗犷发展的创业企业而言，规范管理虽然会为其带来管理阵痛，但如果未能借此形成内部规范，企业就很难真正步入成熟期，即使企业在规模上达到成熟期企业的标准，但长期来看，仍缺乏真正的竞争力。

2.1.2　为什么要规范管理

规范管理不仅是企业发展的内部诉求，也是市场竞争的必然要求。与此同时，正因为规范管理对成熟企业的重要性，企业管理的规范程度也会极大地影响企业形象，进而影响企业估值。

1. 企业发展的主观诉求

规范管理下，企业的规则更加清晰，流程也更加顺畅，每位职工很清楚地知晓自己要做什么、何时做、怎么做、不能做什么，这样一来，职工个人工作能够有条不紊地推进，部门业务协同以及管理层运营管控也将得到提升，这些都有利于企业持续发展。

因此，一位理性的管理者在主观诉求上必然是期望规范管理的。而对每位基层职工来说，规范管理同样有利于其自身利益的最大化。

2. 市场竞争的客观要求

从市场竞争来看，随着企业规模不断扩大，面对的市场竞争也愈趋激烈，这就要求企业全方位提升自身竞争力。

规范管理不仅能够明确企业内部各部门、各流程职责，进而优化整合内部资源，也能降低企业运营风险，如税务风险等。

此外，规范管理也有助于企业资本运作，如并购重组甚至首次公开募股（Initial Public Offerings，IPO）等。资本运作的层次远高于基础性的购销业务合作，而要实现各方的深度捆绑式协作，规范管理在维护各方利益方面的意义尤为重要。

3. 企业估值

规范管理往往会使企业未来财务预测增分不少，如表 2.1 – 1 所示，是规范管理对企业估值的影响。市盈率法作为企业估值的常用方法之一，广泛运用于资本运作领域。其表达公式为：

企业估值 = 未来 3 年平均净利润 × 未来市盈率

表 2.1-1 规范管理对企业估值的影响

项目	管理规范	管理普通	管理混乱
自我预计投后年均净利润	2 000		
综合系数	0.9	0.8	0.7
认可预计投后年均净利润	1 800	1 600	1 400
未来市盈率	10	8	6
企业估值	18 000	12 800	8 400
假定均出让10%股权	1 800	1 280	840

投资者往往对管理规范的企业抱有更加乐观的预期，无论是未来 3 年平均净利润还是未来市盈率，所以规范管理如同喇叭口（同增或同减）间接影响着企业估值。

2.1.3 企业面对规范管理时的两种心态

不同行业、不同类型、不同发展阶段的企业，其规范管理的措施各有不同。但无论采用何种规范管理措施，企业都要注意规范管理的心态建设，只有如此，规范管理才能持续推进。

一般而言，在规范管理的推进过程中，企业成员一般会产生两种心态，企业要有针对性地进行处理。

1. 排异心态

针对规范管理实施初期的企业，规范其实是对过去约定俗成的"惯例"的改变，因此，老员工甚至是部分管理者都会对规范管理产生排异心理，认为"惯例"可维持，不认可新规则，认为新规则不如"惯例"等。

面对这种心态，企业即使强行推进规范管理，也会引起企业成员的极大反感，导致规范管理无法有效推行，效果也无法显现。

2. 期望心态

大部分中小型企业管理者尤其是企业主对规范管理的实施效果抱有期待，但谈及具体措施，很多管理者却一问三不知：不知规范哪些领域、不知由谁去规范、不知怎么去规范。

在这种情况下，很多企业虽然实施了规范管理，却未获得预期效果，反而引起内部的诸多不满，因而产生了矛盾——对规范管理形成期望但恐惧实施。

针对上述两种心态，企业要在规范管理推进之前就做好规范设计，让规范确实具有优势，符合企业需求；与此同时，企业也要做好心理建设和培训，让企业成员切实认可新规范。

2.2　企业要规范管理，财务管控是重点

即使在企业内部，不同职能部门之间也可能存在职责冲突或专业冲突，各部门常常因此不愿或不能有效协作。要协调这种内部冲突，并推进规范管理，企业就必须从财务管控着手，运用财务的"运营翻译官"才能，对各职能部门进行有效整合。

2.2.1　企业财务究竟是什么

每个企业运营都离不开财务。从专业职能来看，财务泛指财务活动和财务关系；但从企业管控运营来看，财务承担的角色不止于此，财务的一个重要职能就是"运营翻译官"。

企业内部通常设置有多个职能部门，如采购、仓储、技术、生产、销售等部门，它们又各有各的专业术语，在这种管理运营中如何交流体会呢？此时，企业就要发挥财务的"运营翻译官"作用，将各部门的不同业务数据转化为"业务数据＋财务数据"，使各部门可以借此有效沟通，进而强化协作。

企业必须认识到，在企业管控过程中，财务并不只是一个职能部门，还是企业管控的主导部门。这样的主导角色，不仅因为财务具有"运营翻译官"的职能，同样因为资金对企业管理运营具有重要意义。

管理运营就是资金链条的运营，无论是供产销等基础业务循环，还是投融资、企业估值等资本运作，都离不开财务的职能作用。因此，作为资金守护者

及记录者，财务的职能决定了其管控主导者的身份与地位。

2.2.2　企业发展的动力

企业由创业发展到成熟，进而奠定市场优势，必有其当然因素。对此，企业也应当认识到，不同企业的发展源力各有不同，我们不能盲目自大或妄自菲薄，而要对企业竞争优势形成客观认知，并就此扬长避短。

一般而言，常见的发展源力可以分为 5 种类型。

（1）销售生猛型：业务团队具备强大的销售能力，表现在销售渠道、营销能力等诸多方面。

（2）技术尖端型：研发团队具有较强的开发能力，其产品在市场竞争中能够形成技术壁垒。

（3）资源独占型：企业独有的自然资源或其他资源优势，远胜于其他竞争对手。

（4）生产精益型：企业将精益生产运用到极致，形成的成本和效率优势领先行业水平。

（5）拥有上述两个或两个以上竞争优势。

由此可见，即使身处同一行业，每个企业的发展源力各不相同。企业间要做到有效对比进而提升竞争力，同样需要依靠财务的"运营翻译官"能力，对其他企业的竞争优势进行"翻译"。

2.2.3　财务是管理核心

无论是规范管理，还是市场竞争，或是资本运作，财务都发挥着主导性的作用。事实上，任何成熟企业的管理都离不开财务这一核心环节。

值得一提的是，在规则的创设与运用方面，财务的严谨性及专业性也使其具有管理规则的优势，尤其是对会计准则、相关法规的熟稔，也使财务能够进一步完善企业经营规则。

因此，企业管理者与财务可以被看作企业的"管理双簧"。在企业管理运营中，管理者需要平衡全局，财务则注重规则运行，双方目标一致，且职能互补，可以在企业管控事务上实现协同。

当然，很多财务人员也有其自身不足，在业务沟通方面的思路不够开阔，部分财务人员甚至缺乏深入了解业务的主动性，因而影响到财务主导性作用的发挥。对此，财务人员要主动改善，企业管理者也要做好配合。

2.3 财务管控必有成熟规则

财务管控本身就离不开对会计准则、相关法规等规则的深入研究，因此，当企业以财务管控为主导来推动企业管理时，就必然需要成熟的管理规则。但在实务中，每一条规则的制定和执行都可能出现内部矛盾或诉求差异，此时，熟稔各类规则的财务，相较而言具有更丰富的处理经验。

2.3.1 理想中的规则

无规矩不成方圆，但长久以来，规则在很多企业管理者的思想中却过于理想化。在他们的理想中，规则应当具备以下 3 个特点。

（1）理想规则是客观的，也即自然存在的，不受人的意志影响。

（2）理想规则是标准的，以制度条款规定标准做法，以流程约定标准过程。

（3）理想规则是可量化的，任何业务流程都可以用数字参数来描述或比较。

2.3.2 现实中的规则

虽然人们对规则的客观性有着美好期冀，但无数实践经验却证明，理想的规则是不存在的。

每条规则的背后必然存在主观因素。就如一场百分制考试，为什么及格线是 60 分，而不是 59 分或 61 分呢？这条及格线看似客观、标准、可量化，但其背后其实掺杂了规则制定者的主观判断。

因此，在实务中，企业如果想要规则发挥效用，就要认清现实中的规则。

（1）规则是统一的规定。规则是对重复性事物和概念所做的统一规定。规则以科学、技术和实践经验的综合成果为基础，由权力机构组织拟订、批准并以特定形式发布，作为共同遵守的准则和依据。

（2）规则须得到绝大多数人认同。规则涉及企业全体成员，但各方成员的诉求却各不相同，因而很少有规则可以得到一致认可。现实中的规则制定必然需要综合考虑各方诉求，争取绝大多数人的认同，这样的规则才具有权威性、科学性和适用性。

（3）规则须切实可执行。规则是用来执行的，可执行性、可操作性是规则的必备要件之一。优秀的规则体系对企业管理运营具有重要意义，但只有切实可执行的规则，才能够增强业务可操作性、改善工作质量、提高工作效率、增强团队凝聚力，不断促使企业向更高目标迈进。

2.3.3　尊重诉求差异

正如前文所说，现实中的规则要争取得到绝大多数人的认同，这样，企业成员才能认可并拥护规则的执行，推动规范管理的实施。而要实现这一目标，企业在制定规则时，就必须尊重诉求差异。

对此，企业管理者或规则制定者可以借鉴以下两个情景剧场中的处理方法。

【情景剧场：天鹅、大虾和梭鱼】

天鹅、大虾和梭鱼想把一辆大车拖着跑，它们拼命地拉呀拉，大车却一动也不动。原来，天鹅伸着脖子要往云里钻，大虾弓着腰使劲往后靠，梭鱼却一心想往水里跳。

究竟谁是谁非？好像都没有错，因为都在按照自己的习性奋力前行，但它们的力量却互相抵消，无法发挥作用。

这是一个著名的寓言故事，天鹅、大虾、梭鱼都很用力，都想把车拉动，但是因为个体习性的差异，这些无法融合起来的力量都只是在做无用功。

如何续写这个故事，消除个体习性的差异呢？

人们考虑到天鹅、大虾和梭鱼的习性不同，于是给大车安装了滑轮，滑轮将它们的力量都转化为车子前进的方向，车子终于动起来了。

【情景剧场：兄弟争雁】

哥哥看见一只飞翔的大雁，准备拉弓把它射下来，并说道："一射下就煮着吃。"弟弟表示反对，说："栖息的大雁适合煮着吃，飞翔的大雁适合烤着吃。"两人一直吵到社伯那儿。社伯建议把大雁剖开，一半煮着吃，一半烤着吃。等到兄弟俩再次去射大雁时，大雁早已远去。

这是一个著名的古代寓言故事，哥哥、弟弟的目标一致，但在细节上个体的诉求却存在差异，最终导致所谓的共同目标落空。

鉴于这次失败的射雁经历，兄弟俩吸取了教训，选择哥哥作为主导者，而哥哥则按照社伯的指点与弟弟协商约定了规则。这天，兄弟俩又发现了另一只大雁——利箭出弓，大雁应声落地。兄弟俩一人一半，哥哥品尝了弟弟的烤大雁，弟弟也品尝了哥哥的煮大雁，两人终于体会到射雁的乐趣。

两则寓言其实想告诉我们，群体中的个体差异及其诉求差异是客观存在的、无法规避的，在企业发展中，这种差异与利益相结合则变得更加难以处理。此时，我们要正视差异、尊重差异，思索如何将差异修正，将力量集中到共同目标的实现上。

企业管理也是如此。企业由多个个体组成，每个人都有自己的个体诉求，那么我们在建设规则体系时就要学会换位思考，理解个体的诉求差异，并寻找其间的共通点，这样才能制定出主导者认可、大多数人支持且具操作性的规则体系。

2.3.4 如何正确理解规则

规则是企业管理的必然要求，但很多企业管理者对规则的理解十分僵化，即使规则阻碍了业务的推进，相关人员也只是一句"规则如此、无能为力"，这样的态度，其实是对规则的错误理解，不仅无法优化企业管理，反而会阻碍企业改善。

1. 制度与特批

很多企业管理者僵化地理解制度与特批的关系，认为凡事必须遵从制度，必须按制度办事，特批则是对规则的破坏，蕴藏着重大风险。

但其实，制度与特批可以共存。任何制度都不可能涵盖管理运营的所有活动，遇到制度未涉及的活动时，特批就能解决问题。在制定制度时，企业管理者没有办法也没有必要花费大量精力去穷尽所有业务——这也是制度制定中的成本效益原则。制度和特批是共存而非背离的。

在适当的时候，制度与特批也可灵活转换。当同类业务需要的特批较多时，且在可预见的未来，此类特批的发生可能性较大或次数较多时，企业就要将其纳入制度范畴，减少决策层思维压力；与之相对，当某项制度规定的业务很少发生，且在可预见的未来发生的可能性和频率较低时，企业就可将其纳入特批领域，等业务出现时启动特批程序。

2. 定量与定性

很多管理者因为对"科学管理"的过度追逐，错认为凡事必须定量，未定量的业务则无法衡量。因而忽视对事项的定性管理，而只关注可以定量管理的事项。

然而，定性是定量的有效补充。合理定量是企业管理者的美好期冀，但在实务当中，确实存在部分领域或业务无法定量的情形，此时，基于客观判断的定性管理，则可以有效推进相关事务管理。

3. 重要性原则

二八定律告诉我们，任何一组事项中重要的只占20%，其余80%尽管占多数，却是次要的。所以企业管理者必须抓住主要矛盾，避免将时间和精力花费在琐事上，要学会合理地分配时间和精力，与其追逐面面俱到不如重点突破，把80%的资源投在能产出关键效益的20%的方面，与此同时，这20%关键业务的突破又能带动其余80%次要业务的发展。

ABC分类管理法是从二八定律衍生出来的一种法则，强调的是分清主次，并根据事物在技术、经济等方面的主要特征将管理对象划分为 A、B、C 三类，进行分类排列，分清重点和一般，从而实现区别对待、区别管理。

不管是二八定律还是 ABC 分类管理法都是重要性原则的体现，面对纷繁复杂的处理事项，企业如果分不清主次，一把抓，其结果可想而知——企业必然陷入效率和效益双低的陷阱。而分清主次，抓住主要对象，企业管理就能事半功倍。

4. 成本效益原则

成本效益原则是众多经济学概念的源头。一般而言，只有当某项活动的收益大于其成本时，人们才应该投入其中。规则制定也同样如此，即使人们有能力设计出一套事无巨细、全面的规则体系，但其需要投入巨大的成本，也很难符合成本效益原则，为企业带来高于成本的收益。

5. 简单易行原则

规则体系建立的最终目的是有效执行，规则是需要企业所有成员去执行的。但在企业管理中，我们也要认识到，企业成员存在层次差异或能力差异，要化解这种差异带来的规则执行困难，规则体系就要面对不同层次的阅读者与执行者，遵守简单易行这一基本原则。

第三章
如何合理设置财务部门架构

　　财务管控是企业管理的核心与主导。企业必须重视财务部门架构的建设，通过岗位设置并借助财务软件，让财务部门能够充分发挥其职能，使财务工作循环能够顺畅运行。

3.1 财务部门职能

财务部门职能简而言之，就是"核算—对比—分析—管理"的循环，如图3.1 - 1所示。

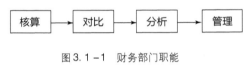

图3.1 - 1 财务部门职能

在图3.1 - 1所示的基本职能中，核算和管理是财务部门的两大核心职能。会计核算是立身之基，财务管理是核心。如图3.1 - 2和图3.1 - 3所示。

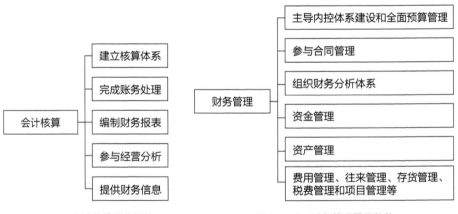

图3.1 - 2 会计核算职能结构   图3.1 - 3 财务管理职能结构

3.2 财务岗位设置

基于财务部门的基本职能，为了有效完成财务部门相应职责，企业必须结合实际，做好财务岗位的设置，让财务部门真正发挥有效推动企业管理的作用。

3.2.1　岗位设置原则

财务部门的岗位设置主要遵循以下两个原则。

1. 因业务流设置

财务岗位是财务职能配合业务管控而设置的，以契合业务流向为基本原则。

2. 岗位适度细化

很多企业管理者认为，如果企业规模不大、财务人员不多，那么设立财务经理、财务主管、会计、出纳等大类岗位就已经足够，无须进行岗位细化。

然而，岗位细化一方面可以与财务职能相匹配，另一方面便于岗位轮换，尤其是部分细分职能的轮换，从而实现财务部门各职能的专业提升。

3.2.2　人岗匹配关系

岗位与人员的匹配关系主要分为一人一岗、一人多岗、一岗多人等3类。

一般而言，大型集团因为业务繁多，某一职能需要多人执行，所以较多实行一岗多人制。与之相对，中小型企业则可以在岗位细化的基础上，将相关岗位进行整合，实行一人一岗或一人多岗，以降低人力成本。

3.2.3　财务岗位设置

财务岗位的设置具体如表3.2-1所示，企业应根据岗位设置原则和企业实际需求进行设置。

3.2.4　财务岗位层级

表3.2-1中，不同的岗位对应着不同的岗位层级。大多数中小企业的财务岗位层级设置3级即可。

表 3.2 - 1　财务岗位设置

岗位名称	岗位层级	事项
财务经理	1	全盘业务
会计主管	2	业务审核、报表审核
主管会计	3	业务审核、记账结账、报表编制
费用会计	3	费用审核、其他应收、其他应付
销售与收款会计	3	收入确认、开票审核、应收管理
采购与付款会计	3	入库确认、发票认证、应付审核
薪酬会计	3	薪酬核算、社保计缴、个税申缴
资产管理会计	3	资产核算、折旧摊销、资产处置
成本会计	3	成本核算、成本分析、产品核价
税务会计	3	税费计缴、税政研判、税局沟通
出纳	3	账户管理、收付发起、票章管理
财务主管	2	预算审核、资金审核、分析审核
预算管理	3	预算汇编、预实对比、预算报告
资金计划	3	计划汇编、计实对比、资金报告
财务分析	3	报表管理、报告分析
财务稽核	2	核算稽核、管理稽核

一般而言，企业规模越大，财务团队人数越多、岗位层级越多。

大型集团的财务岗位层级可增设至 4 级，即财务总监—会计经理/财务经理—会计主管/财务主管—会计人员/财务人员。

小微企业则可将其精简为 2 级结构，即财务主管—财务人员。

3.3　财务工作循环

财务部门的具体工作内容构成了财务工作循环，如图 3.3 - 1 所示，主要集中在原始单据、记账凭

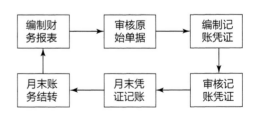

图 3.3 - 1　财务工作循环

证及账务、报表管理等方面。

3.4 软件工具选择

随着企业规模的不断扩大、业务项目的不断增多，传统的手工操作已经难以满足财务部门的精细化工作要求。因此，借助持续进步的信息科技，财务部门也可以选择各种软件工具，以提升财务工作效率、强化财务管理效果。

3.4.1 财务软件意义——会计核算里程碑

手工账期间会计核算包括"凭证编制—凭证审核—账簿登记—账簿核对—账簿结转—报表生成"六大步骤，每一步骤的准确完成都直接关乎最终结果的有效性。

正是因此，"差异一分钱，找寻大半夜"也成为手工账期间会计人员的真实工作写照。

而借助财务软件，会计核算的后四大步骤（账簿登记—账簿核对—账簿结转—报表生成）得到极大简化。财务软件对工作效率的提升，甚至可比肩"复式记账法"，会计人员只需合规录入会计凭证并做好凭证审核，账簿登记、账簿核对、账簿结转和报表生成完全实现自动化。

因此，在财务管理发展历程中，财务软件开启了会计核算新纪元，是会计核算史上的一座里程碑。

3.4.2 财务软件分类

财务软件的发展，对财务管理的效率提升意义重大。在不断的开发与实践中，市场上的财务软件也日益增多，企业需要明确财务软件的分类，并根据自身需求进行选择。财务软件简要分类如表 3.4 – 1 所示。

表 3.4 – 1　财务软件简要分类

按软件品牌	国际品牌	SAP、甲骨文
	国内品牌	用友、金蝶
按软件功能	标准版	以金蝶 KIS 为例，分为标准版、商贸版、专业版、旗舰版
	专业版	
	高级版	
按需求解决	通用版	即买即用
	定制版	软件购买—需求开发—交付使用
按实施载体	单机版	单计算机单人使用
	局域网版	局域网内多人同时使用
	互联网版	互联网接入，多人同时使用

需要注意的是，很多财务软件都分为通用版和定制版，企业如无特殊需求，就无须盲目追求所谓的定制版，可以选择更具性价比的通用版。这是因为，通用版软件可满足绝大多数管理诉求，而定制版软件则需要企业付出额外的开发成本；与此同时，相比于通用版软件经过市场检验，定制版软件的开发需要较长时间，且可能存在一定瑕疵或无法完全实现特定需求。

1. 财务软件功能模块

企业选择财务软件，其实就是选择财务软件的功能模块。一般而言，软件模块的选择分为 3 个层级。

（1）只选择财务模块。财务模块是财务软件的基本模块，一般包括总账模块、固定资产模块（也可不选择，用 Excel 表格代替）、UFO 报表模块。小微企业只选择财务模块即可。

（2）选择财务模块和供应链模块。供应链模块包括应收模块、应付模块、存货模块等，一般适合中型企业。

（3）选择财务模块、供应链模块和生产模块。生产模块包括物料清单（Bill of Material，BOM）模块、成本核算模块，一般适合管理规范的大型企业。

2. 多人使用软件及使用站点

如果企业有多名财务人员，财务软件由多人共同使用，企业则可选择局域网版或互联网版，其中，互联网版不受指定场所（如企业办公室）限制，可实现有网即用，中小型企业可视需求决定是否采购。

在多人使用软件时，企业还要注意软件使用站点的设置。

软件使用站点与用户数量并非等同，软件使用站点指同时在线用户数量。一般建议中小型企业按照该模块预计用户数量的一半购买站点。例如，5 名财务人员使用总账模块，总账模块站点可选 3 个；2 名财务人员使用报表模块，报表模块站点则可选 1 个。

3.4.3　财务软件的使用

使用财务软件虽然能够有效提升财务管理效率，但企业在使用财务软件时，也要警惕两种误解。

（1）对财务软件的效用盲目乐观，认为企业用了财务软件，就一定可以解决手工账管理的障碍和顽疾。

（2）对财务软件的复杂性一味贬低，认为使用财务软件的效率比手工流程的效率还低。

这两种误解都有其片面性。企业管理者必须要正确认识财务软件，软件只是单据传送载体和数据计算载体，将传统单据的手工传送模式改为自动传送，将低效的算盘或计算器计算改为自动运算。

企业只有明确树立软件载体观，只有将财务软件看作载体，才能正视财务人员在财务管理中的主导作用。正如汽车的运行轨迹出驾驶员操控一样，财务软件能否发挥预期的效用，同样取决于财务人员能否充分发挥软件效率，而非机械地操作软件。只有明确财务人员的主导作用，财务软件的使用才能满足规则明晰、流程顺畅的企业管理要求。

3.4.4　常见办公软件

除了特殊的财务软件之外，财务人员还要熟练使用各类常用办公软件，如 Excel、Word 等。

其中 Excel 的熟练使用对财务人员而言尤其重要，因为 Excel 的使用思路和方法技巧蕴含了高效财务管理必需的数据思维，对 Excel 的熟练程度，决定了财务人员的工作效率与准确程度。

第四章
会计核算

  会计核算与财务管理是财务部门的两大核心职能，其中，会计核算承担着推进财务管控的基础性作用。如果没有完善的会计核算作为支撑，财务管理的分析和指导功能就无法正确发挥，甚至可能出现方向偏差，导致企业决策失误。

4.1 会计基础知识

企业的会计人员或许都掌握了会计核算的基础技能，但很多企业的会计人员却只懂账务处理，忽视了会计基础知识的理解与运用，这也使其工作停留在较为初级的层面而无法更进一步。

4.1.1 四大基本假定

会计基本假定是对会计核算所处的变化不定的环境和某些不确定因素，根据客观的、正常的情况或趋势所做的合乎情理的判断。会计基本假定是组织会计核算工作应当明确的前提条件，是建立会计原则的基础，也是会计实务的必要条件。

1. 会计主体假定

会计主体指会计核算和管控的特定单元，是会计确认、计量和报告的空间范围。简言之，会计主体是一个独立的经济实体。对会计主体假定的深入理解可以从其与法律主体、责任中心的关系着手。

（1）会计主体与法律主体。会计主体与法律主体的关系，需要从不同层面进行理解。

①会计主体等于法律主体。一般来说，法律主体必然是会计主体。例如，一个企业作为一个法律主体，应当建立财务会计系统，独立反映其财务状况、经营成果和现金流量。

②会计主体大于法律主体。企业集团母公司控制若干子公司，母子公司虽是不同的法律主体，但母公司对子公司拥有控制权，为全面反映企业集团的财务状况、经营成果和现金流量，就有必要将整个企业集团作为一个会计主体来

编制合并财务报表。

③会计主体小于法律主体。企业为掌控其各个分支机构的生产经营活动和收支情况，可将各分支机构（如各车间）作为独立的会计主体单独核算。

（2）会计主体与责任中心。责任中心是责任会计的执行与核算单元，即承担一定的经济责任，且享有一定权利的企业内部责任单元。责任中心包括成本中心、利润中心和投资中心等。

会计主体与责任中心都是因管理需要而人为灵活设定的独立主体单元，它们都不一定是法律主体。

责任中心对主体单元可控事项负责，而会计主体须对主体单元全部事项负责。所以严格来讲，对于同一个单元而言，责任中心小于会计主体。

2. 持续经营假定

持续经营指在可预见的未来，会计主体将会按照当期的规模和状态持续经营下去，不会停业，也不会大规模削减业务。

会计核算的一系列会计原则和会计处理方法是建立在会计主体持续经营的基础之上的。例如，企业对其所使用的机器设备、房屋及建筑物等固定资产，只有在持续经营的前提下才可在其预计可使用年限内，按其价值和使用情况，确定采用某一折旧政策计提折旧。如果没有持续经营这一基本前提，固定资产的价值则要采取可变现价值来计量。对于债务，如应付账款，在持续经营的前提下才可按照规定条件偿还。如果没有持续经营这一基本前提，负债则需要按照资产变现后的实际负担能力来清偿。

3. 会计分期假定

会计分期指将一个会计主体持续经营的生产经营活动人为划分为一个个连续的、长短相同的期间，以便分期结算账目和编制财务报告。会计分期同时也为经营活动的比较分析提供了基础。

会计期间分为年度和中期。中期指短于一个完整会计年度的报告期间，包括半年度、季度和月度，均按公历起始日期计算。

4. 货币计量假定

货币计量指会计主体在会计核算过程中采用货币作为统一的计量单位，记录、反映会计主体的生产经营活动。生产经营活动具体表现为商品的购销、各种原材料和劳务的耗费等实物活动等。商品、原材料和劳务在实物上不存在统一的计量单位，无法进行有效比较。所以会计核算客观上需要一种统一的计量单位作为其度量尺度。

货币作为一般等价物，是衡量一般商品价值的共同尺度，具有度量、流通、贮藏和支付等特点。选择货币这一共同尺度进行计量，能够全面、综合反映企业的生产经营情况。

所以会计核算必然选择货币作为其计量单位，以货币形式来反映生产经营活动的全过程。

4.1.2　两大会计基础

 【情景剧场：老段开餐馆】

10月10日张三在老段餐馆吃了一碗面，现场支付10元面钱；11月30日张三又到老段餐馆吃面，匆忙中未带钱包和手机，张三次日（即12月1日）支付老段15元餐费。

11月30日这一天，老段是否应该确认收入？或者说，企业究竟应该何时确认收入？这就涉及会计核算的两大会计基础。

1. 权责发生制

权责发生制是以权利或责任的发生与否为标准来确认收入和费用。凡是当期已经实现的收入和已经发生或应当负担的费用，无论款项是否收付，都应当作为当期的收入和费用；反之，凡是不属于当期的收入和费用，即使款项已在当期收付，也不应当作为当期的收入和费用。

权责发生制能够恰当地反映某一会计期间的经营成果，因此，会计的确认、计量和报告应当以权责发生制为基础。

2. 收付实现制

收付实现制是权责发生制的对称，以收到和支付的货币资金作为确认收入和费用等的依据。凡是属于本期收到的收入和支出的费用，不管其是否应归属本期，都作为本期的收入和本期的费用；反之，凡是本期未收到的收入和未支付的费用，即使应归属本期收入和本期费用，也不能作为本期的收入和本期的费用。

为了更好地理解两大会计基础的区别，可以借助上述情景剧场来进行区分，其结果如表4.1 – 1所示。

表4.1 – 1　权责发生制与收付实现制

期间	收入（权责发生制）	收入（收付实现制）
10 月	10 元	10 元
11 月	15 元	0 元
12 月	0 元	15 元

4.1.3　六大会计要素

会计核算的内容纷繁复杂，在实务中，我们必须重点把握六大会计要素，如表4.1 – 2所示。

表4.1 – 2　六大会计要素

会计要素	要素归类	专业解释	通俗解释
资产	资产负债表要素	企业过去的交易或者事项形成的，由企业拥有或者控制的，预期会给企业带来经济利益的资源	看起来是我的
负债		企业过去的交易或者事项形成的，预期会导致经济利益流出企业的现时义务	其实是别人的
所有者权益		企业资产扣除负债后，由所有者享有的剩余权益	这个才是我的
收入	利润表要素	企业在日常活动中形成的，会导致所有者权益增加的，与所有者投入资本无关的经济利益的总流入	扣除费用等才是挣来的
费用		企业在日常活动中形成的，会导致所有者权益减少的，与向所有者分配利润无关的经济利益的总流出	
利润		企业在一定会计期间的经营成果，包括收入减去费用后的余额、直接计入当期利润的利得和损失	

4.1.4　八大一般原则

在处理会计核算相关业务时，我们也要遵循会计核算的八大一般原则，如表4.1-3所示。

表4.1-3　八大一般原则

名称	专业解释	通俗解释
可靠性	企业应当以实际发生的交易或者事项为依据进行会计确认、计量和报告，如实反映符合确认和计量要求的各项会计要素及其他相关信息，保证会计信息真实可靠、内容完整	我的信息靠得住
相关性	企业提供的会计信息应当与财务会计报告使用者的经济决策需要相关，有助于财务会计报告使用者对企业过去、现在或者未来的情况做出评价或者预测	你的心思我懂得
可理解性	企业提供的会计信息应当清晰明了，便于财务会计报告使用者理解和使用	我说的你明白
可比性	企业提供的会计信息应当具有可比性 同一企业不同时期发生的相同或者相似的交易或者事项，应当采用一致的会计政策，不得随意变更；确需变更的，应当在附注中说明 不同企业发生的相同或者相似的交易或者事项，应当采用规定的会计政策，确保会计信息口径一致、相互可比	可以比较
实质重于形式	企业应当按照交易或者事项的经济实质进行会计确认、计量和报告，不应仅以交易或者事项的法律形式为依据	透过现象看本质，拨云见日终有时
重要性	企业提供的会计信息应当反映与企业财务状况、经营成果和现金流量等有关的所有重要交易或者事项	找拣重要的说
谨慎性	企业对交易或者事项进行会计确认、计量和报告应当保持应有的谨慎，不应高估资产或者收益、低估负债或者费用	小心驶得万年船
及时性	企业对于已经发生的交易或者事项，应当及时进行会计确认、计量和报告，不得提前或者延后	来啦来啦，新鲜出炉

4.2　会计科目设置

会计核算的内容细致又复杂，为了将众多会计要素核算清楚，科学设置会计科目就成为提高会计核算效率的关键。

4.2.1 会计科目概述

邮政编码是一个国家或地区为实现邮件分拣自动化和邮政网络数位化、加快邮件传递速度，而把本国或本地区按区域划分的编码方式。

会计科目在作用上类似邮政编码，就是按照业务内容和管理需求，对会计要素的具体内容进行细致分类核算的项目。通俗来讲，会计科目就是对六大会计要素的细化，企业必须对会计科目形成正确的认知。

1. 会计科目与会计账户

会计科目是会计账户的名称，会计账户是根据会计科目设置的具有一定结构和格式的工具。

例如，老段将自己的住宅命名为"段府"。那么，"段府"这个名字就是会计科目，而这套有结构的房子就是会计账户。一个为名、一个为实。

2. 会计科目与非财务人员

会计科目是财务人员的工具，财务人员理应了如指掌。

但在绝大多数非财务人员眼里，会计科目被视为"他人瓦上霜"，或有种高深莫测的感觉。因此非财务人员往往不愿看或理解财务类数据。

其实会计科目只不过是企业经营活动的统计分类，一般人都可以看懂、看明白。

会计科目看似是财务类数据，实则为运营类数据。如果了解或懂得会计科目的性质及结构，非财务人员的业务活动将开展得更加顺利。所以非财务人员尤其是业务人员也须知晓会计科目及其意义。

4.2.2 会计科目分类

会计科目的分类可以按照会计要素和统驭关系两种方式进行分类。

1. 按会计要素分类

会计科目按其归属的会计要素不同，分为资产类、负债类、所有者权益类、成本类、费用类、损益类会计科目。

2. 按统驭关系分类

会计科目按其所提供信息的详细程度及其统驭关系不同，分为总分类科目和明细分类科目，即俗称的一级科目和明细科目。

一级科目是对会计要素的具体内容进行总括分类，提供总括信息的会计科目，如应收账款、原材料等会计科目。

明细科目是对一级科目的进一步分类，是提供更详细、更具体会计信息的科目，如应收账款科目按债务人名称设置明细科目，反映应收账款具体对象。明细科目按照级次可分为二级科目、三级科目、四级科目等。

4.2.3 科目设置原则

会计科目纷繁复杂，在具体设置中，企业应考虑到企业的实际需求，遵循以下4个原则进行设置。

1. 统一与灵活结合原则

一级会计科目遵循统一性原则，由财政部统一规定，企业可根据实际情况从中选取；除特殊规定以外，允许企业在不违背企业会计准则的前提下，根据企业实际情况自行设计明细科目的级次及名称。

2. 业财兼顾原则

会计科目是分门别类反映经济业务活动的，因此会计科目的名称必须与其所反映的经济业务内容相一致。会计科目设置不仅是财务部门的独立事务，还是业务活动的落脚点，所以设置会计科目时财务部门与业务部门应积极沟通，做到业财兼顾。

3. 简明实用原则

为便于记忆和业务处理，会计科目设计力求名称简单、内容确切、界限清晰、通俗易懂，以避免引起混乱和误解。

会计科目不宜过细，避免会计核算过于烦琐；也不宜过简，否则会计核算无法满足运营管理需求。

4. 相对稳定原则

为了便于不同期间分析比较会计核算数据指标等，会计科目应保持相对稳定，尤其是在会计电算化系统中。

4.2.4　辅助核算

为了强化会计核算的效率，企业可以引入辅助核算。

财务软件中的辅助核算是一种特殊的明细科目分类表示形式，常见的辅助核算类别有 5 类，包括部门、职员、供应商、客户、项目。部分软件还包括仓库、车间等辅助核算内容。

这些辅助核算既可单独使用，也可组合使用，如"供应商 + 职员"可表示某供应商由某采购员负责协调沟通，"客户 + 职员"可表示某客户由某业务员负责协调沟通等。

部门、职员、供应商、客户等辅助核算项目可以从名称简单理解，但项目辅助核算不应单纯理解为某个工程类项目或其他类似含义，而应将其理解为辅助核算的源泉。有了项目辅助核算，即使没有部门、职员、供应商、客户等辅助核算，我们也可通过项目辅助核算实现其功能。

一般而言，低配版的财务软件不包括项目辅助核算功能，只有中高配置的财务软件才包括项目辅助核算功能。

明细科目与辅助核算的异同如表 4.2 - 1 所示。

表 4.2 - 1　明细科目与辅助核算的异同

名称	明细科目	辅助核算
相同点	均为会计科目的明细级次分类表示方式	
不同点	直观，可直接在科目余额表显示	间接，启用后才能在科目余额表显示
	不可跨科目共用	可跨科目共用，如库存商品、营业收入、营业成本可共用一套产品名称来辅助核算

4.2.5　科目设置要点

在具体的会计科目设置中，企业还要关注以下几个要点。

1. 会计科目级次

科目级次不宜过简、不宜过细，中小型企业设置3~4级即可。一级科目编码一般为4位，明细科目编码不宜过长，2位即可。以3级会计科目为例，科目级次为4+2+2即可。

2. 辅助核算编码

以客户辅助核算为例，2位编码可列示99位客户，3位编码可列示999位客户。中小型企业使用3位编码即可。

3. 银行存款科目

银行存款科目设置一般为：银行规范名称+分支行名称+银行账户后固定位数。例如：中国工商银行××分行××支行+账号后6位数。

4. 预收科目

很多财务人员在预收客户款项时计入预收账款，确认收入时计入应收账款，常常因疏忽未将预收账款余额转至应收账款，造成两边同时挂账。

所以企业可选择禁止使用预收账款会计科目，期末通过财务软件的报表取数公式将应收账款各明细会计科目按期末余额方向重新分类至应收账款报表项目和预收账款报表项目，简称"重分类"。

5. 其他应收科目

其他应收科目一般分为职员、单位、其他3类，"职员"核算员工公务借支及报销冲账事项，"单位"核算非购销业务的单位往来，"其他"指除职员、单位以外的往来，即非员工自然人。保证金类业务比较频繁的可设置保证金收付类。

6. 科目共用明细

产成品（或库存商品）、营业收入、营业成本可共用产品明细类别；制造费用、研发支出、销售费用、管理费用可共用费用明细类别；原材料与生产成本中的直接材料可共用材料明细类别；固定资产、累计折旧可共用资产明细类别。

7. 明细科目善于借鉴

存在外部链条佐证的，明细科目设置应与外部链条一致。例如，某地社保机构扣缴社保清单排列为养老保险、医疗保险、失业保险、工伤保险、生育保险，那么明细科目设置也按此顺序，以便编制与审核相关账务。

4.3 会计凭证编制

会计凭证是会计核算的基础凭证，也是复原业务原貌、进行高效会计核算的基础。因此，企业必须重视会计凭证的编制规范，细化相关管理规则，以免影响会计核算效果。

4.3.1 会计凭证分类

会计凭证是用来记录经济业务的发生和完成情况、明确经济责任，并据以登记账簿的书面文件，分为原始凭证和记账凭证两类。原始凭证记录经济业务的发生过程，是业务原貌的展现；记账凭证是对原始凭证进行加工、整理、记录而生成的统一的、专业化的会计凭据。

会计凭证的分类具体如表 4.3 - 1 所示。

表 4.3 - 1　会计凭证的分类

会计凭证	原始凭证	按取得来源分	外来凭证	购货发票、银行回单
			自制凭证	薪酬计算表
		按业务类别分	资金收付凭证	费用报销单、付款申请单
			存货收发凭证	材料领用单、成品入库单
			职工薪酬凭证	薪酬计算表
			购销业务凭证	供应商出库单、材料入库单
			固定资产凭证	固定资产发票、固定资产折旧表
			成本核算凭证	费用分摊表、成本计算表
			投资筹资凭证	投（筹）资协议、章程、银行回单
			其他类别凭证	

会计凭证	记账凭证	按用途分	通用记账凭证	做手工账时要细化分类，已实现会计电算化可不细分
			专用记账凭证	
		按收付转分	付款记账凭证	
			收款记账凭证	
			转账记账凭证	
		按是否涉及现金、银行存款分	现金记账凭证	
			银行记账凭证	
			转账记账凭证	
		按收付转＋是否涉及现金、银行存款分	现金收款凭证	
			现金付款凭证	
			银行收款凭证	
			银行付款凭证	
			转账记账凭证	

4.3.2　会计凭证结构

会计凭证包括凭证填制日期、凭证顺序号、附件张数、摘要、一级科目、明细科目（或辅助核算）、借方金额、贷方金额、制证、审核、记账等信息。

常见的记账凭证如表 4.3 - 2 所示。

表 4.3 - 2　记账凭证模板

年　月　日　　　　　　　　　　记字第×××号

序号	摘要	一级科目	明细科目	借方金额	贷方金额	
1						附
2						件
3						
4						张
5						
6						
合计		万　仟　佰　元　角　分				

记账：　　　　　审核：　　　　　　　制证：

在填制会计凭证时，要注意以下 3 个要点。

（1）附件张数。按自然张数计算，费用报销单、请示、报告、说明等也按自然张数计算。附件张数的意义在于防止单据尤其是重要单据的丢失、被盗，甚至违规重复使用。

（2）摘要。摘要是会计凭证的眼睛，是账务查找的索引。标准的摘要一般是主谓宾结构。示例：综合部张三借支北京出差费用，主语张三，谓语借支，宾语费用。"综合部""北京""出差"等为定状补等。

（3）凭证编制顺序。记账凭证一般包括资金收取类、资金支付类、采购入库类、销售出库类、生产领用类、费用报销类、月末结转类等，一般而言，不同类别的业务对应不同的编制人。如何确保每个月各类凭证的排列次序一致，且同类凭证序时编制，财务软件的"凭证整理"功能可协助实现。首先，规定好各类凭证的排列次序；其次，每一类凭证赋予一个足够其使用的凭证号码段，各编制人在该凭证号码段编制该类凭证（凭证号码须设置为手动生成），月末审核完毕后运用"凭证整理"功能消除中间断号即可。这样便于会计凭证的审核，也便于整理装订后的凭证查找。

4.3.3　会计分录分类

会计分录实际上是简化版的记账凭证。记账凭证要求要素齐全，并有严格的审核与编制程序，而会计分录则只须表明记账凭证中应借应贷的科目与金额，是记账凭证的最简化形式。

按照借贷笔数，会计分录可分为简单会计分录和复杂会计分录。简单会计分录即一借一贷的会计分录，复杂会计分录包括一借多贷、多借一贷、多借多贷等形式。

一般不允许将不同类别的业务汇总编制为多借多贷会计分录，以免引起理解歧义与偏差。

会计分录类别一般如表 4.3 - 3 所示。

表 4.3-3 会计分录类别

分录类别	业务摘要	会计科目	借方金额	贷方金额
一借一贷	销售部张三借支北京差旅费	其他应收款——销售部（张三）	5 000.00	
		银行存款——工行××分行××支行888888		5 000.00
一借多贷	采购部李四报办公费冲个人借支；余款付现金	管理费用——办公费（采购部）	1 200.00	
		其他应收款——采购部（李四）		1 000.00
		库存现金		200.00
多借一贷	综合部王五报办公费及通信费冲个人借支	管理费用——办公费（综合部）	1 000.00	
		管理费用——通信费（综合部）	168.00	
		其他应收款——综合部（王五）		1 168.00
多借多贷	财务部赵六报审计费和办公费冲个人借支；余款付现金	管理费用——审计费（财务部）	2 800.00	
		管理费用——办公费（财务部）	300.00	
		其他应收款——财务部（赵六）		3 000.00
		库存现金		100.00

4.3.4 凭证编制示范

实务中，有些工程类企业将整本建设安装合同复印件作为付款凭证附件，如此一来，三五个付款凭证就装订一本，会计凭证就会显得臃肿不堪；也有的企业在重大付款凭证中仅以请款单和银行回单作为附件，却没有合同节点说明文件作为支撑，会计凭证又显单薄。

凭证附件是凭证的支撑，过多会显累赘，过少又难以支撑，可谓"增之一分则肥，减之一分则瘦"。凭证编制示范列示了几类会计凭证的必备性附件，如表 4.3-4 所示。

表4.3-4　凭证编制示范

日常业务类			
业务内容	摘要	科目	附件
投资入股	投资入股	借：库存现金	现金缴款单、银行回单、发票、入库单、验收交接单、技术转让协议、过户手续、验资报告、工商登记资料等
	投资入股	借：银行存款	
	投资入股	借：原材料	
	投资入股	借：库存商品	
	投资入股	借：固定资产	
	投资入股	借：应交税费——应交增值税（进项税额）	
	投资入股	借：无形资产	
	投资入股	贷：实收资本	
	投资入股	贷：资本公积——资本溢价	
取现	某银行某支行取现	借：库存现金	支票存根、银行回单、取现申请单
	某银行某支行取现	贷：银行存款	
存现	某银行某支行存现	借：银行存款	现金缴款单、银行回单
	某银行某支行存现	贷：库存现金	
现金借支	现金付某员工借某款项	借：其他应收款	借支单（经办人在借支单上签署"现金已收"字样）
	现金付某员工借某款项	贷：库存现金	
银行借支	某银行某支行付某员工借某款项	借：其他应收款	借支单、银行回单
	某银行某支行付某员工借某款项	贷：银行存款	
现金报销	现金付某员工报某款项	借：研发支出、制造费用、销售费用、管理费用、财务费用	费用报销单、内部收据
	现金付某员工报某款项	贷：库存现金	
银行报销	某银行某支行付某员工报某款项	借：研发支出、制造费用、销售费用、管理费用、财务费用	费用报销单、银行回单、内部收据
	某银行某支行付某员工报某款项	贷：银行存款	
报销冲账	某员工报销某费用冲个人借支	借：研发支出、制造费用、销售费用、管理费用、财务费用	费用报销单、内部收据
	某员工报销某费用冲个人借支	贷：其他应收款	

续表

日常业务类			
业务内容	摘要	科目	附件
报销冲账付现	某员工报销某费用；付垫支现金	借：研发支出、制造费用、销售费用、管理费用、财务费用	费用报销单、银行回单、内部收据等
	某员工报销某费用；付垫支现金	贷：其他应收款	
	某员工报销某费用；付垫支现金	贷：库存现金	
报销冲账收现	某员工报销某费用；收剩余现金	借：研发支出、制造费用、销售费用、管理费用、财务费用	费用报销单、内部收据等
	某员工报销某费用；收剩余现金	借：库存现金	
	某员工报销某费用；收剩余现金	贷：其他应收款	
承兑汇票到期承兑	×××到期承兑	借：银行存款	承兑汇票打印件、银行回单
	×××到期承兑	贷：应收票据	
承兑汇票到期前贴现	×××到期贴现	借：银行存款（票据金额）	承兑汇票打印件、银行回单、银行贴现费用回单
	×××到期贴现	借：财务费用——利息支出	
	×××到期贴现	贷：银行存款（利息支出）	
	×××到期贴现	贷：应收票据	
计提某年某月工资	计提某年某月工资	借：生产成本——直接人工（生产部生产人员）	工资汇总计提表
	计提某年某月工资	借：制造费用——工资（生产部非生产人员）	
	计提某年某月工资	借：研发支出——工资（技术部）	
	计提某年某月工资	借：销售费用——工资（销售部）	
	计提某年某月工资	借：管理费用——工资（综合部、财务部等）	
	计提某年某月工资	贷：应付职工薪酬——工资	
	计提某年某月工资	贷：应付职工薪酬——社保统筹	
	计提某年某月工资	贷：应交税费——个人所得税	

续表

日常业务类			
业务内容	摘要	科目	附件
发放某年某月工资	发放某年某月工资	借：应付职工薪酬——工资	银行回单、现金签收单
	发放某年某月工资	贷：库存现金	
	发放某年某月工资	贷：银行存款	
缴纳某年某月社保	缴纳某年某月社保统筹	借：应付职工薪酬——社保统筹	工资汇总计提表、银行回单
	缴纳某年某月社保统筹	贷：银行存款	
缴纳某年某月个税	缴纳某年某月个税	借：应交税费——个人所得税	工资汇总计提表、银行回单
	缴纳某年某月个税	贷：银行存款	
缴纳某年某月增值税	缴纳某年某月增值税	借：应交税费——应交增值税（已交税金）	税收缴款书、银行回单等
	缴纳某年某月增值税	贷：银行存款	
计提某年某月税金	计提某年某月税金及附加	借：税金及附加	税金及附加计提表
	计提某年某月税金及附加	贷：应交税费——城市建设税	
	计提某年某月税金及附加	贷：应交税费——教育费附加	
缴纳某年某月税金	某银行某支行支付某月税金及附加	借：应交税费——城市维护建设税	税收缴款书、银行回单等
	某银行某支行支付某月税金及附加	借：应交税费——教育费附加	
	某银行某支行支付某月税金及附加	贷：银行存款	
研发支出转管理费用	研发支出转入管理费用	借：管理费用——研究开发费	月度研发支出明细表
	研发支出转入管理费用	贷：研发支出——期末结转	
某年某月期末结转	某年某月期末结转	借：主营业务收入——期末结转	
	某年某月期末结转	借：其他业务收入——期末结转	
	某年某月期末结转	借：营业外收入——期末结转	
	某年某月期末结转	贷：本年利润	
	某年某月期末结转	贷：主营业务成本——期末结转	
	某年某月期末结转	贷：其他业务成本——期末结转	
	某年某月期末结转	贷：营业外支出——期末结转	
	某年某月期末结转	贷：销售费用——期末结转	
	某年某月期末结转	贷：管理费用——期末结转	
	某年某月期末结转	贷：财务费用——期末结转	

续表

日常业务类			
业务内容	摘要	科目	附件
计提某年某季度所得税	计提某年某季度企业所得税	借：所得税费用	所得税费用计提表
	计提某年某季度企业所得税	贷：应交税费——企业所得税	
所得税费用转本年利润	所得税费用转本年利润	借：本年利润	
	所得税费用转本年利润	贷：所得税费用	
缴纳某年某季度所得税	缴纳某年某季度企业所得税	借：应交税费——企业所得税	企业所得税季度预缴申报表、银行回单
	缴纳某年某季度企业所得税	贷：银行存款	

资产管理			
业务内容	摘要	科目	附件
购固定资产	购置某固定资产	借：固定资产	购置审批单、验收（领用）单、发票
	购置某固定资产	借：应交税费——应交增值税（进项税额）	
	购置某固定资产	贷：应付账款——应付（供应商名称）	
支付款项	某银行某支行支付某供应商设备款	借：应付账款——应付（供应商名称）	请款单、银行回单、供应商收据
	某银行某支行支付某供应商设备款	贷：银行存款	
购工程物资	购入某工程物资	借：工程物资	入库单、发票
	购入某工程物资	借：应交税费——应交增值税（进项税额）	
	购入某工程物资	贷：应付账款——应付（供应商名称）	
领用工程物资	领用某工程物资	借：在建工程——某项目	领用申请单、出库单
	领用某工程物资	贷：工程物资	
工程竣工交付	在建工程竣工交验	借：固定资产	工程结算单、工程决算单、竣工验收交付单等
	在建工程竣工交验	贷：在建工程	
计提折旧与摊销	计提某年某月折旧与摊销	借：制造费用——折旧与摊销	折旧（摊销）费用计提表
	计提某年某月折旧与摊销	借：研发支出——折旧与摊销	
	计提某年某月折旧与摊销	借：销售费用——折旧与摊销	
	计提某年某月折旧与摊销	借：管理费用——折旧与摊销	
	计提某年某月折旧与摊销	贷：累计折旧	
	计提某年某月折旧与摊销	贷：累计摊销	

续表

资产管理			
业务内容	摘要	科目	附件
固定资产转入清理	某固定资产转入清理	借：累计折旧	固定资产清理申请审批表
	某固定资产转入清理	借：固定资产清理	
	某固定资产转入清理	贷：固定资产	
固定资产处置费用	报销某固定资产处置费用	借：固定资产清理	费用报销单、发票、银行回单、内部收据
	报销某固定资产处置费用	贷：其他应收款	
	报销某固定资产处置费用	贷：银行存款	
固定资产处置收益	某银行某支行收某固定资产处置收益	借：银行存款	银行回单、内部收据
	某银行某支行收某固定资产处置收益	贷：固定资产清理	
结转固定资产处置损益	结转某固定资产处置损益	借：资产处置支出	固定资产处置情况说明
	结转某固定资产处置损益	借或贷：固定资产清理	
	结转某固定资产处置损益	贷：资产处置收益	
采购与付款			
业务内容	摘要	科目	附件
暂估入库	某年某月材料暂估入库	借：原材料	入库汇总表、入库明细表、入库单
	某年某月材料暂估入库	贷：应付账款——暂估（供应商名称）	
发票冲暂估	某年某月发票冲暂估	借：原材料	发票汇总表、发票
	某年某月发票冲暂估	借：应交税费——应交增值税（进项税额）	
	某年某月发票冲暂估	贷：应付账款——应付（供应商名称）	
	某年某月发票冲暂估	借：原材料（负数）	
	某年某月发票冲暂估	贷：应付账款——暂估（供应商名称）（负数）	
银行支付货款	某银行某支行付某供应商货款	借：应付账款——应付（供应商名称）	请款单、合同付款页、银行回单、收款方收据
	某银行某支行付某供应商货款	贷：银行存款	

续表

采购与付款			
业务内容	摘要	科目	附件
收取承兑付货款	承兑付某供应商货款	借：应付账款——应付（供应商名称）	请款单、合同付款页、承兑票面打印件
	承兑付某供应商货款	贷：应收票据	
自开承兑付货款	承兑付某供应商货款	借：应付账款——应付（供应商名称）	请款单、合同付款页、承兑票面打印件
	承兑付某供应商货款	贷：应付票据	
暂估退货	某暂估材料退货出库	借：原材料（负数）	退货申请单、红字入库单
	某暂估材料退货出库	贷：应付账款——暂估（供应商名称）（负数）	
正常退货	某材料退货出库	借：原材料（负数）	退货申请单、红字入库单、红字发票
	某材料退货出库	借：应交税费——应交增值税（进项税额）（负数）	
	某材料退货出库	贷：应付账款——应付（供应商名称）（负数）	
收退货款	某银行某支行收某供应商退货款	借：应付账款——应付（供应商名称）（负数）	银行回单、退货申请单、内部收据
	某银行某支行收某供应商退货款	贷：银行存款（负数）	

生产管理			
业务内容	摘要	科目	附件
领用材料	某车间领用某材料	借：生产成本——直接材料	领用申请单、出库单
	某车间领用某材料	贷：原材料	
半成品入库	某半成品入库	借：半成品	月度半成品成本计算表
	某半成品入库	贷：生产成本——直接材料	
领用半成品	领用半成品	借：生产成本——直接材料	领用申请单、出库单
	领用半成品	贷：半成品	
产成品入库	产成品入库	借：库存商品	月度完工品成本计算表
	产成品入库	贷：生产成本——直接材料	
	产成品入库	贷：生产成本——直接人工	
	产成品入库	贷：生产成本——制造费用	

续表

销售与收款			
业务内容	摘要	科目	附件
确认收入	某年某月销售发出	借：应收账款——应收（客户名称）	出库单、专用发票
	某年某月销售发出	贷：应交税费——应交增值税（销项税额）	
	某年某月销售发出	贷：主营业务收入	
结转成本	结转某月销售成本	借：主营业务成本	月度成本结转表
	结转某月销售成本	贷：库存商品	
银行收取货款	某银行某支行收某客户货款	借：银行存款	银行回单、合同收款页、我方开具收据存根
	某银行某支行收某客户货款	贷：应收账款——应收（客户名称）	
承兑收取货款	承兑×××收某客户货款	借：应收票据	承兑票面打印件、合同收款页、我方开具收据存根
	承兑×××收某客户货款	贷：应收账款——应收（客户名称）	
红字发票	某客户某产品退回	借：应收账款——应收（客户名称）（负数）	红字出库单、红字发票
	某客户某产品退回	贷：应交税费——应交增值税（销项税额）（负数）	
	某客户某产品退回	贷：主营业务收入（负数）	
结转退回成本	结转某月退货成本	借：主营业务成本（负数）	月度退货成本计算表
	结转某月退货成本	贷：库存商品（负数）	
银行退回货款	某银行某支行退某客户货款	借：银行存款（负数）	请款单、合同收款页、银行回单、客户方收据
	某银行某支行退某客户货款	贷：应收账款——应收（客户名称）（负数）	

4.3.5　反向业务凭证

反向业务是相对常规业务而言的业务，其发生方向与常规业务相反。例如，产品退货业务为产品销售业务的反向业务，费用冲销业务为费用报销业务的反向业务。

对于反向业务的处理原则是"原路返回，金额为负"。

示例：2020 年 11 月销售收入为 100 000 元（不考虑税金），收到甲客户退货 3 000 元。其会计凭证编制分别如表 4.3 – 5 和表 4.3 – 6 所示。

表 4.3 – 5　常规处理

日期	凭证字号	摘要	借方金额	贷方金额	方向	余额
2020 – 11 – 30	记 – 100	本月营业收入确认		100 000.00	贷	100 000.00
2020 – 11 – 30	记 – 101	本月甲客户退货	3 000.00		贷	97 000.00
2020 – 11 – 30	记 – 200	本月损益结转	97 000.00		平	0.00
2020 – 11 – 30		本期合计	100 000.00	100 000.00	平	0.00
2020 – 11 – 30		本年累计	300 000.00	300 000.00	平	0.00

表 4.3 – 6　按原路返回原则处理

日期	凭证字号	摘要	借方金额	贷方金额	方向	余额
2020 – 11 – 30	记 – 100	本月营业收入确认		100 000.00	贷	100 000.00
2020 – 11 – 30	记 – 101	本月甲客户退货		– 3 000.00	贷	97 000.00
2020 – 11 – 30	记 – 200	本月损益结转	97 000.00		平	0.00
2020 – 11 – 30		本期合计	97 000.00	97 000.00	平	0.00
2020 – 11 – 30		本年累计	297 000.00	297 000.00	平	0.00

按原路返回原则处理能正确反映明细账本期合计、本年累计数据，同时财务报表公式设置只需取借或贷单方汇总数据，便于公式设置。

4.3.6　会计差错更正

手工账方式下，会计差错更正的方法有画线更正法、补充登记法、红字更正法等 3 种。而在会计电算化方式下，除了画线更正法无法使用外，另两种方法均可使用。

1. 补充更正法

补充更正法适用于会计凭证使用的会计科目无误、所记录金额小于应记录金额的情况。实施要点为：补充会计凭证，选取原会计科目，将少记录金额补充记录。

2. 红字更正法

红字更正法适用于会计凭证使用的会计科目无误、所记录金额大于应记录金额的情况。实施要点为：补充会计凭证，选取原会计科目，将多记录金额用红字冲回。

红字更正法也适用于会计凭证使用的会计科目错误的情况。实施要点为：用红字填制一张与原会计凭证相同的记账凭证，摘要栏注明"冲销××月××X号凭证"，并用红字填写金额。然后填制一张正确的记账凭证，摘要栏注明"更正××月×××号凭证"，并用蓝字填写金额。

实务中推荐使用红字更正法将错误凭证完全冲销，然后重新编制正确的会计凭证。在摘要中简要说明更正原因，情况复杂的应附文字版更正说明。

4.3.7　会计账簿分类

会计账簿由会计凭证组合构成，在日常管理中，企业可根据财务需求，制作不同的会计账簿，其分类如表4.3－7所示。

表4.3－7　会计账簿分类

分类依据	账簿类别	示例
按用途分类	序时账簿	现金日记账、银行存款日记账
	分类账簿	总分类账、明细分类账
	备查账簿	固定资产台账
按外形分类	订本账簿	账页连续编号，不得撕扯
	合页账簿	可随时补充替换
	卡片账簿	固定资产卡片
按格式分类	三栏式账簿	管理费用三栏账
	多栏式账簿	管理费用多栏账
	数量金额式账簿	材料明细账

4.4　财务报表编制

财务报表是会计核算的重要输出成果，三大财务报表综合反映了企业的基本财务状况。在实务中，企业需根据实际需求编制不同的财务报表。对此，企业必须进行灵活管理，并做好会计档案的保管工作。

4.4.1　会计基本等式

会计等式是揭示六大会计要素之间相互关系的等式，也叫会计平衡公式。

1. 资产 = 负债 + 所有者权益——时点恒等

企业资产或资产所占用的资金，要么来源于债权人，形成企业负债，要么来源于所有者（即股东），形成企业所有者权益。这一基本平衡关系就是会计恒等式。

要注意的是，会计恒等式的基本前提是"时点恒等"，即资产、负债、所有者权益三者的恒等关系为时点恒等。也就是说，不在同一个时点，这个关系不一定成立。

会计恒等关系是复式记账法的理论基础，也是编制资产负债表的依据，因其表示某一静态时点的恒等关系，也称为静态等式。

表 4.4 - 1 所示为运营业务对会计恒等式的影响及其示例。

表 4.4 - 1　运营业务对会计恒等式的九大影响及示例

序号	资产	负债	所有者权益	示例
1	增		增	以货币资金收股东投资款 1 000 万元
2	减		减	以货币资金付减少的实收资本 1 000 万元
3	增	增		购进原材料 10 万元，货款未支付
4	减	减		以银行存款支付职工薪酬 50 万元
5		增	减	股东会决议分配利润 500 万元
6		减	增	债权人将 1 000 万元债权转为股权（债转股）
7	内增内减			以库存现金 5 000 元购买笔记本电脑（固定资产）
8		内增内减		借入新借款 1 000 万元偿还原借款
9			内增内减	年末计提盈余公积

2. 收入 - 费用 = 利润——期间恒等

企业运营的目的就是获取收入、实现盈利。在取得收入的同时，也必然发生相应的成本费用。通过收入与费用的比较，我们才能确定一定期间的盈利水平，确定实现的利润。

这一等式通常被称为经营成果等式，也叫动态等式，是编制利润表的基础。

4.4.2 三大财务报表

资产负债表、利润表及现金流量表等三大财务报表是反映企业财务状况、经营成果和现金流量的基本报表，企业首先要了解三大财务报表的基本构成，分别如表4.4 - 2、表4.4 - 3 和表4.4 - 4 所示。

表4.4 - 2 资产负债表

会企01表

编制单位：   202×年×月×日   单位：元

资产	行次	期末余额	年初余额	负债和所有者权益（或股东权益）	行次	期末余额	年初余额
流动资产：	1			流动负债：	36		
货币资金	2			短期借款	37		
交易性金融资产	3			交易性金融负债	38		
应收票据	4			应付票据	39		
应收账款	5			应付账款	40		
预付账款	6			预收账款	41		
应收股利	7			应付职工薪酬	42		
应收利息	8			应交税费	43		
其他应收款	9			应付利息	44		
存货	10			应付股利	45		
其中：消耗性生物资产	11			其他应付款	46		
待摊费用	12			预提费用	47		
一年内到期的非流动资产	13			预计负债	48		
其他流动资产	14			一年内到期的非流动负债	49		
流动资产合计	15		—	其他流动负债	50		
非流动资产：	16			流动负债合计	51		—
可供出售金融资产	17			非流动负债：	52		
持有至到期投资	18			长期借款	53		

续表

资产	行次	期末余额	年初余额	负债和所有者权益（或股东权益）	行次	期末余额	年初余额
投资性房地产	19			应付债券	54		
长期股权投资	20			长期应付款	55		
长期应收款	21			专项应付款	56		
固定资产	22			递延所得税负债	57		
在建工程	23			其他非流动负债	58		
工程物资	24			非流动负债合计	59	—	
固定资产清理	25			负债合计	60		
生产性生物资产	26			所有者权益（或股东权益）：	61		
油气资产	27			实收资本（或股本）	62		
无形资产	28			资本公积	63		
开发支出	29			盈余公积	64		
商誉	30			未分配利润	65		
长摊待摊费用	31			减：库存股	66		
递延所得税资产	32			所有者权益（或股东权益）合计	67	—	
其他非流动资产	33				68		
非流动资产合计	34		—		69		
资产总计	35		—	负债和所有者（或股东权益）合计	70		—

表 4.4-3　利润表

会企 02 表

编制单位：　　　　　　　　　　　　年度　　　　　　　　　　　　单位：元

项目	行次	本年金额	上年金额
一、营业收入	1		
减：营业成本	2		
营业税费	3		
销售费用	4		
管理费用	5		
财务费用（收益以"-"号填列）	6		
资产减值损失	7		

续表

项目	行次	本年金额	上年金额
加：公允价值变动净收益（净损失以"－"号填列）	8		
投资净收益（净损失以"－"号填列）	9		
二、营业利润（亏损以"－"号填列）	10		
加：营业外收入	11		
减：营业外支出	12		
其中：非流动资产处置净损失（净收益以"－"号填列）	13		
三、利润总额（亏损总额以"－"号填列）	14		
减：所得税	15		
四、净利润（净亏损以"－"号填列）	16		
五、每股收益：	17		
（一）基本每股收益	18		
（二）稀释每股收益	19		

表 4.4－4　现金流量表

年度　　　　　　　　　　　　　　　　　　　　会企 03 表

编制单位：　　　　　　　　　　　　　　　　　　　　单位：元

项目	行次	本年金额	上年金额
一、经营活动产生的现金流量：	1		
销售商品、提供劳务收到的现金	2		
收到的税费返还	3		
收到其他与经营活动有关的现金	4		
经营活动现金流入小计	5		
购买商品、接受劳务支付的现金	6		
支付给职工以及为职工支付的现金	7		
支付的各项税费	8		
支付其他与经营活动有关的现金	9		
经营活动现金流出小计	10		
经营活动产生的现金流量净额	11		
二、投资活动产生的现金流量：	12		
收回投资收到的现金	13		
取得投资收益收到的现金	14		

续表

项目	行次	本年金额	上年金额
处置固定资产、无形资产和其他长期资产收回的现金净额	15		
处置子公司及其他营业单位收到的现金净额	16		
收到其他与投资活动有关的现金	17		
投资活动现金流入小计	18		
购建固定资产、无形资产和其他长期资产支付的现金	19		
投资支付的现金	20		
取得子公司及其他营业单位支付的现金净额	21		
支付其他与投资活动有关的现金	22		
投资活动现金流出小计	23		
投资活动产生的现金流量净额	24		
三、筹资活动产生的现金流量：	25		
吸收投资收到的现金	26		
取得借款收到的现金	27		
收到其他与筹资活动有关的现金	28		
筹资活动现金流入小计	29		
偿还债务支付的现金	30		
分配股利、利润或偿付利息支付的现金	31		
支付其他与筹资活动有关的现金	32		
筹资活动现金流出小计	33		
筹资活动产生的现金流量净额	34		
四、汇率变动对现金的影响	35		
五、现金及现金等价物净增加额	36		
期初现金及现金等价物余额	37		
期末现金及现金等价物余额	38		

4.4.3　三大财务报表的平衡与关联

三大财务报表虽然内容不同，但从不同的角度反映企业的财务状况、经营成果和现金流量。因此，三大财务报表也存在平衡与关联的关系，这些关系也是验证财务报表正确性的重要依据。

1. 资产负债表平衡

（1）期初资产 = 期初负债 + 期初所有者权益

（2）期末资产 = 期末负债 + 期末所有者权益

2. 利润表平衡

营业收入 – 营业成本 – 税金及附加 – 销售费用 – 管理费用 – 财务费用 + 营业外收入 – 营业外支出 – 所得税费用 = 净利润

3. 现金流量表平衡

（1）本期现金净增加额 = 本期经营活动现金净流量 + 本期投资活动现金净流量 + 本期筹资活动现金净流量

（2）期末现金余额 = 期初现金余额 + 本期现金净增加额

4. 资产负债表与利润表关联关系（年度关联关系还须考虑盈余公积计提）

本期净利润 = 期末未分配利润 – 年初未分配利润

5. 资产负债表与现金流量表关联关系

本期现金净增加额 = 期末货币资金 – 年初货币资金

4.4.4 三大财务报表细节管理

在编制财务报表时，我们还要关注三大财务报表管理的细节，以提高财务管控水准。

1. 时点数与期间数

（1）资产负债表中的数据为时点数，因此必须注明具体的时点（年、月、日），而不得用期间（年、月）表示。

（2）利润表和现金流量表中的数据为期间数，须注明年月（或年度），不得用年月日表示。

基于这样的区别，资产负债表中一般有两个时点，一个为年初，一个为期末；利润表和现金流量表一般包括本期金额和本年累计，年度利润表和现金流量表包括本年金额和上年金额。

2. 有关金额的 3 点原则

在编制财务报表的金额时，我们还要注重 3 点原则。

（1）数据保留两位小数。

（2）采用千分空。

（3）数据居右排列。

上述细节看似微小，却可帮助我们对企业会计核算水平做出基本判断，甚至可初步推断其财务管控水准。

4.4.5　报表项目与会计科目

在财务报表的编制中，企业还要注意区分报表项目与会计科目。

如财务报表与会计科目中的"短期借款"，虽然名称一字不差、金额分毫不差，但财务报表的"短期借款"与会计账簿中的"短期借款"等同吗？一个是报表项目、一个是会计科目，究其归属，还是有区别的。

报表项目与会计科目的关系分为以下 3 种。

（1）一个报表项目等于一个会计科目，如"销售费用"＝"销售费用"。

（2）一个报表项目等于多个会计科目的汇算，如"固定资产"＝"固定资产"－"累计折旧"。

（3）多个报表项目等于一个会计科目的分解，如"应付账款"＝"应付账款"期末贷方余额＋"预付账款"期末贷方余额，"预付账款"＝"应付账款"期末借方余额＋"预付账款"期末借方余额。

4.4.6　重分类及其运用——3 份都没有错的资产负债表

重分类指会计报表往来类科目的重新界定。具体说来，重分类就是根据明细科目的期末余额而非总分类科目余额（净值）来确定往来类科目的归属。

当资产类往来明细科目期末出现贷方余额时，其不再表示债权，而是债务，应归至负债类科目；反之，当负债类往来明细科目期末出现借方余额时，其已不再表示债务，而是债权，应归至资产类科目。

如果不对往来类科目进行重分类而直接以总分类科目余额反映到财务报表当中，则不能反映资产负债的本来面目，甚至导致财务指标异常。

重分类操作调表不调账，即不调整明细账和总账，只调整报表项目余额，如表4.4 - 5和表4.4 - 6所示。

表4.4 - 5　科目余额表

科目代码	科目名称	辅助核算	期初余额	本期借方	本期贷方	期末余额
1122.001	甲客户	A 项目	- 1 000.00	12 000.00	10 500.00	500.00
1122.001	甲客户	B 项目	1 500.00	20 000.00	22 500.00	- 1 000.00
1122.002	乙客户	C 项目	1 800.00	16 000.00	18 000.00	- 200.00
1122.002	乙客户	D 项目	- 2 000.00	20 000.00	17 000.00	1 000.00
合计			300.00	68 000.00	68 000.00	300.00

表4.4 - 6　会计报表项目

编制依据	报表项目	期初余额	期初备注	期末余额	期末备注
按应收账款	应收账款	300.00		300.00	
按客户余额	应收账款	500.00	甲客户	800.00	乙客户
	预收账款	200.00	乙客户	500.00	甲客户
按项目余额	应收账款	3 300.00	B、C 项目	1 500.00	A、D 项目
	预收账款	3 000.00	A、D 项目	1 200.00	B、C 项目

4.4.7　基础台账报表

除三大财务报表之外，企业的日常财务管理还需注重基础台账报表的设置。

1. 一维表与二维表

一维表指每一个字段都是独立参数，比较适合透视、分析的数据存储结构；二维表的字段是非独立参数，如数学、语文属于科目维度，不属于独立字段，二维表数据展示更直观。一维表与二维表如表4.4 - 7和表4.4 - 8所示。

表4.4 - 7　一维成绩表

姓名	科目	分数
张三	语文	89
李四	语文	86

续表

姓名	科目	分数
王五	语文	82
张三	数学	94
李四	数学	93
王五	数学	95

表 4.4 -8　二维成绩表

姓名	语文	数学	总计
张三	89	94	183
李四	86	93	179
王五	82	95	177
总计	257	282	539

基础型数据建议采用一维表，无论是表格计算还是数据库计算都简单方便；展示型数据建议采用二维表。也就是说，一维表用于录入基础数据，二维表用于管理报表。

2. 台账

台账原指摆放在台上供人翻阅的账簿。久而久之，这个名词就固定下来，现今多指业务流水账，也叫业务序时账。

以三大业务循环为例。

（1）采购台账包括供应商信息、材料信息、入库到票付款序时账、采购入库单、供应商对账单等。

（2）生产台账包括标准物料清单、生产物料清单等。

（3）销售台账包括客户信息、成品信息、出库开票收款序时账、销售出库单、客户对账单等。

台账看似非常简单，但其通过基础性信息的记录审核决定了数据统计、分析等深加工过程中的数据来源质量。台账具有非常重要的意义，一个好的台账具有以下特点。

（1）录入简单。为便于基础人员简单化录入，按照一维表思路设计序时录入。

（2）审核简单。为便于审核人员简单化审核，基础录入必须序时，支撑文件排列必须序时。

（3）信息借用。通过 Excel 查找公式，可将序时账与其他信息表中的共有信息直接查找填充至序时账对应位置，减少序时账录入及审核工作。

（4）五位一体。一个好的台账体系，可以做到"预算—核算—分析—考核—预测"五位一体，格式共享，数据共享。

（5）一次齐备。为达到五位一体，就不能逐步成熟，而要一次性设计完备，一次性投入使用。为确保运行顺畅，在投入使用前一定要反复进行穿行测试。

4.4.8 结账与稽核

常常有会计人员懊悔道："段经理，上个月的某某凭证忘做了，把账套解开补进去吧。"作为财务经理，你也很为难。其实一份期末结账事项确认表即可完美解决凭证遗漏问题，还能确保账务结算证据链条的完整性，如表 4.4-9 所示。

表 4.4-9　期末结账事项确认表

年　月　日

序号	事项	类别	经办签字	审核签字
1	采购与付款凭证	月结		
2	生产核算凭证	月结		
3	销售与收款凭证	月结		
4	日常费用凭证	月结		
5	资产入账凭证	月结		
6	资产折旧与摊销凭证	月结		
7	资产清理凭证	月结		
8	薪酬计提与发放凭证	月结		
9	税金进项认证	月结		
10	税金销项抄税	月结		
11	应交税费计提与缴纳凭证	月结		
12	财务费用计提凭证	月结		
13	投资收益、营业外收支等非日常凭证	月结		

续表

序号	事项	类别	经办签字	审核签字
14	现金日记账	月结		
15	现金盘点表	月结		
16	银行日记账	月结		
17	支票明细表	月结		
18	承兑明细表	月结		
19	银行对账单	月结		
20	银行存款余额调节表	月结		
21	增值税销项发票明细表	月结		
22	增值税进项发票明细表	月结		
	上述确认后审核记账结账			
23	账套备份	月结		
24	会计报表编制	月结		
25	供应商往来核对表	季结		
26	客户往来核对表	季结		
27	其他往来核对表	季结		

财务经理：　　　　　　　　　　　　　　　总账会计：

　　"没有人能正确评价自己。"这句谚语说明了工作审核的重要意义。再认真的人，也不敢保证自己不会疏忽，内部稽核必不可少。企业可以设置内部稽核工作表，如表4.4－10所示。

表4.4－10　内部稽核工作表

年　月　日

	项目	查看原件	复制留存	备注
日常事项	期末结账事项确认表事项			
	异常情况一			
	异常情况二			
	异常情况三			
	异常情况四			

续表

	项目	凭证号	复制留存	备注
凭证审查	是否在企业规定的授权业务范围及金额范围内			
	签批手续是否齐全			
	附件是否相符			
	摘要是否合规			
	会计科目及核算信息运用是否恰当			

	项目	综述	
财务状况分析核查	分析项目是否全面		
	数据是否准确		
	其他事项		
其他事项			

财务经理：   稽核人：

4.4.9 灵活管理报表

财务报表亦称外部报表，是会计主体对外提供的反映其财务状况、经营成果和现金流量的会计报表，包括资产负债表、利润表、现金流量表及其附表、财务报表附注等内容。财务报表以企业会计准则为规范编制，具有法定报送、格式固定等特点。

管理报表亦称内部报表，是会计主体为适应内部经营管理需要而编制的不对外公开的各类报表，如成本报表、费用报表等。管理报表一般不需要统一规定的格式，具有灵活性、及时性、针对性等特点。

管理报表原则上一次性设置完成，从而形成稳定的管理报表体系。一方面可提升管理报表编制审核及使用效率，另一方面具有可比性及分析性。

管理报表可在财务报表基础上增减形成，也可自成体系设计。例如，在利润表的基础上，企业则可以设置利润管理表，如表4.4-11所示。

表4.4-11 利润管理表

编制单位：××××科技有限公司　　　　××××年××月　　　　　　单位：元

项目	本期金额	本年累计
一、营业收入		
销售一部		
销售二部		
二、营业成本		
销售一部		
销售二部		
三、销售毛利		
销售一部		
销售二部		
四、销售毛利率		
销售一部		
销售二部		
五、销售费用		
销售一部		
销售二部		
六、销售利润		
销售一部		
销售二部		

续表

项目	本期金额	本年累计
七、销售利润率		
销售一部		
销售二部		
减：税金及附加		
管理费用		
研发费用		
财务费用		
加：投资收益		
资产减值损失		
八、营业利润		
加：营业外收入		
减：营业外支出		
九、利润总额		
减：所得税费用		
十、净利润		

4.4.10　会计档案保管

会计档案指会计凭证、会计账簿、财务报告和其他会计资料等会计核算专业资料，是记录和反映企业经济业务发生情况的重要史料和证据，属于重要的经济档案，一般包括以下几项内容。

（1）会计凭证：原始凭证、记账凭证。

（2）会计账簿：总账、明细账、日记账、固定资产卡片、其他辅助性账簿。

（3）财务报告：月度、季度、半年度、年度财务会计报告。

（4）其他会计资料：银行存款余额调节表、银行对账单、纳税申报表、会计档案移交清册、会计档案保管清册、会计档案销毁清册、会计档案鉴定意见书、其他。

对此，企业可以设置明确的会计档案保管期限，并据此进行会计档案保管管理，如表4.4-12所示。

表 4.4 – 12　会计档案保管期限

序号	档案名称	保管期限
一	会计凭证	
1	原始凭证	30 年
2	记账凭证	30 年
二	会计账簿	
3	总账	30 年
4	明细账	30 年
5	日记账	30 年
6	固定资产卡片	固定资产报废清理后保管 5 年
7	其他辅助性账簿	30 年
三	财务会计报告	
8	月度、季度、半年度财务会计报告	10 年
9	年度财务会计报告	永久
四	其他会计资料	
10	银行存款余额调节表	10 年
11	银行对账单	10 年
12	纳税申报表	10 年
13	会计档案移交清册	30 年
14	会计档案保管清册	永久
15	会计档案销毁清册	永久
16	会计档案鉴定意见书	永久

第五章
内部控制体系

何为内部控制体系呢？通俗来讲，内部控制体系就是一个企业业务管理运营所有涉及的规则体系以及规则体系的建设运行评价过程。内部控制体系的建设和完善，是企业梳理并控制业务流程，防范企业舞弊的关键，企业必须掌握相应的方法与技巧。

5.1　内控体系概述

内部控制简称"内控"，内控体系就是一个企业管控业务运营和管控人员的所有规则体系。在市场经济的不断发展中，内控体系的理论及实操都在不断完善和细化。但要注意的是，受限于市场经济发展时间，我国企业的内控管理仍然存在诸多不足。

5.1.1　内控理论发展

随着企业管理的不断完善和细化，内控理论也在不断发展。我们只有对此有基本的了解，才能掌握内控体系建设的核心。

1. 单要素内部控制

单要素内部控制即内部牵制，属于内部控制的最初形态和底线诉求。单要素内部控制以风险与舞弊防范为目标，保证资产及其记录的安全。其机制是处理一项业务或记录时要求职责分离和相互制约。

（1）单要素内部控制两大设想。

两个或两个以上的人或部门无意识地犯同样错误的机会是很小的。

两个或两个以上的人或部门有意识地合伙舞弊的可能性大大低于单独一个人或部门舞弊的可能性。

（2）单要素内部控制两大机理。

上下牵制：从纵向看，每项业务至少经过同职能上下级人员之手，下级受上级监督，上级受下级制约，促使上下级均能忠于职守，不可疏忽大意。

左右制约：从横向看，每项业务至少要经过不相隶属部门的处理，使每一部门工作或记录受另一部门牵制，不相隶属部门均有完整记录，互相制约，交叉检查，及时防止或减少错误和弊端。

（3）单要素内部控制三大牵制。

职责牵制：一项经济业务由两人或两人以上负责完成。如出纳业务由出纳收支款项，但出纳不得兼管稽核，会计档案保管，以及收入、费用、债权债务账目的登记工作，实行账钱物分管。

程序牵制：一项经济业务应有两个或两个以上相互牵制的程序（手续），如填制原始凭证和编制记账凭证的手续。

核算牵制：对经济业务的核算记录要有对照平衡关系，如采用复式记账法、总账与明细账的平行登记等。

2. 两要素内部控制

两要素内部控制包括会计控制和管理控制。

会计控制由组织计划和所有保护资产、保护会计记录可靠性或与此相关的方法和程序构成。会计控制包括授权与批准制度，记账、编制财务报表、保管财务资产等职务的分离，财产的实物控制，以及内部审计等控制。

管理控制由组织计划和所有为提高经营效率、保证管理部门所制定的各项政策得以贯彻执行或与此直接有关的方法和程序构成。管理控制的方法和程序通常只与财务记录发生间接关系，包括统计分析、经营报告、培训计划和质量控制等。

会计控制的范围限于那些能够用价值形式即货币计量的经济活动，不能用货币计量的经济活动属于管理控制。

会计控制是基础，应从会计控制入手，同时兼顾与会计相关的管理控制。如采购与付款、销售与收款、工程预算、对外投资等业务环节与会计控制、管理控制都是密切相关的，不能单纯就会计论会计，否则会计控制很难发挥其应有作用。

3. 三要素内部控制

三要素内部控制有一个由"制度"向"框架"转变的过程，认为内部控制是为实现组织管理目标而制定的组织计划、所采取的方法程序和内部监督手段。

内部控制三要素包括：组织机构、方法程序和内部监督。以"框架"代替"制度"不只是名词的变化，其内涵也有了明显的变动。其中，控制环境的提出应该是革命性的变革。控制环境包括管理者的经济理念和风格、组织结构、董事会及委员会的职能、确认权责的方法、监控方法（如经营计划、利润计划、预算、预测、责任会计、内部审计等）、外部关系等。这些内容反映了董事会、经理层、其他管理人员对内部控制的态度、认识和行动。

三要素内部控制框架理论与前两个内部控制理论的明显不同是：内部控制不只是关注资产及其记录的安全问题，而且关注组织经营管理问题，这就大大拓宽了内部控制的范围。

4. 五要素内部控制

五要素内部控制继续沿用"框架"概念。五要素内部控制提出：内部控制是一个过程，受企业董事会、管理当局和其他员工影响，旨在保证财务报告的可靠性、经营的效果和效率以及现行法规的遵循。内部控制整体架构主要由控制环境、风险评估、控制活动、信息与沟通、监督五项要素构成。

（1）控制环境。控制环境是影响企业内部控制建设及执行的各种内部因素的总称，是实施内部控制的基础，主要指企业核心人员及这些人的个别属性和所处的工作环境。控制环境提供企业纪律与架构，塑造企业文化，影响员工控制意识，是其他内部控制组成要素的基础。控制环境主要包括企业治理架构、组织机构设置与权责分配、企业文化、人力资源政策、内部审计机构设置、反舞弊机制等。

（2）风险评估。风险评估是及时识别、科学分析和评价影响内部控制目标实现的各种不确定因素并采取应对策略的过程，是实施内部控制的重要环节。企业目标必须和销售、生产、采购、财务、综合管理等作业相结合。为此，必须设立可辨认、分析和管理相关风险的机制，以了解自身风险并适时处理。风险评估主要包括目标设定、风险识别、风险分析和风险应对。

目标设定是风险识别、风险分析和风险应对的前提。企业应按照战略目标，设定相关的经营目标、财务报告目标、合规性目标与资产安全完整目标，根据目标合理确定企业整体风险承受能力和具体业务层次上的可接受风险水平。风险识别包括对外部因素（如技术发展、竞争、经济变化）和内部因素（如员工素质、企业活动性质、信息系统处理）进行检查。风险分析是针对已识别的风险因素，从发生可能和影响程度两方面分析。风险应对是根据风险分析情况，综合风险成因、企业整体风险承受能力和具体业务层次上的可接受风险水半，确定风险应对策略。

（3）控制活动。控制活动是根据风险评估结果、结合风险应对策略所采取的确保企业内部控制目标得以实现的方法和手段，是实施内部控制的具体方式，是确保管理指令得以执行的政策及程序。控制措施结合具体业务和事项特点制定，主要包括职责分工控制、授权审批控制、预算控制、财产保护控制、会计系统控制、内部报告控制、经济活动分析控制、绩效考评控制、信息技术控制等。

（4）信息与沟通。企业经营过程中，需按某种形式辨别、取得确切的外部和内部信息。信息系统不仅处理企业内部所产生的信息，同时也处理企业外部的事项、活动及环境等有关信息。内部信息包括会计制度、管理层建立的记录和相关的经济业务及事项等，外部信息包括市场份额、法规要求和客户投诉等信息。

（5）监督。监督指企业对内部控制健全性、合理性和有效性进行监督检查与评估，形成书面报告并做出相应处理的过程，是实施内部控制的重要保证。监督包括持续监督与个别评价，持续监督指对建立并执行内部控制的整体情况进行持续性监督检查，个别评价是对内部控制的某一方面或某些方面进行专项监督检查。监督检查应提交相应的检查报告、提出针对性的改进措施。

5. 八要素内部控制

八要素内部控制包括控制环境、目标确定、事件识别、风险评估、风险控制、风险反应、控制活动、信息沟通和监控。其中，控制环境、控制活动、信息沟通和监控与五要素内部控制理论基本相同，不同的是，五要素内部控制理论中的风险评估被细分为目标确定、事件识别、风险评估、风险反应。

但是如果认真分析五要素内部控制理论中风险评估的具体内容，不难看出，这 4 项内容在五要素内部控制理论中的风险评估内容中也有相应的表述。因此，八要素内部控制理论和五要素内部控制理论基本上是一致的，只不过八要素内部控制理论侧重于风险管理，因此将风险评估内容细化而已。

5.1.2　我国内控发展

基于社会经济和内控理论的不断发展，我国内控也经历了多轮发展，而且每一轮发展都以国家相关法规为指导。

1. 会计人员工作规则

中华人民共和国财政部（以下简称"财政部"）于 1984 年颁布《会计人员工作规则》，包括总则、建立岗位责任制、使用会计科目、填制会计凭证、登记会计账簿、编制会计报表、管理会计档案、办理会计交接等内容。

2. 会计基础工作规范

财政部于 1996 年颁布《会计基础工作规范》代替《会计人员工作规则》。

重大修正包括：人员工作规则上升至工作基础规范；独立提出职业道德；提出会计监督。

与此同时，财政部于 1996 年 12 月颁布了《独立审计具体准则第 9 号——内部控制与审计风险》，对内部控制做出了权威性解释，即"是被审计单位为了保证业务活动的有效进行，保证资产的安全完整，防止、发现、纠正错误与弊端，保证会计资料的真实、合法、完整而制定和实施的政策与程序"，并提出了内部控制"三要素"，帮助注册会计师判断是否信赖内部控制，以确定审计的性质、时间与范围。这是我国现代第一个关于内部控制的行政规定，标志着我国现代内部控制建设拉开了序幕。

3. 会计法

1999 年修订的《中华人民共和国会计法》第一次以法律的形式对建立健全内部控制提出原则性要求。

4. 内部会计控制规范

财政部于 2001 年 6 月颁布的《内部会计控制规范——基本规范（试行）》和《内部会计控制规范——货币资金（试行）》，明确了单位建立和完善内部会计控制体系的基本框架和要求，以及货币资金内部控制的要求。

财政部先后又颁布《内部会计控制规范——采购与付款（试行）》《内部会计控制规范——销售与收款（试行）》《内部会计控制规范——担保（试行）》《内部会计控制规范——对外投资（试行）》《内部会计控制规范——工程项目（试行）》等具体会计控制规范性文件。财政部的这些文件多针对企业的内部会计控制，旨在指导企业构建一个由组织结构、职务分离、业务程序、处理规程等因素组成的会计控制系统，还不是真正意义上的由内部控制目标及要素构成的、涉及企业所有经营活动及行为的内部控制规范。

5. 企业内部控制基本规范

我国先后颁布了《企业内部控制基本规范》《企业内部控制应用指引》《企业内部控制评价指引》《企业内部控制审计指引》等企业内部控制规范文件。

《企业内部控制基本规范》第三条规定：内部控制是由企业董事会、监事会、经理层和全体员工实施的、旨在实现控制目标的过程。

内部控制的目标是合理保证企业经营管理合法合规、资产安全、财务报告及相关信息真实完整，提高经营效率和效果，促进企业实现发展战略。

由此可见，企业内部控制的目标可概括为：确保企业业务运转顺畅、防范企业运营风险、促进企业实现战略目标。

5.1.3　内控运营现状

2015 年，华为一份报送董事会成员和监事会成员、主送全体员工的电子邮件很有意思，能让我们产生思考。电子邮件内容原文如下（任正非为写信人）：

据我所知，这不是一个偶然的事件，不知从何时起，财务忘了自己的本职是为业务服务、为作战服务，什么时候变成了颐指气使，皮之不存、毛将焉附。

我们希望在心声社区上看到财经管理团队民主生活发言的原始记录，怎么理解以客户为中心的文化。我常感到财务人员工资低，拼力为他们呼号，难道呼号是为了形成战斗的阻力吗？

管报文章《一次付款的艰难旅程》反映一线作为赞助商面向客户预付款时遇到审批多、流程复杂的问题，引发员工讨论，回复 100 余条，观点如下。

（1）对一线而言，找不到流程入口、不知道全流程的所有要求和操作规范，流程指导和说明往往比流程本身更难懂和复杂。

（2）我们的流程建设多针对的是某个具体业务场景，防范的是特定风险，在设计上往往防卫过当，不考虑执行成本，更不用谈面向对象的流程拉通和友好的用户界面了。

（3）企业呼吁各级主管要担责，但现实的流程、制度或监管组织却不信任主管担责。经常遇到的场景是："我是负责×××的，这个风险我愿意承担，流程能否走下去？"答曰："你担不起这个责任，请重新提交流程或升级到×××处理。"

《一次付款的艰难旅程》反映了内控运营的典型现状，类似问题在很多企业都确实存在。

【情景剧场】

　　经办人员：请问，我要向客户预付赞助费，该怎么做？

　　财务人员：您应该……，应该……，应该……。

　　经办人员：这么复杂，搞不懂，那么我第一步该怎么做？

　　财务人员：（咋又回到原点了）回去自己看下流程吧。

　　经办人员：你们的流程我看不懂。

　　财务人员：这不是我们的流程，是企业的流程。

　　经办人员：付个款咋就这么难呢？

　　…………

　　经办人员："心声社区"有一篇文章——哇，"同道中人"这么多！

付款流程困难不仅是付款相关问题，还是整个企业内控制度低效甚或失效的表现——这也正是企业在内部控制体系中需要着力解决的问题。

对于上述情景，我们不禁要问以下几个问题。

（1）付款流程是属于公司流程还是财务流程？

付款流程不是财务内部流程，是公司级流程，财务部门只是流程执行的一个环节，并非流程的全部。

（2）经办人员是否应该熟悉自己要做的事？

经办人员理应熟悉与业务相关的流程及要求，在业务办理中可拒绝与流程不相符的不合理要求。在不影响自身利益的前提下"装疯卖傻"的现象在现实中普遍存在，要坚决杜绝"博傻"现象。

（3）运行慢了，阻碍业务了，该由谁来处理？

车辆出现故障了，司机来维修吗？术业有专攻，流程运转不畅，理应由流程运维保障体系发现、反馈、修正，而不是由运维执行体系来负责。

华为作为我国企业发展和管理规范的楷模，不可否认，是极为优秀的。

通过案例，我们不难看出华为在内部管理运行中也有很多的不足。优秀的华为对于内部控制体系的管理都如此，更不谈其他企业了。

5.2　内控六大体系

内部控制建设完善与否、运行良好与否，主要取决于六大核心问题解决与否。

（1）内控内容体系——包括哪些内容？

（2）内控组织体系——谁来组织建设？

（3）内控思路体系——如何确保顺畅？

（4）内控原则体系——如何指导建设？

（5）内控建设体系——如何设计规则？

（6）内控评价体系——如何观察修正？

5.2.1 内控内容体系

内控内容体系的建设，需要从宏观和微观两个角度进行理解，前者关注公司治理（公司治理为专有名词），后者则注重规则体系。

1. 宏观内容体系——公司治理

从实践角度来看，公司治理就是通过构造合理的企业内部治理架构和打造有效的治理机制，来最大限度地抑制代理成本，实现企业价值最大化。公司治理的作用在于有效地抑制代理成本，解决董事、监事、经理的选择与激励问题，实现科学化决策，并使利益相关者得到公正对待。公司治理是企业管理的基础，公司治理虽不涉及具体经营业务，但治理无效必然导致管理无序。

企业内设的治理机关包括股东会、董事会、监事会、经理等。股东会任命董事会与监事会，董事会聘任经理，监事会监督董事会与经理。四者间既有代理关系又有合约关系，还有制约关系。

（1）股东会职权。

①决定企业的经营方针和投资计划。

②选举和更换非由职工代表担任的董事、监事，决定有关董事、监事的报酬事项。

③审议批准董事会的报告。

④审议批准监事会的报告。

⑤审议批准年度财务预算方案、决算方案。

⑥审议批准利润分配方案和弥补亏损方案。

⑦对增加或者减少注册资本做出决议。

⑧对发行企业债券做出决议。

⑨对企业合并、分立、解散、清算或者变更企业形式做出决议。

⑩修改企业章程。

⑪企业章程规定的其他职权。

（2）董事会对股东会负责，行使下列职权。

①召集股东会会议，并向股东会报告工作。

②执行股东会决议。

③决定企业的经营计划和投资方案。

④制定年度财务预算方案、决算方案。

⑤制定利润分配方案和弥补亏损方案。

⑥制定增加或者减少注册资本以及发行企业债券的方案。

⑦制定企业合并、分立、解散或者变更企业形式的方案。

⑧决定内部管理机构的设置。

⑨决定聘任或者解聘经理及其报酬事项，并根据经理的提名决定聘任或者解聘副经理、财务负责人及其报酬事项。

⑩制定企业的基本管理制度。

⑪企业章程规定的其他职权。

（3）经理对董事会负责，行使下列职权。

①主持生产经营管理工作，组织实施董事会决议。

②组织实施年度经营计划和投资方案。

③拟定内部管理机构设置方案。

④拟定基本管理制度。

⑤制定具体规章。

⑥提请聘任或者解聘副经理、财务负责人。

⑦决定聘任或者解聘除应由董事会决定聘任或者解聘以外的负责管理人员。

⑧董事会授予的其他职权。

章程对经理职权另有规定的，从其规定。经理列席董事会会议。

（4）监事会职权。

①检查企业财务。

②对董事、高级管理人员执行职务行为进行监督，对违反法律、行政法规、企业章程或者股东会决议的董事、高级管理人员提出罢免建议。

③当董事、高级管理人员的行为损害企业利益时，要求董事、高级管理人员予以纠正。

④提议召开临时股东会会议，在董事会不履行召集和主持股东会会议职责时召集和主持股东会会议。

⑤向股东会会议提出提案。

⑥对董事、高级管理人员提起诉讼。

⑦企业章程规定的其他职权。

监事可以列席董事会会议，并对董事会决议事项提出质询或者建议。监事会发现企业经营情况异常，可以进行调查；必要时，可以聘请会计师事务所等协助其工作，费用由企业承担。

2. 微观内容体系——规则体系

内控内容体系从层级上讲，分为公司级、业务级、部门级。

（1）公司级体系必须全员知晓、全员遵守。

（2）业务级体系中的业务一般会流经各部门或岗位。例如，采购与付款环节虽由采购部门主办，但财务部门、仓储部门、技术部门都有职责协助或监督。

（3）部门级体系中的业务一般在部门内部运转，极少涉及其他部门。

为了加强区分，公司级内控内容体系通常为管理制度，业务级内控内容体系通常为管理规定，部门级内控内容体系通常为管理办法。

具体而言，企业内控内容体系如表5.2-1所示。

表5.2-1　内控内容体系

层级	名称
公司级 （全员知晓）	机构管理制度
	公文管理制度
	授权管理制度
	预算管理制度
	合同管理制度
	员工管理手册

续表

层级	名称
业务级 （流经环节知晓）	固定资产管理规定
	存货管理规定
	采购与付款管理规定
	生产管理规定
	销售与收款管理规定
	项目投资管理规定
	综合管理规定
	财务管理规定
部门级 （部门内部知晓）	采购部门管理办法
	仓储部门管理办法
	技术部门管理办法
	生产部门管理办法
	销售部门管理办法
	综合部门管理办法
	财务部门管理办法

3. 内控内容形式

从形式上讲，内控内容可分为制度、流程、表据。

（1）制度，就是约束组织成员的行为规范或评价准则。制度规定组织成员可以做什么、不能做什么，什么人对什么事负责，什么行为会带来什么样的后果。

（2）流程，就是做事的先后顺序。一般来讲，企业流程包括两大类型：一是价值创造流程，包括产品和服务；二是服务支持流程，包括财务和综合等。从更微观的角度看，流程也是正确地完成某一工作的步骤和顺序。例如，采购与付款流程就是指导采购功能团队完成原材料采购并入库的过程。

（3）表据，就是表格和单据的合称。单据运行于制度与流程中，表格汇集和升华制度流程的运营结果。

5.2.2　内控组织体系

内控组织体系指由谁来组织内控体系的建设、执行、评价与修正。内控体系建设是一项系统工程，需要董事会、监事会、经理层及各职能部门共同参与并承担相应职责。一个强劲有力的组织体系是内控体系建设成功、运营顺畅的决胜因素之一。

1. 董事会

董事会对内部控制的建立健全和有效实施负责，定期召开董事会，商讨内部控制建设中的重大问题并做出决策。董事会下设内部控制管理委员会、内部控制管理办公室，来具体执行内部控制体系建设、执行、评价、完善工作。

2. 监事会

监事会对董事会建立和实施内部控制进行监督，是一种独立的、平行的监督。

3. 经理层

经理层负责组织领导企业内部控制体系运转。总经理作为企业运营管理活动的最高执行者，在内部控制体系建设过程中尤其承担着重要责任，包括贯彻董事会对内部控制体系建设、执行的决策意见，为其他高级管理者提供内部控制体系的领导和指引，定期与采购、生产、营销、财务等主要职能部门和业务单元负责人沟通，对他们负责的内部控制建设、执行情况进行指导。

5.2.3　内控思路体系

凡事皆有条理，条理不清、思路不明，即预示着一开始就会失败。很多企业的内控体系失效与内控思路不清有着直接关联。坚持三大思路，一定可以解决困扰许久的内部控制体系建设难题。

1. 业务流围绕实物流

企业的运营离不开"人财物"，"人财物"的流动组合成企业运营的实物流。企业各个环节、各个岗位的业务处理目的之一就是完整记录实物流的流动状态。

体系建设中拘泥于业务流的各项要求，甚至未全面了解实物流的各种状态，面对实物流的某些特殊状态时自然无所适从。

以实物流向为主导，业务流围绕实物流描述各种可能的流动状态及其处理策略，这种主导思路下建设的内控体系才能全面有效。

我们以固定资产管理为例来说明业务流围绕实物流的演示过程。

（1）固定资产进入。首先，必须明确什么是固定资产，业务流须根据企业会计准则和企业实际规定什么是固定资产。其次，必须列举常见的固定资产取得形式，业务流须列举出常见取得形式，如外购、自建、接受投资、盘盈、债务重组等；无法穷尽的可能形式，"其他"是其最好归属。最后，账务上必须明确如何处理。针对这些取得形式设置相应的规范账务处理要求。

（2）固定资产使用。首先，必须明确有哪些使用方式与状态，业务流必须根据实际使用予以规范，如正常使用、改良与维修、跨部门调拨。其次，账务上必须明确如何处理。针对这些使用形式设置相应的规范账务处理要求。

（3）固定资产流出。首先，必须明确有哪些流出可能，业务流必须根据实际流出予以规范，如到期报废、毁损、其他灭失方式。其次，账务上必须明确如何处理。针对这些流出形式设置相应的规范账务处理要求。

2. 制度书写去感情化

内控体系如同国家法律，是企业内部的法律性文件。制定制度时最基本的要求就是不能包括个人情感色彩，一要言简意赅，二要防止理解歧义。

3. "编核批行复"五位一体

"编制—审核—审批—执行—复核"构成一项具体业务的全貌。简单来讲，编制人发起业务，由于"没有人能正确评价自己"，所以须经"审核—审批"环节后执行，并由复核人员事后检查。为便于工作开展、提高工作效率，应站在五方而非某一方角度确立流程及相关表据。"五位一体"原则可大大降低因工作摩擦引起的不和谐，使协同作战能力大大增强，工作的规范性、质量、效率得以大幅提高；同时也可有效消除部门本位主义思潮。

5.2.4 内控原则体系

如果非要找出首要原则，理论上合法合规为首要原则，毕竟凡事必须以合法合规为底线；实务中简单易行为首要原则，这个结果可能出乎大多数人意料，为什么是简单易行呢?

内控体系的建设不是目的,执行且有效执行才是最终目标,相比"全面复杂",人们更乐意接受"重点简单"。尤其对于中小型企业而言,简单易行更契合不同层次人的学习、记忆、执行能力。

1. 合法合规

【情景剧场：这样的会议纪要】

某公司总经理办公会会议纪要明确要求:业务人员将个人消费发票开具为公司抬头,用于应对无票费用支出,金额较大的要分张开具。

这个提议是财务部经理提出来并细化的,大家一致认为解决了现实问题。

【情景剧场：财务部门外的箱子】

某公司财务部门口新挂了一个箱子,是干什么的呢?原来公司有较多的无票费用支出,于是财务部向总经理汇报后挂箱收取员工私人票据。

上述两个小故事并非虚构,是现实中真实存在的。这样的规则违背了合法合规原则。

内控体系必须遵循国家相关法律、法规、规章,并落实到体系中去,这是体系建设的首要原则。否则根基错误,所建立起来的体系也寸步难行。

2. 简单易行

为什么实务中将简单易行作为首要原则?因为简单易行对规则的学习、理解、执行太重要了。

基层员工占据中小型企业员工人数的 70% 甚至更大比例,客观来讲,这些员工一般具有学历不高、学习能力较弱、逻辑思维不强、主动意识差等特点,而这些员工恰巧是基础规则运行的主力军,这也是反复强调简单易行的根本所在。

3. 全面涵盖

企业运营简而言之就是围绕"采购与付款—生产—销售与收款"三大循环的相关业务操作。内控体系应"纵向到底,横向到边",涵盖业务运营各个重要环节。企业要对重要运营活动细致分析并结合行业特点、企业实际等因素设计出全面合适的体系。

值得一提的是"全面"并非"全部"。谁也无法且无力囊括全部，要尽可能地涵盖可预见期间的重大事项，即使有特殊事项出现，我们也可以用特批流程进行处理。

4. 重大关注

任何规则都无法穷尽所有可能出现的现象，但是我们必须对可预见的重大事项做出流畅规定。重大事项的判断一般包括性质标准和金额标准，两种标准独立或结合使用。例如，用性质标准应对舞弊防范，用金额标准应对合同是否书面，用性质和金额标准共同设定授权审批额度。

5. 规整量化

标准和量化是衡量和评价规则体系的两大要点，规则设计中尽可能达到制度规范、流程顺畅、标准量化。

6. 跳位思考

通常会讲"换位思考"，这是指我们要换到沟通者的角度去思考问题，属于我们和对方双位范畴。一个业务流程所涉及的部门和岗位极有可能多于两位，需要我们换位的点比较多，所以形象地用"跳"。例如，在设计销售与收款流程时，要站在这个流程所经过的各个部门和岗位（如销售、仓储、财务等）去思考，而不是仅仅考虑某个或部分岗位。

7. 成本效益

任何活动都存在成本效益的配比关系，成本效益原则是处理任何事情都需要考虑和遵循的原则。一味求全或一味求简都会偏离成本效益原则，导致企业资源浪费，运营效率降低。

内控体系应当权衡实施成本与预期效益，以适当的成本实现有效控制。成本效益原则的遵循不能过于僵化。要根据性质和发生可能进行判断，而不是仅仅从预期效益大于控制成本去判断。对成本效益的判断需要从企业整体利益出发。例如，尽管某些控制会影响工作效率，但会避免更大损失，所以应实施相应控制。

　　某小微企业仅有1名会计人员，无出纳人员，出于成本效益原则，企业指定会计兼任出纳工作。根据内部牵制原则，会计和出纳属于不相容职务，应当相互分离，企业规模小，可不设专职出纳，但应指定会计之外的其他人员，如综合人员兼任出纳事务。这样既满足了内部牵制原则，也满足了成本效益原则。

5.2.5　内控建设体系

　　内控建设体系关注整个内控体系的建设过程，包含内控设计程序、内控设计方法和管理层责任等三方面内容。只有遵循科学的设计程序和设计方法，管理层承担起相应责任，企业才能建设出行之有效的内控体系。

1. 内控设计程序

　　内控设计程序包括制度梳理、制度框架、制度细则、模拟测试、发布运行等五大基本程序。

　　（1）制度梳理。制度梳理就是对企业现有的规则体系进行收集整理及初步分析的过程，一般只要求各部门将其认为的正在运营的制度流程表据汇总归集即可。这样既可以给予部门自主判断权，也可从规则收集评判规则体系的完整性。另外也可同时结合访谈法、现场观察法等了解分析企业管理现状、节点症结、管理期望、解决思路等。

　　（2）制度框架。根据制度梳理所得到的信息，设计出制度框架，与企业各层级讨论确定框架的完整性、合理性以及制度、流程、表据的编制规则。

　　（3）制度细则。制度框架确定后，针对特定业务成立制度细则编制小组，这样的小组可以有很多个，组织编写制度细则，经过汇总讨论等方式确定细则。

　　（4）模拟测试。制度细则编制完成后，开始组织模拟测试，一般以穿行测试为主要方式。

　　（5）发布运行。测试完成后开始发布运行，同时在运行初期注意观察和收集运行瑕疵，以便后续微调。

2. 内控设计方法

（1）访谈法。规则设计需要了解企业的实际情况，需要清楚企业对规则设计的诉求，这都需要对相关人员尤其是高管人员进行全方位、多层次的沟通访谈。访谈法在内部控制设计工作中被广泛使用。有针对性地设计访谈提纲，并对访谈结果进行深入细致的汇总分析是运用这一方法的关键。

（2）调查表法。调查表法就是通过调查表（或问卷）对企业规则现状及业务管理活动进行调查了解的一种方法。编制内部控制设计调查表关键是针对需要调查了解的控制系统及控制点，设计拟调查的内容条款。调查内容要紧紧围绕控制系统中各个控制点和关键控制点及其控制措施，一定要具体、有针对性。

（3）流程图法。流程图法就是利用图解形式描述各运营环节业务处理程序，并据此扩展而形成整套规则体系的方法。

（4）系统分析法。系统分析法就是把系统论的现代理论、技术、手段，运用于内部控制设计的一种方法。内部控制设计是一项系统工程，设计时既要注重横向联系，把握好总体和局部的关系，又要关注纵向层次，处理内部控制的层级关系。

内部控制设计过程中采用的具体方法还有很多，应注重定性和定量方法的结合。定性分析法在内部控制设计中被普遍采用，但这种方法主观随意性大。定量分析法可以为内部控制设计提供可靠的数据，提高内部控制设计的科学性和可操作性，但工作烦琐，且有的影响因素不能量化。

因此，在设计内部控制时，应将定性分析和定量分析恰当地结合起来，以定性分析为基础，进行定量分析，使定量分析服务于定性分析。

3. 管理层责任

管理参与者可分为决策层、管理层、执行层。决策层指股东会及其选任董事组成的董事会，管理层指董事会选聘的总经理及其团队，执行层泛指其他员工。

规则体系的制定中，管理层处于极为关键的地位，其是体系的起草者，上接决策层、下衔执行层。管理层结合自身经验、企业现状、决策层思路、执行层意见提出规则体系框架并组织起草具体管理制度，上报决策层评审、下向执行层征求意见。管理层是规范管理的主导动力，规则体系规范化发展离不开管理层的信心与支持，离开了管理层的切实支持，任何管理活动都不会取得好的结果。管理层的支持不能仅停留在口头上、会议上，而要切切实实地落实在行动中。

5.2.6　内控评价体系

只有逐步完善的规则，没有一劳永逸的规则。如同人的成长一样，在人生不同阶段，人会因为身材、年龄、喜好等不同而穿着很多套服饰；规则体系是同样道理，结合现阶段、现行业、现规模等要素设计出的内控规则体系，在运行中因为内控体系自身原因、行业变化、规模变化等因素，不太适合了，需要微调甚至重整，即流程再造。

如何发现内控设计及运行瑕疵，这就是内控评价的意义所在。

1. 内控评价周期

内控评价是一项耗时耗力的综合性工作，可分为定期评价和临时评价。定期评价一般建议为年度评价；临时评价主要是因重大变化而迫切需要进行的评价，可随时安排。

2. 内控评价方式

内控评价相当于简化的内控体系设计，可比照内控设计方法简化进行。

5.3　制度、流程、表据

制度、流程和表据是内控内容的主要表现形式，企业只有做好三者的区分，才能为企业内部的每个业务流程设置相应的控制方案，推动企业内部控制的有效推进及监督。

5.3.1 制度与流程

有人说制度管理，有人说流程管控；有人说制度是制度、流程是流程；有人说制度、流程都分不清，何谈管控。

诸如此类的制度与流程纷争此起彼伏，那么制度与流程的关系到底是什么呢？到底有没有必要非得分出一二来呢？

制度、流程、表据是内部控制规则体系的不同表现形式。制度为文字描述型的，全面细致；流程为线条流动型的，简洁明了；表据为表格、单据型的，有理有据。

既然都是表现形式，说明其承载主体本质相同，只是形式差异。尤其是制度和流程，制度条款中增加了做事的顺序，自然不需另加流程，流程中增加了文字描述，自然可独当一面。所以制度与流程，你中有我、我中有你。所谓的融合说、分离说等纷争都可以停歇了，毫无意义。

可以说制度是主体、流程是辅助，两者共同搭建起内部控制体系的主体框架。

5.3.2 制度

内控体系中的制度设计主要包含以下内容。

1. 基本架构

一个完整的制度，包括制定目的、使用范围、名词定义、部门职责、实施程序、记录载体等内容。

2. 制定目的

每一项制度都内含设计背景和实施目的，制定目的不能没有，若没有了，后续章节则没有依托；制度目的不宜繁杂，表述清晰即可。

3. 实施范围

实施范围包括制度实施的区域范围和约束的人的范围。

4. 名词定义

每一项制度都存在一个或多个核心名词，这些名词会多次出现，所以要集中起来统一规范描述或者表述。

5. 部门职责

公司级和业务级制度都涉及不同部门的运作和配合，将部门职责归类列明，便于流经部门有效实施。

6. 实施程序

实施程序包括规则和流转。规则主要说明在实施中要做到哪些要求、要杜绝哪些事项，流转就是用文字描述的制度事项的运作过程。

7. 记录载体

制度运转中需要明确哪些表格和单据用于记录制度运转过程。

8. 表现层次

常见的制度层次包括：章、节、条、（一）、1.、（1），或条、（一）、1.、（1）等。

表现层次没有过于固定的格式，把握两个关键点即可：第一，不能出现层次悖论，如不能出现"1."在"（一）"之前的情形；第二，选定并固定下来，格式固定、条理清晰。

附例：某公司借支管理规定

第一条　制定目的

为加强企业内部管理、规范公司员工公务借支行为、提高资金使用效率，特制定本管理规定。

第二条　实施范围

本管理规定适用于公司各部门正式员工因公务借支资金的行为。

第三条　名词定义

正式员工：指与公司签署正式劳动合同的员工，不含未转正的试用期员工。

公务借支：指正式员工办理公司公务而需临时性借领资金的行为。

第四条　部门职责

经办部门：对借支行为的必要性、合理性及资金需求进行审核，对归还借支或费用报销行为进行催促督查。

财务部门：对借支行为是否符合本管理规定要求进行审核。

总经理：对借支行为进行审批。

第五条　实施程序

（一）借支事由

借支事由包括办公用品购买借支、差旅费用借支、会议费用借支、车辆使用费借支、业务费用借支等。

（二）借支原则

1. 一事一借，前款不清、后款不借，特殊情况经总经理明确签署意见后可在前款未清的情况下办理。

2. 各部门必须就本部门固定类业务确定借支人并书面告知财务部门，借支人变动时须重新书面告知财务部门，否则财务部门不对该确定借支人以外的其他人员办理此业务借支。

3. 财务部门须就各部门常规性借支人员借支限额予以确定，原则上不超过该员工月薪酬。特殊情况需超出的，由各部门提出申请，财务部门审核、总经理审批后执行。

4. 为节约管理资源，精简业务，原则上 1 000 元及以下小额公务现金需求由经办人垫付，业务完毕后报销。

5. 收款单位明确、收款金额明确的须按照零星请款流程办理，不得按借支流程办理。

6. 10 000 元及以上大额借支须提前一天与出纳预约，大额借支的支付方式首选网上银行打入借支人银行卡，如需打入非借支人本人银行卡时借支人须特别注明"请打入××银行×××人×××卡"。打入非借支人本人银行卡并不能免除借支人的还款及报销义务。

7. 借支还款及报销业务参照公司费用报销管理规定。

（三）借支程序

借支流程审核与职责

序号	部门	岗位	工作概要	工作职责
1	经办部门	经办人	单据填写	据实填写借支单
2	经办部门	部门经理	单据审核	审核业务必要性、金额合理性。未通过审核取消或返回序号1
3	财务部	往来会计	单据审核	审核是否存在未清借支。未通过审核取消或至序号5（总经理特批后至序号3）
4	财务部	财务经理	单据审核	审核是否预算内借支。未通过审核取消或至序号5（总经理特批后至序号4）
5		总经理	单据审批	审批
6	财务部	出纳	付款发起	审核权签是否完整。通过审核则发起网银支付，未通过审核则退回借支人
7	财务部	资金审核	付款审核	审核权签是否完整、金额是否相符。通过审核则使用网银支付，未通过则退回出纳

（四）借支核对

财务部每月末编制员工借支余额表交员工签认，部门负责人对催收账款负有直接及领导责任。

（五）超时归还

借支款项无法确认使用时间导致超过15天未使用的，经办人应归还借支，业务重新启动时另行办理。

第六条　记录载体

借支单是办理借支手续的唯一书面文件，不允许使用其他载体办理借支。

第七条　解释修订

本管理规定由财务部拟定，经总经理办公会讨论通过。

本管理规定由财务部负责解释。

本管理规定自××××年××月××日起实施。

×××× 科技有限公司

附

借支单

年 月 日

部门名称		借支人	

借支事由

借支金额		大写金额	拾 万 仟 佰 拾 元 角 分

总经理：　　财务经理：　　部门经理：　　会计：　　出纳：　　借支人：

备注：第一个借支人表示其填写的借支单，第二个借支人表示确认收款。

员工借支余额表

年 月 日 至 年 月 日

部门名称：

序号	员工姓名	期初余额	本期借支	本期还款	期末余额	员工签认
1						
2						
3						
4						
5						
6						
7						
8						

部门经理：　　　　　　　　复核：　　　　　　　　编制：

5.3.3　流程

关于企业内控的各个流程，企业可以根据业务流程本身的复杂程度，采用相应的设计方法。

1. 简易图形法

针对单链条或简单业务流程，企业可以采用简易图形法，如图5.3-1所示。

图 5.3 - 1　简易图形法——借支流程审核与职责

2. 矩阵图形法

如业务流程涉及多个岗位或部门，或包含多种业务流向，企业则可以采用矩阵图形法，如图 5.3 - 2 所示。

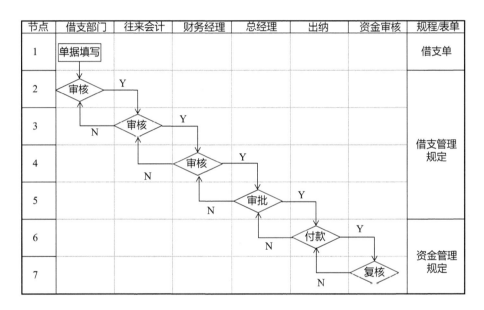

图 5.3 - 2　矩阵图形法——借支流程审核与职责

3. 列表描述法

如流程内各节点工作内容较为丰富，或企业需要对其工作职责进行明确描述，则可采用列表描述法，如表 5.3 - 1 所示。

表 5.3 - 1　列表描述法——借支流程审核与职责

序号	部门	岗位	工作概要	工作职责
1	经办部门	经办人	单据填写	据实填写借支单
2	经办部门	部门经理	单据审核	审核业务必要性、金额合理性。未通过审核取消或返回序号1

续表

序号	部门	岗位	工作概要	工作职责
3	财务部	往来会计	单据审核	审核是否存在未清借支。未通过审核取消或至序号5（总经理特批后至序号3）
4	财务部	财务经理	单据审核	审核是否预算内借支。未通过审核取消或至序号5（总经理特批后至序号4）
5		总经理	单据审批	审批
6	财务部	出纳	付款发起	审核权签是否完整。通过审核则发起网银支付，未通过审核则退回借支人
7	财务部	资金审核	付款审核	审核权签是否完整、金额是否相符。通过审核则使用网银支付，未通过退回出纳

5.3.4　表据

表据是表格与单据的统称。表格主要包括台账和报表；单据按内外分为内部单据和外部单据，按业财分为财务单据和业务单据。

常见表格与单据如表5.3-2所示。

表5.3-2　常见表格与单据

大类	细类	示例
表格	台账	采购台账
		生产台账
		销售台账
		费用台账
	报表	财务报表
		管理报表
单据	财务单据	借支单
		费用报销单
		差旅费报销单
		请款单
		收据
		粘贴单
	业务单据	入库单
		检验单
		出库单

5.4 企业舞弊防范

企业舞弊行为通常会对企业造成重大运营风险，而建设和完善内控体系，则是防范企业舞弊行为的重要方法。对此，企业不仅要借此在企业内部树立风险防范意识，还要做好内部牵制与业务审核。

5.4.1 企业舞弊案例

 案例一：“引人注目”的詹某

【案情回顾】

詹某2011年9月伪造《建设资金使用审批表》、财务印章及领导签名，并利用项目部领导交其保管的项目部经理章和密码器将项目部工程款700余万元转到自己冒用他人身份证开设的10个私人账户，并在同一天内将账户资金全部提走后从容逃匿，詹某因此"荣登"今日说法。

詹某2019年刑满释放后，伪造身份至南京某企业担任财务总监，2020年2月窃取该企业支付U盾及密码，将1900余万元转走。

【案件剖析】

项目部案例中，项目部经理章和密码器由出纳一人保管违反不相容职务分离原则；南京案例中，企业U盾及其支付密码保管存在漏洞。

 案例二：出纳"快手"大挪移

【案情回顾】

华北某小型企业出纳借取现之机，两个月"快手"腾挪企业现金近50万元。大致过程如下：出纳向总经理提出取现申请，总经理将法人章交付其加盖，出纳取现并旋即从中抽取部分资金私用，几天后出纳再次向总经理提出取现申请，如此往复，两个月挪用资金近50万元。

【案件剖析】

取现过程控制合规，但在资金使用登记及核查上无人监管，导致规模不大的企业两个月损失巨大。

将表象聚焦在犯罪的时候，我们有没有深入反思环节中的控制失效问题呢？如果仅仅谈及狡兔三窟、穷凶极恶等，我们的管理永远如同阳光下的肥皂泡，看似光鲜却一触即破。

5.4.2　舞弊案例剖析

任何舞弊事件的发生，都离不开内部参与、异常欲望、管理漏洞等疏漏，缺少任何一项，企业舞弊都无法实现。

（1）内部参与。舞弊不同于抢劫、偷盗等行为，舞弊就是利用内部漏洞，侵害企业利益而使自身获益的行为，舞弊参与者一定有内部人员。

（2）异常欲望。异常欲望即通过非正常渠道谋取非法利益的欲望。

（3）管理漏洞。舞弊者通常有意躲避内部控制，且内部控制管理漏洞帮助其成功躲过内部控制。

需要注意的是，内部参与仅为舞弊案件暴露后的表现形式，人人都有异常欲望，我们无法一一发掘。作为企业管理层，要做的就是建立健全内部控制体系，堵塞管理漏洞，杜绝舞弊事件的发生。

5.4.3　舞弊事件防范

防范舞弊事件的发生，企业必须要从两个方面抓起。

（1）树立风险防范意识，组织全员尤其是风险岗位员工经常性地进行舞弊事件警示教育，让大家树立"没有不透风的墙""要使人不知，除非己莫为"思想，尤其在目前的天网监控体系下，即使成功了，也是徒劳的。

（2）对企业内部控制体系安全巡查常抓不懈，巡查内部牵制是否有效、巡查业务审核是否完整。做好内部牵制及业务审核，可以有效防范舞弊事件发生。

第六章
全面预算管控

　　全面预算管控可以通过调动各主体积极性、主动性来实现预算管理的总体目标，对企业战略、资源协调等各方面意义重大。但在实务当中，企业内部各方利益冲突却导致预算管理逐渐失效，而全面预算管控则从编制、执行、考核等各方面确保预算管理的有效推进。

6.1 全面预算概述

预算被看作市场经济下的计划管理，也因此被很多人轻视甚至排斥。但纵观企业管理发展历史，全面预算管控却是解决企业管理诸多问题的关键措施，能够有效帮助管理者实施管理并实现战略目标，企业必须对此形成正确认识。

6.1.1 全面预算的内容、特性、关系

全面预算管理是市场经济下的计划管理。企业在战略目标指导下，对未来经营活动和相应财务结果进行充分、全面的预测和筹划，并通过对执行过程的监控，将实际完成情况与设定目标不断对照分析，从而及时指导经营活动的改善和调整，以帮助管理者更加有效地实施管理和最大限度地实现战略目标。

1. 全面预算内容

全面预算是年度业财融合的起点，包括年度工作计划和财务预算两大部分。

（1）年度工作计划。年度工作计划可以理解为具体的阶段性战略规划分解，是企业各部门的年度工作规划，各部门年度工作计划汇集成企业的年度工作计划。

（2）财务预算。财务如同运营翻译官，在保留业务数据的同时，将各部门年度工作计划及其汇集而成的企业年度工作计划翻译成通用的数据语言，同时校验整体目标是否符合企业管理层的期望。

全面预算反映业务的各个方面。销售预算是各种预算的编制起点，它是生产费用预算、期间费用预算、现金预算和资本预算的编制基础；现金预算是销售预算、生产费用预算、期间费用预算和资本预算中有关现金收支的汇总；预计利润表要根据销售预算、生产费用预算、期间费用预算、现金预算编制；预

计资产负债表要根据期初资产负债表和销售预算、生产费用预算、资本预算等编制；预计财务状况表则主要根据预计资产负债表和预计利润表编制。

2. 全面预算特性

（1）全方位：全部经济活动均纳入预算体系。

（2）全过程：各项经济活动的事前、事中、事后情况均要纳入预算管理过程。

（3）全员性：各部门、各单位、各岗位、各级人员共同参与预算编制和实施。

3. 全面预算关系

全面预算管理与企业各方面息息相关，如图6.1-1所示。

（1）上衔战略：全面预算是战略实施的年度步骤。

（2）下接绩效：全面预算执行结果通过绩效管理彰显，并指导下一年度全面预算。

（3）左勾核算：全面预算的每一步，需要核算确认结果。

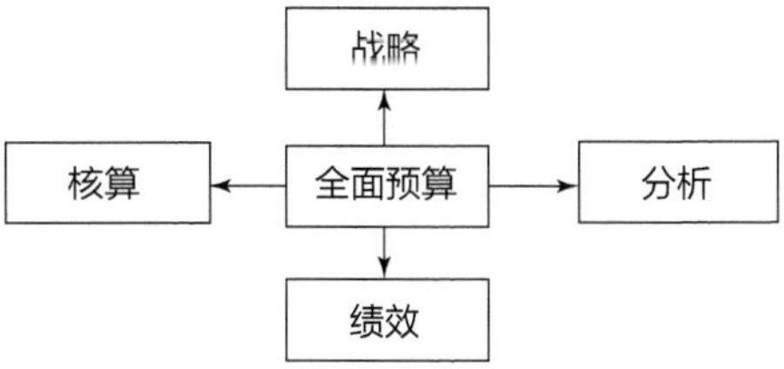

图 6.1-1　全面预算关系

（4）右搭分析：分析是对核算的升华，对预算下一步的指导起因。

6.1.2　全面预算的意义

全面预算的意义主要表现在以下5个层面。

1. 战略支持

预算管理通过规划未来的发展指导当前的实践，因而具有战略性。战略支持功能最充分地体现在动态预算上，通过滚动预算和弹性预算形式，将未来置于现实之中。

2. 管理协调

对企业尤其是大企业，管理跨度加大，需要通过一个机制来强化管理的协调。预算管理通过制度运行来代替管理，是一种制度管理而不是人的管理。

3. 自我控制

预算管理是一种控制机制，预算作为一根"标杆"，使所有预算执行主体都知道自己的目标是什么、应如何完成预算，以及预算完成与否如何与自身利益挂钩等，从而起到一种自我约束和自我激励的作用。

4. 资源配置

预算管理能将企业资源加以整合与优化，通过内部化来节约交易成本，达到资源利用效率最大化。

5. 管理升级

全面预算管理的推行，能使高层管理者的职能逐渐集中于对资源的长远规划与对下级的绩效考核上，使企业内部的层级制从"形式"转变为"实质"。

实施全面预算管理，可以明确并量化企业的经营目标、规范企业的管理控制、落实各责任中心的责任、明确各级责权、明确考核依据，为企业的成功提供了保证。可以说全面预算管理的过程，就是战略目标分解、实施、控制和实现的过程。

6.1.3 预算管控模式

全面预算对企业管理有重要的战略支持和管理协调作用，因此，在不同成长阶段，企业也要采用不同的预算管控方式。

1. 创业期——以资本预算为核心

创业伊始，企业面临着极大的经营风险。一方面是大量的现金流出，净现金流量为负数，现金投入包括研究与开发费用、市场研究费用和固定资产投入等；另一方面是新产品开发的成败及未来现金流量的大小具有较大的不确定性、较大的投资风险。

创业期充满不确定性，企业需要从资本预算开始介入管理全过程，以资本投入为中心的资本预算也就成为该阶段主要的预算管理模式。

2. 成长期——以销售为起点

企业产品逐渐为市场所接受，市场需求总量直线上升，进入市场增长期。尽管这一阶段企业对产品生产技术的把握程度都较为确定，但仍然面临较高的经营风险，这主要是由于需要大量的市场营销费用投入，且现金流入大小仍然不确定，净现金流量为负数或处于较低水平。

这一阶段的管理重心是通过市场营销来开发市场潜力和提高市场占有率，市场营销费用的投入仍然属于针对整个寿命期的长期投资。

因此成长期以销售为起点编制销售预算，以销定产编制生产及费用预算，进而编制财务预算，帮助企业提高市场应变能力、增强竞争优势。

3. 成熟期——以成本控制为起点

这一阶段市场增长速度减缓，由于有较高且较为稳定的销售份额，现金净流量也为正数，且较为稳定，经营风险相对较低。

这一阶段企业面临的市场风险有两个：一是成熟期长短变化所导致的风险；二是成本风险。前者是不可控风险，而后者是可控风险，也就是说，在既定产品价格的前提下，企业收益大小完全取决于成本这一相对可控因素。

因此，成本控制至关重要，以成本为控制点，以成本为预算起点的成本管理模式也就应运而生。

4. 转型期——以现金流量为起点

转型期的生产经营特征在于原有产品已经被市场抛弃或被其他替代产品替代。这一时期的财务特征主要是大量应收账款收回，而潜在的投资项目并未确定，因此有大量的现金流量（正值）产生。如何针对其经营特点，做到监控现金有效收回、收回现金的有效利用等，均应成为管理重点。

以现金流量为起点的预算管理，以现金流入和流出控制为核心，是这一阶段的生产经营特征所决定的，具有必然性。

6.1.4　预算管控现状

实务中的预算管控并不理想，大多数企业职工（除了财务）都对预算管理充满轻视、排斥，表象理由是预算无能、预测不准或未能解决实际问题，但归根结底是害怕，害怕暴露自身的战略目光不足、业务能力不够、知识技能欠缺等缺点，而预算管理犹如试金石，所以只有排斥它，"南郭先生"才会安全。

1. 目标确定靠随拍

预算主导者确定目标时缺乏务实心态：目标没有支撑依据，随意"拍脑袋"确定；有意高估未来预期，定低了，都实现的话，岂不是显得自身战略高度不足。

在这种心态主导下，预算指标尤其是营销类、利润类指标年年都很高，次次实现情况却不尽如人意，形成"年年高指标、次次低实现"的怪异现象。

2. 指标分解靠吵闹

预算承接者普遍认为自身面对的市场环境恶劣，却要被动承接这么高的指标，即使自己奋力开拓，也难以完成。因此，纷纷通过吵闹来谋求目标低值和资源高配，造成"指标分解难上难、会哭孩子有奶吃"的局面。

即使指标分解下去了，预算承接者也认为指标是被动接受的，自己只能尽力而为，给预算执行辩解留余地、埋伏笔。

3. 预算执行靠蒙混

预算承接者自我分析预算执行情况，大多数任务完成靠主观努力，完不成任务是客观环境艰险无比，差距太大就想着在绩效考核中如何蒙混过关。

4. 运营分析靠甩锅

运营分析会议本是一场总结过去、指导前行的业财共力会议，现实中却成了互甩责任的"扯皮会"。

会前，业务和财务各自闭门造车，会中数据打架、你争我吵，注意力又顿时转移至核算水平……整个运营分析会就如此成为吵闹甩锅会。

6.1.5 打开"韦尔奇死结"

什么是"韦尔奇死结"？

美国通用公司前总裁杰克·韦尔奇说：预算是企业的祸根，它根本不应该存在。制定预算就等于追求最低绩效，企业永远只能得到员工最低水平的贡献，因为每个人都在讨价还价，争取制定最低指标。

在全面预算管理这个"戏台"上，年初"抢指标"，年末"抢花钱"，成为预算管理的"重头戏"，日复一日、年复一年，成本费用越抢越多、越多越抢，最终"驴子变成了大象"。这也印证了杰克·韦尔奇的结论。

"韦尔奇死结"的本质是个体差异及其表现的利益诉求差异，这种差异几乎存在于人类社会的各种群体性事务中，我们很难让这种差异消失。

"韦尔奇死结"处处存在，这是不争的现状和事实，人们要做的不是回避、抱怨，而是考虑如何解决。

毫不夸张地说，预算正是管理控制的一个行之有效的措施，也是为数不多的能把组织的关键问题融于一体的管控方法之一，是实现战略目标、提升经营绩效、实现企业内控的有力工具，更是企业防范风险、应对危机的法宝。

预算本身是一种对业务未来实现的预测，与实际存在差异是其本质，差异甚至较大差异的存在不能否定预算管理的作用，预算管理的基础动力是为经济业务提供参照物。

因此，预算管理才是打开"韦尔奇死结"的关键，而在全面预算管控中，企业必须把握以下要点。

1. 预算目标要务实

目标要结合市场环境、行业特点、自身战略务实确定。只有务实的目标才能激发团队的责任心与执行力；只有务实的目标才能和实际结果相靠近，不管完成与否，来年都要奋力拼搏。相反，浮夸的目标更容易造成团队的懈怠与消极。

目标设定和资源配置要相对合理。如果目标太高，资源约束过紧，则会引发不符合企业长远利益的短期行动。反过来，如果目标太容易实现，则会失去预算管理的主导意义。

2. 目标分解有策略

目标分解遇到的最大难题就是业绩承接者都处于个性化、差异化自我环境，那么目标分解的策略就是创设同等或类似竞争环境，如同百米赛道，长度一样、宽度一样、平整度一样、比赛日期一样、号令时间一样、性别一样，跑到终点快慢自现。

同时，目标分解要结合年度目标。一份设计优秀的试卷应该将参考者区分为优秀者、良好者、合格者、淘汰者，参考者既不能全军覆没，也不至皆人欢喜。

目标有效分解也是打开"韦尔奇死结"的有效举措。

3. 预算模板功倍增

"工欲善其事必先利其器。"预算模板用得好，事半功倍；预算模板用得不好，都想放弃。

好的预算模板必须具有稳定的逻辑、固化的格式、自动的关联，尽量做到预算、记录、分析、考核、预测五位一体，格式共享、数据共享。

4. 运营会议齐协力

运营分析会议召开周期原则上以月度为主，也可选择双月甚至季度为周期。

要明确运营分析会议属于各业务部门的考核答辩会，财务作为业务数据记录、审核方，主要确保业务数据真实性、指标分析合理性，各业务部门主要负责回复实际与计划的差异原因及其改进思路。

运营分析要做到：会前财业合力做好数据分析，会中财业接力回复数据疑问，会后业务共力确保后续数据同频。

5. 预算调整要慎重

预算毕竟是对未来的预计，当预期假定发生较大变化时，预算部分甚至全部会失去存在的基础。理论上都是这样阐述预算调整的必要性。

现实中，预算部分失效时有发生，预算全部失效的概率微乎其微。

预算调整工作量几乎相当于预算编制工作量，预算调整是预算管理的梦魇。所以，建议不轻意调整预算期间，预算期间汇集预算执行重大情况报告表，年末决算时再逐一解决。

6.2 全面预算编制

预算编制是预算管理的起点，预算编制必须以预算目标为依据，而预算目标正是通过预算编制得以具体化和数量化。

根据预算组织层级的不同，预算目标可分为公司预算目标和部门预算目标，所编制的预算也相应包括公司预算和部门预算。

6.2.1 预算组织体系

全面预算管理组织体系由预算管理决策机构、预算管理工作机构和预算管理执行单元 3 个层次构成。

1. 预算管理决策机构

预算管理决策机构一般指董事会下设的预算管理委员会，董事会是组织领导公司全面预算管理的最高权力机构，董事会并不制定预算，但拥有预算审查、批准的权利和责任。预算管理委员会是预算管理的决策机构，专门负责全面预算决策管理。预算管理委员会成员包括：董事长（总经理）担任主任，分管财务副总经理或财务总监担任副主任，各部门负责人担任委员。中小型公司也可按照总经理办公会成员分工担任。预算管理委员会主要职责包括以下内容。

（1）拟定预算政策和程序，指导预算的编制工作。

（2）对各级预算责任主体上报的预算进行审核。

（3）将编制好的预算提交董事会审核批准。

（4）下达已获批准的预算并组织实施。

（5）监控预算、检查结果、裁决预算纠纷。

（6）根据预算执行结果提出考核与奖惩意见。

2. 预算管理工作机构

预算管理办公室是预算管理委员会的日常工作机构，在预算管理委员会的领导下工作，并向预算管理委员会报告工作，主要负责预算编制、报告、执行和日常监控、审查、协调、分析、反馈、考评等。预算管理办公室成员包括：分管财务副总经理或财务总监担任主任，财务部门骨干人员担任副主任，各部门指定骨干人员担任委员。预算管理办公室的主要职责包括以下内容。

（1）组织预算的编制、审核、汇总工作。

（2）组织下达预算，监督预算执行情况。

（3）协调解决预算编制和执行中的具体问题。

（4）分析考核各业务单元的预算情况。

3. 预算管理执行单元

预算管理执行单元（机构）是指负责预算执行的各级各层预算执行主体，是执行运营预算和财务预算并承担相应责任的最小组织单位。各执行单元设预算工作小组或指定预算管理员，组长由执行单元负责人担任，成员由执行单元骨干担任。微小型执行单元也可只设置兼职预算管理员。预算管理执行单元的主要职责包括以下内容。

（1）制订本单元的业务计划、项目计划及其预算草案。

（2）执行批准下达的预算。

（3）对预算执行情况分析并上报分析报告。

（4）在授权范围内配置并使用资源。

预算管理决策机构和工作机构不仅承担相应的预算管理责任，而且，预算管理决策机构和工作机构中的某些成员在预算管理执行机构中担任负责人职务。因此，对于绝大多数职能管理部门而言，它们都具有预算管理工作机构和预算管理执行机构的双重身份。综上，预算管理决策机构、预算管理工作机构和预算管理执行机构并非绝对相互分离的 3 个层面。

6.2.2 预算编制程序

预算编制程序可分为权威式预算（自上而下）和参与式预算（自下而上）。

在权威式预算中，预算是一个财务计划和过程控制的工具，从战略目标直至各个单元的具体预算项等，均由管理高层决定，较低层级的员工只是按照预算原则执行。

权威式预算的优点在于考虑战略目标，能更好地控制决策；不足在于缺乏执行预算的低级别管理者和员工的参与；适用于小企业或所处行业相对较稳定的公司。

在参与式预算中，各个层级的经理和关键员工共同制定本执行单元的预算，管理高层保留最后的批准权。

参与式预算的优点在于能让员工积极投入从而实现企业的目标，是一项很好的沟通工具；不足在于不考虑战略目标，可能会产生预算松弛或操纵预算的问题；适用于分权制企业或所处环境变化幅度较大的企业。

实务中的预算编制方式一般是介于两者之间的混合式预算（上下结合）。

混合式预算能够有效保证预算目标的实现，体现公平公正的原则，既考虑考核主体的实际情况，又兼顾了全局利益；一般按照"上下结合、分级编制、逐级汇总"的程序进行。具体而言，混合式预算的编制包括确定目标、上报编制、审查平衡、审议批准、下达执行。

其具体编制程序包含以下内容。

（1）确定预算参与者，包括各个层级管理者及拥有特定专长的员工。

（2）预算管理委员会与预算参与者就战略方向、战略目标等事项进行沟通。

（3）各执行单元根据具体目标要求编制本单元预算草案。

（4）由预算委员会平衡与协商调整各单元的预算草案，并进行预算的汇总与分析。

（5）审议预算并上报董事会，最后通过企业的综合预算和部门预算。

（6）将批准后的预算下达给各执行单元执行。

6.2.3　预算编制方法

在具体的预算编制过程中，企业可以采用以下几种方法。

1. 固定预算

固定预算又称静态预算，根据预算期内正常、预期可实现的某一固定业务量（如生产量、销售量等）水平作为唯一基础编制预算。固定预算常适用于经营业务稳定、产销量稳定、能较准确预测产品需求及产品成本的公司。

固定预算的优点是涉及的业务量固定、期间固定，编制相对简单，容易理解；缺点是不能适应环境变化，容易造成资源错配和重大浪费。

2. 弹性预算

弹性预算是固定预算的对称，是在变动成本的基础上，以预算期间可能发生的多种业务量水平为基础编制预算。弹性预算下，一方面扩大了预算的范围，更好地发挥预算控制作用，另一方面能够使预算对实际执行情况的评价与考核建立在更加客观可比的基础上。

弹性预算的优点在于能够适应不同经营环境的变化，一定程度避免了预算调整，有利于预算控制的发挥；缺点是预算基础要求比较高，编制复杂，工作量较大。

3. 增量预算

增量预算又称调整预算，以基期或上期业务量水平和成本费用消耗水平为基础编制预算。增量预算下，根据预算期经营目标和实际情况，结合市场竞争态势，通过对基期或上期指标数值进行增减调整而确定预算期的指标数值。

增量预算的优点是编制简单、省时省力；缺点是预算规模逐步扩大，可能造成预算松弛及资源浪费。

4. 零基预算

零基预算是增量预算的对称，是指不考虑基期或上期预算项目和收支水平，以零为基点编制预算。零基预算下，不受以往预算安排和预算执行情况的影响，一切预算收支都建立在成本效益分析的基础上，根据需要和可能来编制预算。

零基预算的优点是促使管理者关注所有业务元素，有助于创造一个高效、精简的预算组织体系；缺点是对预算合理性的审查耗时耗力。

零基预算是为了克服增量预算的不足而产生的，但是忘记过去谈何容易。

5. 定期预算

定期预算是以不变的会计期间（如日历年度或财务年度）为预算期间的预算编制方法。

定期预算的优点是预算期间与会计期间对应，有利于实际数与预算数的对照分析，有利于对各执行单元的预算执行情况进行分析评价；缺点是不能使预算编制常态化，容易引起短期行为，不利于前后预算的衔接。

6. 滚动预算

滚动预算是定期预算的对称，每过一个期间（月、季或半年），便及时增补一个期间（月、季或半年），以使得预算周期始终保持固定期间（一般为 12 个月）。滚动预算的优点是可以反映当前事项及环境的变化，并根据这些变化持续调整对未来的预测，具有更强的相关性；缺点是每一期间都要编制预算，耗时耗力。

这些编制方法是比较常见的方法，各有优缺点，在具体运用中没有必要强调某种方法，而是要结合使用。同一预算方案可根据具体内容不同选取不同的方法，同一种方法也可适用于不同的预算。企业应根据不同预算内容的特点和要求，因地制宜地选取预算编制方法，保证整体预算方案的最优化。

固定预算、增量预算、定期预算属于传统意义上的预算编制方法，弹性预算、零基预算、滚动预算属于与上述 3 种方法对应的具有现代意义的预算方法。虽然弹性预算、零基预算、滚动预算等方法理论成熟，但是实务中操作基础要求非常高，且弹性预算、零基预算、滚动预算等的工作量大大超过传统预算模式，这些预算方法更多仅限于理论研究，所以，一般公司要谨慎选择使用。

6.3　全面预算执行

预算执行是预算管理的核心，要做好预算执行情况的真实、完整记录，有效进行预算信息的收集与反馈；同时各级责任人要根据执行情况及时把控前进方向，更好地实现各项目标。

6.3.1　预算执行记录

各类业务台账是预算执行的有效记录，也是预算分析和绩效考核的有力佐证。常见的业务台账包括销售台账、采购台账、生产台账及各部门费用台账。双份同频记录是对业务台账的核心要求。

1. 双份登记

双份登记是按照内部牵制的核心思想而设定的，一份信息必须两人拥有。实务中，双份登记并非单份登记的两倍工作量，可以平时业务部门登记，期末财务部门借用业务部门的登记并加以审核后形成财务部门登记。

2. 同频登记

这是对双份登记的更严格要求。双份登记不是单干，而是双方遵循同样的规则，确保实时同频登记，最起码确保月度同频登记，否则双方登记毫无意义。

3. 佐证登记

台账不是孤立存在的，而是以各类业务单据作为记录依据。销售发出以销售出库单、货物验收单等为佐证，销售发票以增值税发票为佐证，销售回款以银行回单、收据等为佐证。

4. 序时登记

序时登记包括台账序时记录，佐证材料序时排列且和台账记录保持一致。

6.3.2　财务主导审核

业务审核是落实内部牵制的最基础工作。如果一项业务没人复核，要么说明公司管理意识淡薄，要么说明这些工作太过细小，不符合成本效益原则而放弃审核。

预算执行记录是各个业务部门的基本工作之一，真实性、完整性须经财务部门主导审核。为节约双方时间，一般可安排阶段性审核，如月度审核。

审核并非看完了就表示审核过了，而是必须留下审核痕迹，且必须是审核无误的痕迹。正式的审核可建立审核确认制，电子传递方式也可作为表达审核一致的形式，如电子邮件的方式。

6.4　全面预算考核

【情景剧场】

　　隔壁老王：老段呀，听说你收入很高呀，讲年薪的。

　　财务老段：年薪是年薪，现在谁不是讲年薪。

　　隔壁老王：那一定很高呀，"金领"阶层。

　　财务老段：金领啥呀，我的工资都被"考核"了。

在实务中，人们是多么地痛恨考核，简简单单一句"被考核了"就成了扣工资的代名词，这也更多地表达了莫名其妙地为自认为不该负责的事情克扣工资。此时，考核已失去其中性词意，被认为是合法克扣工资的工具和说辞。

6.4.1　考核原则

为避免预算考核流于形式，甚至引起企业职工的反感，失去推进全面预算管控的效用，企业在进行全面预算考核时必须遵循以下原则。

1. 总体性原则

预算管理的目的是通过调动各主体积极性、主动性来实现预算管理的总体目标。但是，各主体是具有一定权力并承担相应责任的利益关系人，其工作目标主要是自身利益的最大化，这会产生局部利益（个体利益）与整体利益（集体利益）的冲突。所以预算考核要引导各主体的行为，避免只注重局部利益、不顾全局利益的行为，要关注到这些差异并减少差异。

2. 可控性原则

预算考核既是预算执行结果的责任归属过程，也是各主体间的利益分配过程，所以考核必须公开、公平、公正，各主体以其责权范围为限，对其可控的预算差异负责，利益分配也以此为基础，做到责、权、利相统一。为避免强调可控原则而引发各主体的推诿，出现无人负责的现象，在下达预算目标时，要尽可能明确各主体的可控范围或可控因素。

3. 动态性原则

预算考核要讲究时效性，企业可根据管理基础、内外部环境变化及经营需求选择合适的考核时点，如采取季度考核、半年度考核、不定期考核等。如果等到年度预算期结束再进行考核，则木已成舟，削弱了预算考核应有的动态影响作用。

4. 例外性原则

预算管理中，可能会出现一些不可控的因素，如市场的变化、产业环境变化、政策的变化、自然灾害和意外损失等，考核时应对这些特殊情况予以考虑。

6.4.2 考核方法

基于全面考核原则，全面预算考核的常用方法分为 3 类。

1. 关键绩效指标法

关键绩效指标（Key Performance Indicator，KPI）法指通过设定关键绩效指标借以实现绩效管控的方法。按管理主题来划分，绩效管理可分为两大类：一类是激励型绩效管理，侧重于激发员工的工作积极性，比较适用于成长期的企业；另一类是管控型绩效管理，侧重于规范员工的工作行为，比较适用于成熟期的企业。但无论采用哪一种考核方式，其核心都应有利于提升企业的整体绩效，而不应在指标的得分上斤斤计较。

从管理目的来看，关键绩效指标法旨在引导员工的注意力方向，将员工的精力从无关紧要的琐事中解脱出来，从而更加关注企业整体业绩指标、部门重要工作领域及个人关键工作任务。

从管理成本来看，采用关键绩效指标法可以有效地节省考核成本，减少主观考核的盲目性，缩减模糊考核的推敲时间，将企业有限的财力、物力、人力用于研发新的产品和开辟新的市场。

从管理效用来看，关键绩效指标法主要用来检测管理中存在的关键问题，并能够快速找到问题的症结所在，不至于被过多的旁枝末节缠绕。企业绩效评估经常遇到的一个很实际的问题就是，很难确定客观、量化的绩效指标。其实，对所有的绩效指标进行量化并不现实，也没有必要这么做。行为性的指标体系，也同样可以衡量企业绩效。

关键绩效指标法的优点是标准比较鲜明，易于做出评估；缺点是制定标准难度较大，缺乏一定的定量性，绩效指标只是一些关键的指标，对于其他内容缺少一定的评估。

2. 平衡计分卡

平衡计分卡从财务、客户、内部运营、学习与成长等 4 个角度，将组织战略目标落实为衡量指标。

（1）财务层面。作为常用于绩效评估的传统指标，财务业绩指标可以显示公司战略及其实施是否对改善盈利做出贡献。财务业绩指标通常与获利能力有关，包括收入的增长、收入的结构、降低成本、提高生产率、资产的利用和投资战略等。

（2）客户层面。组织伸命和策略诠释为与客户相关的具体目标和要点，应以目标客户和目标市场为导向，专注于满足核心客户需求，而不是企图满足所有客户的偏好。客户最关心的不外于 5 个方面：时间、质量、性能、服务和成本。客户层面指标通常包括客户满意度、客户保持率、客户获得率、客户盈利率以及在目标市场中所占的份额。

（3）内部运营层面。管理者要确立组织运营关键及其内部流程，以吸引和留住目标细分市场的客户，并满足股东对财务回报的期望。内部运营绩效考核应以对客户满意度和实现财务目标影响最大的业务流程为核心，既包括短期的现有业务的改善，又涉及长远产品和服务的革新。

（4）学习与成长层面。组织的实际能力与实现突破性业绩所必需能力之间存在差距，为弥补差距，必须投资于员工技术的再造、组织程序和日常工作的理顺，这些都是平衡计分卡学习与成长层面追求的目标，如员工满意度、员工保持率、员工培训和技能等。

平衡计分卡反映了财务与非财务衡量方法之间的平衡、长期目标与短期目标之间的平衡、外部和内部的平衡、结果和过程平衡、管理业绩和经营业绩的平衡等多个方面，所以能反映组织综合经营状况，使业绩评价趋于平衡和完善，利于组织长期发展。

3. 360 度考核法

360 度考核法又称为全方位考核法，最早被英特尔公司提出并加以运用。该方法通过员工自己、上级、同事、下属、顾客等不同主体来了解员工的工作绩效，清楚员工的长处和不足并持续改进，来达到提高员工的目的。

360 度考核法打破了由上级考核下属的传统考核制度，可以避免传统考核中考核者极容易发生的"光环效应""居中趋势""偏紧或偏松""个人偏见""考核盲点"等现象。

关键绩效指标考核法、平衡计分卡、360 度考核法作为常见的预算考核工具，都体现了预算管理的本质。

不管采用哪一种业绩考核方法，指标体系都是实施法宝：（1）指标体系不可能面面俱到，按照重要性原则和成本效益原则，我们必须关注重要领域；（2）指标体系不外乎定量指标与定性指标，应该明确，客观可行的定量指标是业绩考核的最终祈求，无法定量的领域才只能通过定性指标予以约束。

6.4.3 营销考核

营销考核可以从以下几个方面展开。

1. 营销目标

不管企业的发展原动力来源于营销、技术、资源还是成本，营销成果都是企业发展的最直观展示方式，即产品销售、市场占有等各项指标均显性反映了企业战略目标的实现结果。所以营销考核是最常见的预算管理考核领域。

2. 营销指标

营销指标体系一般包括销售目标、回款目标、费用目标、坏账指标、薪酬指标、其他指标等。

现实中普遍存在过于偏重销售目标而淡化回款目标的情况，尤其是处于市场成长期的企业，即偏重于扩大销售、占领市场、粘连客户的营销策略，而忽视回款实现。

3. 营销薪酬

公司股东更关注产品销售、市场份额，业务人员更关注个人薪酬。这是天然存在的个体利益诉求差异。

（1）薪酬结构。营销人员的薪酬结构一般包括固定薪酬和业绩提成，固定薪酬包括基本薪酬、岗位薪酬等，业绩提成包括销售提成、回款提成等。

对于销售成果与营销人员努力存在直接因果关系的大多数公司而言，"低底薪＋高提成"是其薪酬结构主导思想：低底薪可以确保营销人员的基本生活，一般不低于所在地最低工资标准；高提成又能体现多劳多得、天道酬勤等能力价值。

对于销售成果与营销人员努力不一定存在直接因果关系的部分公司（如大型工程公司）而言，"高底薪＋低提成"是其薪酬结构主导思想：此类公司单体订单巨大，常常存在"三年不开张，开张吃三年"的情形，营销人员的工作更多是与业主方做好前期沟通铺垫。

（2）提成基数。常见的提成基数包括销售数量、销售金额、销售回款等，但也有不少企业抛出"利益共享"理念，以销售毛利或销售净利作为业绩提成基数。

但这种提成基数看似"两情相悦"，实则不便执行。第一，销售毛利或销售净利本身就是公司的机密，不宜对外公开；第二，即使公开，数据的真实性也值得怀疑；第三，如果按照固定的销售毛利率作为基数，又回到最基础的销售数量（或销售金额）提成基数。

按照简单易行原则，一般企业采取销售数量、销售金额、销售回款作为提成基数，同时将坏账控制作为控制因子。

（3）目标设定。制定销售目标值时，信息不对称与委托代理成本的存在，导致制定目标值变成了讨价还价。如何促使销售人员在追求自身利益最大化的同时，使其提出的目标值与实际情况最为接近是一个难题。

在具体目标设定中要坚持"四预防、一促进"，即预防少报、预防推后、预防提前、预防坏账，促进回款。

（4）提成比例。提成比例的设定通常有 3 种方法。

①提成比例保持不变。此种方法下销售提成与销售额的关系如图 6.4 - 1 所示。无论销售人员目标值如何，销售提成均按完成销售额的 $a\%$ 计提，并坚持提成比例保持不变。设定了提成比例之后，目标值的确定与设置就可有可无。

该方法的优点在于计算简单明了，能减少目标分解的争吵，能在一定程度上以提成相对数激励销售人员尽可能多完成销售额。

该方法的缺点在于销售人员没有定量压力，导致动力不足；没有目标值约束，销售额难以预测，不利于生

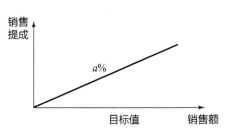

图 6.4 - 1　提成比例保持不变

产计划与预算管控；虽然没有促使销售人员降低目标值，但作为重要的考核指标，销售人员依然会习惯性地要求降低目标值，使得绩效考核得分较高，从而获得更多的绩效工资。

②完成目标后提成比例增大。此种方法下销售提成与销售额的关系如图 6.4 - 2 所示。销售额未超过目标值

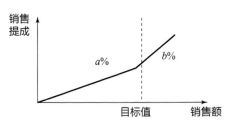

图 6.4 - 2　完成目标后提成比例增大

时，按照实际销售额的 $a\%$ 计算提成；销售额超过目标值时，超出部分按 $b\%$ 计算提成，也可设置多区间段，对应 $c\%$ 、$d\%$ 、$e\%$ 等提成比例，提成比例逐步增

加。此方法也叫超额累进法。

该方法的优点在于能够鼓励销售人员卖出尽可能多的产品，实现尽可能大的销售额。

该方法的缺点在于目标值的确定问题纷争较多。实际完成销售额相同，目标值越低，销售人员提成越多。因此销售人员找出各种各样无法完成的理由，要求降低目标值。在这种情况下，总经理只能强迫将目标值压给销售人员。

③完成目标后提成比例减小。此种方法下销售提成与销售额的关系如图 6.4 − 3 所示。销售额未超过目标值时，按照实际销售额的 $a\%$ 计算提成；销售额超过目标值时，超出部分按 $b\%$ 计算提成，其中 b 小于 a。

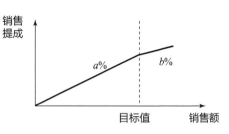

图 6.4 −3　完成目标后提成比例减小

该方法的优点在于鼓励销售人员合理预估销售额目标值，并努力将其实现。

该方法的缺点在于操作难度较高，a 值与 b 值要经过精确预估和计算才能确定，不能有效激励销售人员完成销售目标后进一步扩大销售量。

第七章
合同管理体系

　　合同是企业运营管理的重要依据，无论是对内签订的劳务合同，还是对外签订的业务合同，都囊括了对企业运营管理各方面内容的详细规定。本章将着重关注企业签订的各类对外合同，确保合同的签订和执行切实符合企业利益。

7.1　合同管理概述

合同管理并非只是将签订好的合同归档，而是要基于合同概念和合同分类，并立足于合同的八大必备要件，对合同进行全方位的管理。而在此过程中，企业还需要确立合同的统一管理部门，即合同归口管理部门。

7.1.1　合同概述

要建设合同管理体系，企业就要明确合同与合同管理的概念。

（1）合同是指企业与自然人、法人及其他组织之间设立、变更、终止民事权利义务关系的协议。

（2）合同管理全过程包括洽谈、草拟、签订、生效、执行直至失效的合同产生、存在、消失全过程。

7.1.2　合同分类

合同可以按照签约形式和合同类别进行分类。

（1）以签约形式分，合同包括口头合同、书面合同和电子合同。

（2）以合同类别分，合同包括采购合同、销售合同、固定资产购置（租赁）合同、建筑安装合同、运输合同、仓储合同、借款合同、投资合同、担保合同、技术合同等。

7.1.3　合同要件

合同必备要件包括当事人名称（姓名）及住所，合同标的，合同数量，质量标准，价款或报酬，履行期限、地点和方式，违约责任，争议解决方法，其具体内容如表 7.1－1 所示。

表 7.1－1　合同八大必备要件

合同必备要件	要件解读
当事人名称及住所	非自然人为其有效身份证明文件（如营业执照）列示的名称和住所，自然人为其身份证或其他有效身份证明文件列示的名称和住所，其他情形遵照法律法规约定
合同标的	合同标的名称应使用标准学名且用全称
合同数量	使用国家有明确计量标准的数量单位，非标数量单位必须明确其与标准数量单位的换算关系。根据标的特点，还需注明标的毛重、净重、正负误差、合理磅差、自然减量、超欠幅度等。采用国家标准、行业标准或企业标准的，写明标准名称、代号或编号
质量标准	明确质量标准、质量验收内容、对质量提出异议的期限和方式。质量验收包括产品说明书验收、按样品验收、按抽样验收等。按产品说明书验收的，说明书要真实、明确，包含所需技术标准和其他技术条件。按样品验收的，要明确对样品的共同提取、封存和保管。对质量提出异议的期限和方式，法律法规有规定的，按规定执行；法律法规无规定的，要根据具体情况做出明确规定
价款或报酬	按公平合理原则确定价格，明确单价和价格总额及履行合同的其他费用，如包装费、包装物回收费、保管费等承担责任，要明确价格计算方法、货币种类、支付时间和方式
履行期限、地点和方式	明确交付标的和支付价款或报酬时间。需分期或分批履行的，每期履行期限要做出规定；履行地点要规范准确；履行方式分为时间方式和行为方式。时间方式有一次履行和分期履行两种；行为方式包括交付标的物方式、劳务提供方式和支付价款和报酬方式
违约责任	法律法规对违约责任有规定的，按规定执行；无规定的，双方协商承担责任方式和比例。法律法规中对违约责任比例幅度或限额有规定的，则约定的违约金或赔偿金数额不得高于或低于规定
争议解决方法	主要在仲裁和诉讼中选择。选择仲裁，必须写明仲裁地点和仲裁机构全称。选择诉讼，约定由己方所在地法院管辖更为有利

上述八大要件缺一不可，缺失任何一个要件，甚至都不能称之为合同，企业如果签订了这样的伪合同，那履约将存在较大风险隐患。值得一提的是，任何法律法规不可能囊括所有现实可能性，合同补充要件就是缔约双方对除八大必备要件外的补充部分。例如，税费负担约定、收付款节点约定、发票开具约定等。

7.1.4　归口管理

根据内部牵制的职责分工原则，合同管理除了需承办部门跟踪外，还需要确立合同的统一管理部门，即合同归口管理部门。一般的合同归口管理部门为综合部门或独立的法务部门，很多中小型公司因综合部力量较弱，也可将财务部门指定为合同的归口管理部门。

7.2　合同评审管理

【情景剧场：丢失的违约日期】

财务老段在评审某工程项目合同时发现违约条款的时间规定为：违约 2 周内；违约 3 至 4 周内；违约 1 至 2 月内……

老段郁闷地思索：违约后的第 29、30、31 日呢？

【情景剧场：奇怪的收款方式】

财务老段：张经理，这次的销售合同收款条件怎么是银行电汇或银行承兑汇票呢？要知道，一个是马上到账，一个是延期到账，我们怎么不选择利于我们的方式？

销售老张：段经理呀，你有所不知，我们争取了好久，客户才同意增加银行电汇这个付款方式，到时候我们再努力下，争取确认使用银行电汇收款。

老段又陷入了沉思：老张说的好像也蛮有道理。

7.2.1　评审意义

合同评审是合同管理体系的重要组成部分，其意义在于以下两个方面。

1. 对企业负责

签署后的合同即具有法律效力，能约束合同涉及的各个关系人，所以企业在签署合同前要进行全面的合同评审，在考察对方信息的同时综合评判企业自身的合同执行能力，减少合同法律风险。

2. 对客户负责

客户泛指与企业签署合同的各方关系人。完善的合同评审制度是对自身管理实力的一种展示，充分体现了企业的认真负责，体现了与客户合作的积极态度，增加客户信任。

合同条款涉及事项往往超越单独部门的评审能力范围，签订前各部门应通力配合，对合同条款进行全方位评审。

成熟的合同评审制度也是管理成熟的具体表现。应做好以下事项：明确合同签署范围、建立合同标准模板、夯实合同评审责任。

7.2.2 签署范围

"空口无凭、以此为据"，公司业务中往往需要签署各种各样的合同或协议。那么，什么情况下必须签、什么情况下可签可不签、什么情况下不用签，是很多中小型公司在合同管理执行中面临的问题。

难道我们去超市买瓶水，也需要先签署合同或协议吗？答案是否定的。超市发票（或小票）就是我们与超市即时购销关系的约定。

难道我们都实行君子交易吗？答案也是否定的。契约精神是现代企业管理运营的精髓，正是通过合同来确保交易执行。

一般而言，公司可从性质及金额两方面来确定是否须书面签约。除钱货两讫的小额交易外，均须签署书面合同。钱货两讫就是交易的性质判断，小额就是交易的金额判断，公司可约定一个具体的金额作为判断标准，如合同不含税总金额大于等于1万元必须签署书面合同。

7.2.3 合同模板

合同模板的设置包含模板拟定和模板选择两方面内容。

1. 模板拟定

合同归口管理部门应针对不同类型合同组织确定相应模板，政策法规有模板的建议直接采用或引用，一方面可省去编制合同模板的工作量，另一方面可减少合同关系人条款审定过程。

合同模板至少应包括：当事人名称（姓名）及住所；合同标的；合同数量；质量标准；价款或者报酬；履行期限、地点和方式；违约责任；争议解决方法。

合同模板应经公司法务部门或外部法律顾问审阅定稿并经总经理或总经理办公会批准后才能推广应用。

2. 模板选择

按选择意愿，合同模板选择次序一般为：行业模板、我方模板、对方模板。

合同承办部门及承办人须以此顺序洽谈合同模板的选择，选取对方模板的，须重点关注对方模板与我方模板的条款差异，及时协商补充我方诉求。

7.2.4　评审职责

业务性质不同，合同评审参与者不同。采购合同需采购部而不需销售部参与，而销售合同则需销售部而不需采购部参与；涉及资金收付的合同，财务部必须参与。

参与者身份不同，其评审要点不同。术业有专攻，专业人评鉴专业事。财务部可能关注的是数量金额勾稽关系、发票开具、款项支付方式等要点，但技术部可能关注技术指标等要点。必须明确各参评部门对于各类合同的评审要点。

合同评审是一种权利，更是一种责任，企业应明确评审责任及相关追究办法，并为此制定合同评审表和合同评审部门责任，如表7.2-1和表7.2-2所示。

表7.2-1　合同评审表

年　月　日

申请人：

合同内容	合同性质	□采购合同　□销售合同　□租赁合同　□其他合同
	对方全称	
	合同名称	
	合同标的	

续表

	数量、金额	
	技术指标	
	合同期限	
	交付方式	
合同内容	付款方式	
	发票开具	
	违约责任	
	其他事项	
承办部门		
综合部		
财务部		
采购部		
仓储部		
技术部		
生产部		
销售部		
总经理		

表7.2-2　合同评审部门责任

部门名称	部门职责
评审流程	承办部门—综合部—财务部—采购部—仓储部—技术部—生产部—销售部—总经理
综合部	合同主体资格、违约责任、争议解决方式、生效条件评审
财务部	付款方式、付款节点、税款负担、发票开具评审。协助主办部门对对方单位信息，如单位名称、开户银行、银行账号、税务登记号等信息协审
采购部	采购类合同的合同名称、对方单位名称、合同标的、标的数量、标的单价、标的总金额、交付地点、交付方式评审
仓储部	与部门相关合同（如库房租赁、库房维修等合同）的合同名称、对方单位名称、合同标的、标的数量、标的单价、标的总金额、交付地点、交付方式评审
技术部	与部门相关合同（如技术研究、技术开发、技术合作等合同）的合同名称、对方单位名称、合同标的、标的数量、标的单价、标的总金额、交付地点、交付方式项目评审及其他类合同标的质量标准、标的质量保证评审
生产部	与部门相关合同（如生产设备购置、生产设备维修等合同）的合同名称、对方单位名称、合同标的、标的数量、标的单价、标的总金额、交付地点、交付方式评审
销售部	销售类合同的合同名称、对方单位名称、合同标的、标的数量、标的单价、标的总金额、交付地点、交付方式评审
总经理	审核合同签订程序，签署最后审核意见

7.3　合同执行管理

合同的内容制作和评审是确保合同符合企业利益的前提，但在执行过程中，企业该如何利用合同来保障企业合法权益，则需要借助妥善的合同执行管理，在尽量按约履行合同的同时，也要明确合同的变更、解除及合同违约等相关内容。

7.3.1　合同履行

合同依法成立即具有法律约束力。一切与合同有关的部门、人员都必须本着"重合同、守信誉"的原则，严格执行合同所规定的义务，确保合同的实际履行和全面履行。

合同履行完毕的标准，应以合同条款或法律规定为准；没有合同条款或法律规定的，一般应以物资交清，工程竣工并验收合格、价款结清、无遗留交涉手续为准。

总经理、副总经理、财务部及有关部门负责人应随时了解、掌握合同的履行情况，发现问题及时处理或汇报；否则，造成合同不能履行、不能完全履行的，要追究有关人员的责任。

7.3.2　合同变更与解除

在合同执行阶段，不可避免地会遇到合同的变更、解除等事项，对此，企业同样要明确相关规定。

1. 充分事由

变更、解除合同的，必须符合《中华人民共和国合同法》（以下简称《合同法》）的规定，并按照公司规定流程办理相关手续。

2. 通知方式

变更、解除合同一律必须采用书面形式（包括当事人双方的信件、函电、电传等），口头形式一律无效。

3. 继续履行

变更、解除合同的协议在未达成或未批准之前，原合同仍有效，仍应履行。但特殊情况经双方一致同意的例外。

7.3.3 合同违约

合同在履行过程中发生纠纷的，应按《合同法》等有关法规规定妥善处理。

合同纠纷由承办部门与法律顾问负责处理，经办人对纠纷的处理必须具体负责到底。

在发生合同违约事件时，企业应注重以下原则。

（1）坚持以事实为依据、以法律为准绳，法律没规定的，以国家政策或合同条款为准。

（2）以双方协商解决为基本办法。纠纷发生后，应及时与对方当事人友好协商，互谅互让，达成协议，解决纠纷。

（3）在处理纠纷时，应加强联系，及时沟通，积极主动地做好应做的工作，不互相推诿、指责、埋怨，统一意见，统一行动，一致对外。

（4）对于合同纠纷经双方协商达成一致意见的，应签订书面协议。

第八章
成本核算体系

  科学的成本核算是企业运营管理的重要基础。只有对企业的成本进行正确核算，我们才能对成本、利润等相关内容形成完整的认知，进而做出科学的战略决策。因此，成本核算体系的建立和完善，是企业财务管控必不可少的内容。

8.1 成本基本概述

成本核算包含核算对象、物料类别等基本要素，而对不同的要素又有不同的核算方法。企业必须正确理解各类要素内容及核算方法，才能在核算组织的保障下，制定出适合的成本核算体系。

8.1.1 成本核算对象

成本核算对象是归集和分配生产费用的具体对象，即生产费用承担的客体。通俗点说，确定成本核算对象就是确定成本费用要计算到谁头上。

确定成本核算对象不容忽视，因为这决定着成本费用的分类及归集，对象不清晰或常常调整，往往带来成本费用核算的混乱及财务分析的不可比。

成本核算对象确认要坚持以"现场实地管理"为基本原则。成本核算对象如何确认，这一看似平淡至极的简单问题，现实中却往往出现很多确认偏差。

【情景剧场：人的归类】

段会计是一名40多岁的单身男士。请问段会计如何归类？

寥寥十余字，段会计的信息可以被分解如下：段氏、会计、中年、单身、男士，分类标准包括姓氏、职业、年龄、婚否、性别。如何归类段会计，取决于分类标准，假如段会计一直徘徊于相亲角，那么必须首先以婚否和性别分类，然后再按照其他标准分类。

【情景剧场：按配方还是产品核算】

某配方型制造公司实行多品牌平行运作模式，同一配方可能生产出不同品牌的同系列产品，同时因为地域、季节原因，同品牌产品可能存在不同的配方。

形象举例：210号配方可能对应爱农牌甲产品、雏鹰牌甲产品、爱农牌乙产品、爱农牌丙产品，且4种产品售价存在较大差异；爱农牌甲产品也有可能由210号配方、211号配方生产，且两种配方成本存在较大差异。

这种情况下，是以具体配方作为成本核算对象，还是以具体产品作为成本核算对象呢？公司规范前均按照行业惯例和管理习俗以具体配方作为成本核算对象；上市规范时公司发现实物管理均按照具体产品为基础进行的，尤其是库区堆放、销售出库、库存盘点等核心环节，按照"现场实地管理"原则，公司更正为以具体产品为成本核算对象。

8.1.2 物料名词辨析

材料、原材料、主材、辅材、机物料、外购半成品、自制半成品、在产品、产成品、库存商品、联产品、副产品、包装材料、低值易耗品、备品备件等，相信这些物料名词萦绕在会计人的脑海。对此，相关人员可以借助表8.1－1进行理解区分。

表8.1－1　物料名词辨析

大类	细类	共同点	特点
原材料	主要材料	构成产成品的部件	主要部件，单独核算。一般占原材料成本的70%～80%
	辅助材料		辅助部件，分类核算。一般占原材料成本的10%～20%
	零星材料		零星部件，也可计入制造费用分摊核算。一般占原材料成本的3%～5%
半成品	外购半成品	介于材料与成品之间	取得形式应归原材料，实物形态类半成品
	自制半成品		真正的半成品，为与外购半成品区分，特命名
在产品			因外销或内部结算，半成品须核算成本以定售价，在产品无须核算成本

续表

大类	细类	共同点	特点
成品	产成品	处于待售状态	制造型，经制造环节生产后对外出售
	库存商品		商贸型，外购并直接对外出售
	联产品	随主要产品产出	同原料、同工艺生产的次要产品，独立核算成本和收入
	副产品		主要产品生产中附带的非主要产品，售价扣减主要产品的最终成本
包装材料	随售不单独计价		视金额大小及占比，归集至原材料或制造费用核算
	随售单独计价		归集至库存商品核算
	周转使用		一次、五五、分期摊销核算
低值易耗品	上不达固定资产、下不属办公用品。可单独核算，一般上归固定资产、下按办公用品核算		
备品备件	维修自用件		视金额大小，按费用报销或材料领用核算
	销售给客户		归集至库存商品核算
	赠送给客户		视金额大小及占比，归集至原材料或销售费用核算

8.1.3 核算方法辨析

计划成本法、实际成本法、材料成本差异、售价金额法、个别计价法、先进先出法、月末一次加权平均法、移动加权平均法、直接分配法、交互分配法、顺序分配法、代数分配法、作业成本法、品种法、分批法、分步法、逐步结转分步法、平行结转分步法……

这些"法"你清楚吗？相信很多会计人员对此一知半解，在实务中难以有效区分。对此，相关人员可以借助表8.1-2来理解区分。

表8.1-2 核算方法辨析

大类	细类	名称	特点
逝去成本材料、人工、费用逝去，即生产成本料工费核算	计划成本法	材料成本差异	生产制造业采用，入库按计划价核算，期末分摊材料成本差异
		售价金额法	商品零售业采用，平时进销存按售价核算，期末分摊商品进销差价

续表

大类	细类	名称	特点
逝去成本 材料、人工、费用逝去，即生产成本料工费核算	实际成本法	个别计价法	生产领用或销售发出按其实际购入或生产成本计算
		先进先出法	生产领用或销售发出按其购入先后顺序采取先进先出原则核算
		月末一次加权平均法	生产领用或销售发出单位成本按本期购入和本期期初的加权平均数确定
		移动加权平均法	生产领用或销售发出单位成本按本次出库前的加权平均数确定
逝去成本 产成品逝去，即成品销售成本核算	辅助生产费用分配	直接分配法	不考虑辅助生产车间之间的耗用，将辅助生产费用直接分至辅助生产车间外的受益单位
		顺序分配法	辅助生产车间按受益多少排序，受益少的先将费用全部分配出去
		交互分配法	辅助生产费用先在辅助生产车间分配，再按实际耗用和新单位成本分至各受益单位
		代数分配法	用多元一次方程组计算辅助生产车间产品或劳务单位成本，将辅助生产费用分配至各受益单位
		计划分配法	辅助生产费用按实际耗用和计划单位成本分配至各受益单位
	制造费用分配	传统分配法	按人工工时、机器工时等方法分配制造费用，一般涉及单一指标
		作业成本法	按制造费用子费用产生的动因分类归集并按其动因基础分配，一般涉及多项指标
诞生成本 产成品核算对象诞生	分批法	小批单件生产	
	品种法	大量大批生产	单步骤或核算上不要求分步骤的多步骤生产
	分步法		逐步结转分步法：每步骤料工费结转至该步骤成品，并作为下步骤材料成本
			平行结转分步法：只计算本步骤费用及归集至本期产成品的份额

8.1.4　核算组织保障

公司可以成立核算与管控领导小组，由总经理担任组长，财务总监、技术总监担任副组长，各部门负责人及骨干人员担任组员。该组织的职责是成本核算、成本分析、成本改进等；定期开会，原则上至少每季度召开一次。该组织中各部门的职责如下。

（1）财务部作为成本核算与管控的归口管理部门。

（2）技术部是生产成本核算与管控的主要责任部门。

（3）生产部是生产成本核算与管控的次要责任部门。

（4）销售部和采购部是成本核算与管控的第三责任部门。

（5）各部门是本部门费用核算与管控的责任部门。

8.2 逝去成本核算

物料（费用）消失方式包括被售卖、被领用和其他方式，逝去成本能形象地表示消失的物料（费用）。逝去成本核算通常包括材料（成品）成本核算、辅助生产费用分摊、制造费用分摊。

8.2.1 材料（成品）成本核算

材料（成品）成本核算的方法主要分为个别计价法、先进先出法、月末一次加权平均法和移动加权平均法等 4 种方法。其具体核算方式可以借助以下案例进行理解。

【案例】

某月 A 材料（成品）进销存基本情况如下。

月初结存：结存数量 10 个，结存金额 100 元。

本月入库：本月 8 日入库 100 个，入库金额 990 元；本月 20 日入库 150 个，入库金额 1 550 元。

本月领用：本月 14 日领用 95 个（领用 8 日入库的 95 个），本月 25 日领用 140 个（领用月初的 10 个、8 日入库的 5 个、20 日入库的 125 个）。

月末结存：结存数量25个。

1. 个别计价法

个别计价法下，针对材料（成品）具体领用批次的单位价格进行结算。

本月14日领用金额（保留两位小数）。

$95 \times (990 \div 100) = 940.50$（元）

本月25日领用金额（保留两位小数）。

$100 + 5 \times (990 \div 100) + 125 \times (1\,550 \div 150) = 1\,441.17$（元）

月末结存金额。

$100 + 990 - 940.50 + 1\,550 - 1\,441.17 = 258.33$（元）

综上，个别计价法下的材料（成品）成本核算如表8.2－1所示。

表8.2－1　个别计价法——A材料（成品）

序号	摘要	入库数量（个）	入库金额（元）	领用数量（个）	领用金额（元）	结存数量（个）	结存金额（元）
1	月初结余					10	100.00
2	8日入库	100	990.00			110	1 090.00
3	14日领95个			95	940.50	15	149.50
4	20日入库	150	1 550.00			165	1 699.50
5	25日领140个			140	1 441.17	25	258.33
6	30日结存					25	258.33
	合计	250	2 540	235		25	258.33

2. 先进先出法

先进先出法下，假定先入库的材料（成品）先被领用。

本月14日领用金额（保留两位小数）。

$100 + 85 \times (990 \div 100) = 941.50$（元）

本月25日领用金额（保留两位小数）。

$15 \times (990 \div 100) + 125 \times (1\,550 \div 150) = 1\,440.17$（元）

月末结存金额。

$100 + 990 - 941.50 + 1\,550 - 1\,440.17 = 258.33$（元）

期末剩余 25 个，均为本月 20 日入库，所以个别计价法和先进先出法下计算的结存金额相等。

综上，先进先出法下的材料（成品）成本核算如表 8.2 - 2 所示。

表 8.2 - 2   先进先出法——A 材料（成品）

序号	摘要	入库数量（个）	入库金额（元）	领用数量（个）	领用金额（元）	结存数量（个）	结存金额（元）
1	月初结余					10	100.00
2	8 日入库	100	990.00			110	1 090.00
3	14 日领 95 个			95	941.50	15	148.50
4	20 日入库	150	1 550.00			165	1 698.50
5	25 日领 140 个			140	1 440.17	25	258.33
6	30 日结存					25	258.33
	合计	250	2 540	235		25	258.33

3. 月末一次加权平均法

月末一次加权平均法下，平时不结算材料（成品）领用单价，月末一次计算本月加权平均单价并结算。

本月加权平均单价（保留六位小数）。

$(100 + 990 + 1\ 550) \div (10 + 100 + 150) = 10.153\ 846$（元）

本月 14 日领用金额（保留两位小数）。

$95 \times 10.153\ 846 = 964.62$（元）

本月 25 日领用金额（保留两位小数）。

$140 \times 10.153\ 846 = 1\ 421.54$（元）

月末结存金额。

$100 + 990 - 964.62 + 1\ 550 - 1\ 421.54 = 253.84$（元）

综上，月末一次加权平均法下的材料（成品）成本核算如表 8.2 - 3 所示。

表 8.2 - 3　月末一次加权平均法——A 材料（成品）

序号	摘要	入库数量（个）	入库金额（元）	领用数量（个）	领用金额（元）	结存数量（个）	结存金额（元）
1	月初结余					10	100.00
2	8 日入库	100	990.00			110	1 090.00
3	14 日领 95 个			95	964.62	15	125.38
4	20 日入库	150	1 550.00			165	1 675.38
5	25 日领 140 个			140	1 421.54	25	253.84
6	30 日结存					25	253.84
	合计	250	2 540	235		25	253.84

4. 移动加权平均法

移动加权平均法可通俗地理解为：只要一动（一有入库），就必须重新计算材料（成品）平均单价。

本月 8 日入库后平均单价（保留五位小数）。

$(100 + 990) \div (10 + 100) = 9.909\ 09$（元）

本月 14 日领用金额（保留两位小数）。

$95 \times 9.909\ 09 = 941.36$（元）

本月 14 日结存金额。

$100 + 990 - 941.36 = 148.64$（元）

本月 20 日入库后平均单价（保留六位小数）。

$(148.64 + 1\ 550) \div (15 + 150) = 10.294\ 788$（元）

本月 25 日领用金额（保留两位小数）。

$140 \times 10.294\ 788 = 1\ 441.27$（元）

本月 25 日结存金额。

$148.64 + 1\ 550 - 1\ 441.27 = 257.37$（元）

综上，移动加权平均法下的材料（成品）成本核算如表 8.2 - 4 所示。

表8.2-4 移动加权平均法——A材料（成品）

序号	摘要	入库数量（个）	入库金额（元）	领用数量（个）	领用金额（元）	结存数量（个）	结存金额（元）
1	月初结余					10	100.00
2	8日入库	100	990.00			110	1 090.00
3	14日领95个			95	941.36	15	148.64
4	20日入库	150	1 550.00			165	1 698.64
5	25日领140个			140	1 441.27	25	257.37
6	30日结存					25	257.37
	合计	250	2 540	235		25	257.37

8.2.2 辅助生产费用分摊

辅助生产费用的分摊方法包括直接分配法、交互分配法和代数分配法等5种方法，我们重点介绍3种，其具体核算方式可以借助以下案例进行理解。

【案例】

某企业辅助生产车间的基础费用信息如表8.2-5所示。

表8.2-5 某辅助生产车间基础费用信息

供应对象		供电数量（度）	供水数量（吨）
辅助生产车间	供电车间		6 560.00
	供水车间	5 640.00	
基本生产车间		38 760.00	37 910.00
行政管理部门		4 800.00	8 130.00
合计		49 200.00	52 600.00

1. 直接分配法

直接分配法下，各辅助生产车间发生的费用直接分配给除辅助生产车间以外的各受益单位，不考虑各辅助生产车间之间相互提供产品或劳务的情况。

直接分配法下，辅助生产车间相互提供产品或劳务量差异较大时，分配结果往往与实际不符，因此，这种分配方法只适宜在辅助生产车间内部相互提供产品或劳务不多情况下采用。其核算方法如表8.2-6所示（费用分配率保留4

位小数)。

表8.2-6　直接分配法

金额单位:元

项目		供电车间	供水车间	金额合计
待分配费用		9 840.00	5 260.00	15 100.00
辅助生产外的耗用数量		43 560.00	46 040.00	89 600.00
费用分配率		0.225 9	0.114 2	
基本生产车间	数量	38 760.00	37 910.00	76 670.00
	金额	8 755.70	4 331.16	13 086.86
行政管理部门	数量	4 800.00	8 130.00	12 930.00
	金额	1 084.30	928.84	2 013.14
分配金额合计		9 840.00	5 260.00	15 100.00

2. 交互分配法

交互分配法下,对各辅助生产车间的成本费用进行两次分配。首先,根据各辅助生产车间相互提供的产品或劳务的数量和交互分配前的单位成本(费用分配率),在各辅助生产车间之间进行分配;其次,将各辅助生产车间交互分配后的实际费用(交互分配前的成本费用加上交互分配转入的成本费用,减去交互分配转出的成本费用),按提供产品或劳务的数量和交互分配后的单位成本(费用分配率),在辅助生产车间以外的各受益单位进行分配。

在各月辅助生产费用水平相差不大的情况下,为了简化计算工作,可以用上月的辅助生产单位成本作为本月交互分配的单位成本。其核算方法如表8.2-7所示(费用分配率保留4位小数)。

表8.2-7　交互分配法

金额单位:元

项目	交互分配(一次分配)			对外分配(二次分配)		
	供电车间	供水车间	合计	供电车间	供水车间	合计
待分配费用	9 840.00	5 260.00	15 100.00	9 368.00	5 732.00	15 100.00
劳务供应数量总额	49 200.00	52 600.00	101 800.00	43 560.00	46 040.00	89 600.00

· 139 ·

续表

项目		交互分配（一次分配）			对外分配（二次分配）		
		供电车间	供水车间	合计	供电车间	供水车间	合计
费用分配率		0.200 0	0.100 0		0.215 1	0.124 5	
辅助车间耗用	供电数量		5 640.00				
	供电金额		564.00	564.00			
	供水数量	6 560.00					
	供水金额	1 312.00		1 128.00			
	金额小计	1 312.00	564.00	1 784.00			
基本生产车间	数量				38 760.00	37 910.00	76 670.00
	金额				8 335.71	4 719.81	13 055.52
行政管理部门	数量				4 800.00	8 130.00	12 930.00
	金额				1 032.29	1 012.19	2 044.48
分配金额合计					9 368.00	5 732.00	15 100.00

3. 代数分配法

代数分配法下的核算步骤为：首先，根据各辅助生产车间提供产品和劳务的数量，用多元一次方程组计算辅助生产产品或劳务的单位成本；其次，根据各受益单位（包括辅助生产车间内部和外部各单位）耗用产品或劳务的数量和单位成本，计算分配辅助生产费用。

代数分配法下计算结果最为准确，但要解方程组，如果辅助生产车间较多，信息收集量大时，计算工作量比较大。

设：每度电成本为 x，每吨水成本为 y。建立二元一次方程式组

$$9\,840 + 6\,560y = 49\,200x$$

$$5\,260 + 5\,640x = 52\,600y$$

解方程得： $x = 0.216\,427\,5$；$y = 0.123\,206\,2$

其核算方法如表8.2-8所示。

表8.2-8　代数分配法

金额单位：元

项目	供电车间	供水车间	合计
待分配费用	9 840.00	5 260.00	15 100.00
劳务供应数量总额	49 200.00	52 600.00	101 800.00

续表

项目		供电车间	供水车间	合计
费用分配率		0. 216 427 5	0. 123 206 2	
辅助车间耗用	供电数量		6 560. 00	
	供电金额		808. 23	808. 23
	供水数量	5 640. 00		
	供水金额	1 220. 65		1 220. 65
	金额小计	1 220. 65	808. 23	2 028. 88
基本生产车间	数量	38 760. 00	37 910. 00	
	金额	8 388. 73	4 670. 75	13 059. 48
行政管理部门	数量	4 800. 00	8 130. 00	
	金额	1 038. 85	1 001. 67	2 040. 52
分配金额合计		9 427. 58	5 672. 42	15 100. 00

8.2.3　制造费用分摊

制造费用是指公司生产单位为组织和管理生产所发生的各项费用，一般包括车间管理人员薪酬、厂房机器折旧费、厂房机器租赁费、水电能耗费、劳动保护费、机物料消耗、检验试验费、维修费、办公费、差旅费、财产保险费等。

将制造费用合理地分配到成本对象上，一般选取材料数量占比、材料金额占比、机器工时、人工工时等方法分摊，一般选取最靠近、最合理的一种分摊方法。

8.3　诞生成本核算

制造型企业的新物料生成方式就是生产，诞生成本形象地表示新物料生成成本。诞生成本核算包括直接材料成本核算、直接人工成本核算、制造费用分摊核算。

分步法是制造型企业最为常见的核算方法，分步法又可分为逐步结转分步法和平行结转分步法。本节将借助以下案例进行分析。

【案例】

某公司只生产一种产品，共有甲、乙两个车间，甲车间生产甲半成品，乙车间利用甲半成品生产乙产品。一件乙产品耗用一件甲半成品，原材料在甲车间生产开始时一次投入（即乙车间不发生原材料费用）。

8.3.1　逐步结转分步法

逐步结转分步法是按照产品加工顺序，逐步计算并结转半成品成本，直到最后加工步骤才能计算产成品成本的一种方法。逐步结转分步法是为了计算半成品成本而采用的一种分步法，也称计算半成品成本分步法。

逐步结转分步法的优点在于：能提供每一生产步骤的半成品成本资料；能为各生产步骤的实物管理和资金管理提供依据；能全面反映各步骤生产耗费水平，更好地满足各步骤成本管理需求。

逐步结转分步法的不足在于：成本结转工作量较大，各步骤的材料成本数据要等上一步骤核算完毕后才能确定。逐步结转分步法如表 8.3 - 1 和表 8.3 - 2所示。

表 8.3 - 1　逐步结转分步法——甲车间

金额单位：元

甲车间	数量	直接材料	直接人工	制造费用	成本合计
月初在产品	100	1 990.00	600.00	500.00	3 090.00
本月投入	2 000	40 100.00	20 000.00	16 000.00	76 100.00
本月完工	1 900				
月末在产品数量（完工程度60%）	200	200.00	120.00	120.00	
本月投入 + 月初在产品	2 100	42 090.00	20 600.00	16 500.00	79 190.00
本月完工 + 月末在产品	2 100	2 100.00	2 020.00	2 020.00	
单位平均金额		20.04	10.20	8.17	
本月完工金额		38 081.43	19 376.24	15 519.80	72 977.47
月末在产品金额	200	4 008.57	1 223.76	980.20	6 212.53

表8.3-2　逐步结转分步法——乙车间

金额单位：元

乙车间	数量	直接材料	直接人工	制造费用	成本合计
月初在产品	50	1 900.00	600.00	500.00	3 000.00
本月投入	1 900	72 977.47	25 000.00	12 000.00	109 977.47
本月完工	1 925				
月末在产品数量（完工程度80%）	25	25.00	20.00	20.00	
本月投入＋月初在产品	1 950	74 877.47	25 600.00	12 500.00	112 977.47
本月完工＋月末在产品	1 950	1 950.00	1 945.00	1 945.00	
单位平均金额		38.40	13.16	6.43	
本月完工金额		73 917.50	25 336.76	12 371.47	111 625.73
月末在产品金额	25	959.97	263.24	128.53	1 351.74

8.3.2　平行结转分步法

平行结转分步法是指在计算各步骤成本时，不计算各步骤所产半成品的成本，也不计算各步骤所消耗上一步骤的半成品成本，而只计算本步骤发生的各项其他费用及这些费用应计入产成品成本的份额，将相同产品的各步骤成本中的这些份额平行结转汇总。平行结转分步法也称不计算半成品成本分步法。

平行结转分步法的优点在于：各步骤可同时计算产品成本，平行汇总计入产成品成本，不必逐项结转半成品成本；能够直接提供按照原始成本项目反映的产成品成本资料，不必进行成本还原，因而能够简化和加速成本计算工作。

平行结转分步法的不足在于：不能提供各步骤的半成品成本资料；在产品费用在最后完工之前不能随实物转出而转出，即不按其所在地点登记，而是按其发生地点登记，因而不能为各步骤的实物管理和资金管理提供依据；各步骤产品成本不包括所耗费半成品费用，不能完全反映该步骤生产耗费水平，不能满足步骤成本管理需求。

在会计电算化环境下，财务软件和办公软件的普及运用愈加广泛，平行结转分步法逐渐被放弃。

8.4　五环联动核算

成本核算体系涉及的要素众多，这些要素又同时与多个业务环节相关。五环联动核算则是基于业务的环环相扣，通过公式组合、前动后随等核算原则，对成本进行有效核算。在此过程中，企业还需注重相关单据的制作、保存和审核。

8.4.1　模型关系

五环联动核算指五项主要业务环节环环相扣、公式组合、前动后随的成本核算模型。

五环联动包括材料入库、材料进销存、物料清单、成品进销存、成品销售五项主体，其中材料入库、物料清单、成品销售来源于采购、生产、销售台账信息，材料进销存和成品进销存自动计算生成，仅为说明勾稽关系，未考虑直接人工、制造费用的归属与分摊。五环联动核算模型如表 8.4 – 1 所示。

表 8.4 – 1　五环联动核算模型

表格名称	表格主要项目	数据来源	勾稽关系
材料入库	日期	采购台账	
	供应商名称		
	材料名称		
	数量		
	单价		
	不含税金额		=数量×单价

续表

表格名称	表格主要项目	数据来源	勾稽关系
材料进销存	材料名称	全部自动生成	
	期初数量		=上月材料进销存期末数量
	期初金额		=上月材料进销存期末金额
	入库数量		=材料入库数量
	入库金额		=材料入库不含税金额
	加权单价		=（期初金额＋入库金额）÷（期初数量＋入库数量）
	耗用数量		=物料清单实际投量
	耗用金额		=加权单价×耗用数量
	期末数量		=期初数量＋入库数量－耗用数量
	期末金额		=期初金额＋入库金额－耗用金额
物料清单	成品名称	生产录入	
	计划产量		
	增减产量		
	总产量		=计划产量＋增减产量
	材料名称		
	标准耗量		
	标准投量		=计划产量×标准耗量
	投料调整		
	实际投量		=标准投量＋投料调整
成品进销存	成品名称	全部自动生成	
	期初数量		=上月成品进销存期末数量
	期初金额		=上月成品进销存期末金额
	入库数量		=物料清单总产量
	入库金额		=物料清单实际投量×材料进销存加权单价
	加权单价		=（期初金额＋入库金额）÷（期初数量＋入库数量）
	出库数量		=成品销售数量
	出库金额		=加权单价×出库数量
	期末数量		=期初数量＋入库数量－出库数量
	期末金额		=期初金额＋入库金额－出库金额

续表

表格名称	表格主要项目	数据来源	勾稽关系
成品销售	日期	销售台账	
	客户名称		
	货品名称		
	数量		
	含税单价		
	含税收入		=数量×含税单价
	增值税税率		
	增值税税额		=含税收入÷（1＋增值税税率）×增值税税率
	不含税收入		=含税收入－增值税税额
	销售成本	成品进销存	=成品进销存加权单价×成品销售数量
	毛利	自动计算	=不含税收入－销售成本
	毛利率	自动计算	=毛利÷不含税收入

8.4.2　五环联动单据

为推动五环联动核算的顺利展开，企业必须做好基础单据的设计和整理。一般地，五环联动相关单据包括材料入库表、材料进销存表（自动）、物料清单、成本进销存表（自动）、成品销售表等，分别如表8.4－2、表8.4－3、表8.4－4、表8.4－5、表8.4－6所示。

表8.4－2　材料入库表

日期	供应商编码	供应商名称	材料名称	材料类别	单位	规格型号	数量	单价	不含税金额

表8.4-3 材料进销存表

材料名称	材料类别	期初数量	期初金额	入库数量	入库金额	加权单价	耗用数量	耗用金额	期末数量	期末金额
合计										

表8.4-4 物料清单

单号	车间代码	车间名称	生产日期	配方编号	配方简称	标准产比	实投产比	月调产比
序号	成品名称	规格	计划数量	增减数量	总数量	计划产量	增减产量	总产量
成品完工合计数量								
序号	材料名称	标准耗量	标准投量	投料调整	实际投量	月末调整	月末实际	备注
材料耗用合计数量								

表8.4-5　成品进销存表

成品名称	成品类别	期初数量	期初金额	入库数量	入库金额	加权单价	出库数量	出库金额	期末数量	期末金额
合计										

表8.4-6　成品销售表

日期	单号	客户编码	客户名称	货品名称	产品大类	产品细类	单位	规格型号	数量	含税单价	含税收入	增值税税率	增值税税额	不含税收入	销售成本	毛利	毛利率

第九章
财务分析体系

　　财务分析不仅是一门科学，更是一门艺术。财务报表中的数据纷繁复杂，却蕴藏着关于企业财务状况甚至未来发展的秘密。建立财务分析体系，不仅是要让企业可以形成更加完备的自我认知，也是要用分析结果指导企业运营，推动企业战略目标的实现。

9.1 分析方法

有效的财务分析必然基于科学的分析方法。在实务当中，常用的分析方法主要有比较分析法、比率分析法、趋势分析法和因素分析法等4种分析方法。对此，企业财务人员必须灵活掌握，企业管理者也需有基本了解。

9.1.1 比较分析法

比较分析法主要指比较财务报表和财务指标的一种分析方法。

1. 比较财务报表

将连续数期的财务报表金额并列起来，比较其相同项目增减金额和变化幅度，推断企业财务状况和经营成果发展变化。比较财务报表包括比较资产负债表、比较利润表、比较现金流量表等。

2. 比较财务指标

比较财务指标指将不同时期相同指标进行比较，观察其增减变动情况及变动幅度，考察发展趋势，预测发展前景。比较财务指标包括定基动态比率和环比动态比率两种，计算公式如下。

$$定基动态比率 = 分析期数值 \div 固定基期数值 \times 100\%$$

$$环比动态比率 = 分析期数值 \div 上期数值 \times 100\%$$

9.1.2 比率分析法

比率分析法是通过比率计算，来分析要素间的相关关系或部分与总体的关系的一种分析方法。

1. 相关比率

相关比率是指两个相互联系但性质不同的指标相除所得的比率。常见相关比率有：反映营运能力的存货周转率、流动资产周转率；反映盈利能力的净资产收益率、资产利润率；反映偿债能力的流动比率、速动比率等。

2. 构成比率

构成比率又称结构比率，是指某项指标各组成部分数值占总体数值的百分比，反映部分与总体的关系，计算公式如下。

$$构成比率 = 某组成部分数值 ÷ 指标总体数值 × 100\%$$

常见构成比率有：流动资产、固定资产、无形资产占总资产百分比构成的资产构成比率；长期负债与流动负债占全部债务的比率；营业利润、投资收益、营业外收支净额占利润总额的百分比构成的利润构成比率等。

9.1.3　趋势分析法

趋势分析法主要指基于时间要素，对连续期间的指标或比率进行比较分析，从而了解企业财务状况的变化趋势的一种分析方法。

将两期或连续数期的相同指标或比率相比较，确定其增减变动的方向、数额和幅度，我们就可以揭示企业财务状况和经营成果增减变化的性质和变动趋势。

将连续数期的会计报表数据并列在一起，计算每一期各项目对共同基期同一项目的趋势百分比或趋势比率，我们则可以进一步确定各期财务状况和营业情况增减变化的性质和方向。

9.1.4　因素分析法

利用比较分析法和比率分析法可确定财务报表中各项经济指标发生变化的差异。但是，如果要了解差异形成的原因及各种原因对差异形成的影响程度，则需要进一步用因素分析法来进行具体分析。

因素分析法又称为连环替代法，是用来确定几个相互联系的因素对某个财务指标的影响程度，据以说明财务指标发生变动或差异的主要原因的一种分析方法。

采用因素分析法的出发点是，当若干因素对分析对象产生影响时，假定其他各个因素都无变化，顺序确定每一个因素单独变化所产生的影响。具体步骤如下。

（1）将分析对象分解为各项构成因素的运算。

（2）以各项构成因素的基础数据计算出分析对象的基础数据。

（3）按重要性程度确定各项构成因素的替换顺序，先重要后次要。

（4）按替换顺序将各项构成因素的基础数据替换为该因素的实际数据，计算结果减去前一次计算结果即为该构成因素的影响金额。

（5）计算各项构成因素影响程度之和，与该项综合性指标的差异总额进行对比，检查是否相符。

值得注意的是：采用因素分析法时要注意替代顺序不同，由此导致的计算结果可能不同。可以先行按照两种顺序替换，筛选出各构成因素的重要性程度，再按该重要性程度做出最终替换。

【案例：目标利润的影响因素分析】

目标利润的基本计算公式为：

（销售单价 - 单位成本）×销售数量 - 期间费用 = 目标利润

基于这一公式，如企业的计划为：（100 - 60）×100 - 2 500 = 1 500（元）；而实际情况为：（102 - 61.5）×110 - 2 400 = 2 055（元）。那么企业可以通过因素替换来确定各项因素对差异影响的重要性。

一般而言，顺序替换依次为销售单价、单位成本、销售数量、期间费用；倒序替换依次为期间费用、销售数量、单位成本、销售单价。其具体分析方法如表9.1 - 1所示。

表 9.1 −1　因素分析法

项目		销售单价	单位成本	销售数量	期间费用	利润	差异	重要性
计划		100.00	60.00	100.00	2 500.00	1 500.00		
实际		102.00	61.50	110.00	2 400.00	2 055.00	555.00	
增减比例		2.00%	2.50%	10.00%	−4.00%			
增减比例绝对值排序		4	3	1	2			
顺序替换	销售单价	102.00	60.00	100.00	2 500.00	1 700.00	200.00	2
	单位成本	102.00	61.50	100.00	2 500.00	1 550.00	−150.00	3
	销售数量	102.00	61.50	110.00	2 500.00	1 955.00	405.00	1
	期间费用	102.00	61.50	110.00	2 400.00	2 055.00	100.00	4
倒序替换	期间费用	100.00	60.00	100.00	2 400.00	1 600.00	100.00	4
	销售数量	100.00	60.00	110.00	2 400.00	2 000.00	400.00	1
	单位成本	100.00	61.50	110.00	2 400.00	1 835.00	−165.00	3
	销售单价	102.00	61.50	110.00	2 400.00	2 055.00	220.00	2
重要性替换	销售数量	100.00	60.00	110.00	2 500.00	1 900.00	400.00	1
	销售单价	102.00	60.00	110.00	2 500.00	2 120.00	220.00	2
	单位成本	102.00	61.50	110.00	2 500.00	1 955.00	−165.00	3
	期间费用	102.00	61.50	110.00	2 400.00	2 055.00	100.00	4

借助上述计算公式，我们可以计算得出：

（1）差异 = 实际利润 − 计划利润 = 2 055 − 1 500 = 555（元）。

（2）顺序替换。

销售单价影响 + 单位成本影响 + 销售数量影响 + 期间费用影响

= 200 + （−150）+ 405 + 100

= 555（元）

（3）倒序替换。

期间费用影响 + 销售数量影响 + 单位成本影响 + 销售单价影响

= 100 + 400 + （−165）+ 220

= 555（元）

由此可以看出，顺序替换和倒序替换中影响因素重要性程度由大到小的顺序均为销售数量、销售单价、单位成本、期间费用。但两次替换中的销售单价影响、单位成本影响、销售数量影响金额均不相等。

根据两次替换的影响数绝对值大小，我们可以认定重要性由大到小依次为销售数量影响、销售单价影响、单位成本影响、期间费用影响。

在因素分析法中，经过多次试探性替换，我们将发现其重要性排列，同时，因素分析法的运用离不开 Excel 的强力支持。

9.2 财务分析原则

财务分析不仅是一门科学，而且是一门艺术。我们用会计报表中的任意两个或多个数字相除，就可以算出一个比率。然而，去哪里找这些数字，以及如何评价结果，这才是问题的关键所在。因此，我们需要遵循以下财务分析原则。

1. 重要性原则

我们无法涵盖所有财务信息的分析，财务分析必须集中精力关注性质重要的、金额重大的财务数据、财务指标、变动趋势、影响因素、变动原因、改进举措等。

2. 可比性原则

数据或比率必须具有可比性，否则分析失去意义，且容易误导预测与决策。

3. 参照性原则

物理学上，运动是绝对的，静止是相对的，人们根据物体与参照物的相对位置变动来分析物体的运动状态。

财务分析也是同样道理，参照物可能是以前各期的同名数据，也可能是同期的基础数据。如果只孤立地看一两年的数据，无法发现公司运营状态的变动趋势。

4. 全过程原则

当前财务活动的事后分析是下一个财务活动的事前分析。因此，前、中、后分析并没有严格的界限，它们可以相互依存、相互转换。在安排前、中、后的分析顺序时，没有固定的模式，可以顺分析，也可以逆分析。前者有水到渠成之势，后者如顺藤摸瓜之态，均能做到用原因说明结果，上下衔接、条理分明。

5. 创设性原则

我们遇到的具体事项和具体问题包罗万象，常见的分析比率指标等不一定能满足我们的期望，因此要参照上述各原则，创造性地、有针对地设置出我们期望的指标。

创造性地设置指标时要坚持数据相关性、工作指导性、设置灵活性等要点。

9.3　财务指标

财务指标是衡量企业运营状况的重要指标，也是企业管控的常用手段。但在使用财务指标时，企业也要对其性质有正确的认知。

（1）财务指标的积极作用。透过财务指标，能脱离孤立数据给予人们的误导，可以更加有效地对企业财务状况、经营业绩、发展潜力、工作改善等进行数据化分析，有力协助人们的战略规划及其实现。

（2）财务指标的使用局限。任何指标的运用都无法脱离特有环境，包括市场竞争、行业发展、管理风格等，数据化或比率化指标形式是冷冰冰的，人们要层层分解才能发掘出冰冷指标背后的信息。

所以，要提示的是，任何财务指标都有一定的特有阅读分析环境，否则分析人员会陷入"尽信书则不如无书"的境界。行业不同、规模不同、区域不同、企业风格不同，某项指标的合理范畴也有所不同。

9.3.1 偿债能力指标

表现企业偿债能力的相关指标主要有流动比率、速动比率、现金流动负债率、资产负债率、产权比率、已获利息倍数等。

1. 流动比率

$$流动比率 = 流动资产 \div 流动负债$$

流动比率用于衡量企业流动资产在短期债务到期以前，可以变为现金用于偿还负债的能力。

一般认为，流动比率应在 2 以上，即流动资产是流动负债的两倍以上，这样，即使流动资产有一半在短期内不能变现，也能保证流动负债到期得到偿还。

一般说来，比率越高，说明资产的变现能力越强，短期偿债能力亦越强，反之则越弱。

值得注意的是，流动比率高并不一定表明企业实时偿还短期债务的能力就很强。流动资产之中现金、有价证券、应收账款变现能力很强，但是存货等流动资产变现时间较长，特别是存货很可能发生积压、滞销、残次、冷背等情况，因此存货的流动性较差。

2. 速动比率

$$速动比率 = （流动资产 - 存货）\div 流动负债$$

速动比率用于衡量企业流动资产中可以立即变现用于偿还流动负债的能力。

一般认为，速动比率维持在 1 左右较为正常。速动比率为 1，表明企业的每 1 元流动负债就有 1 元易于变现的流动资产来抵偿，短期偿债能力有可靠的保证。

一般来说，速动比率过低，企业的短期偿债风险较大；速动比率过高，企业在速动资产上占用资金过多，会增加企业投资的机会成本。

3. 现金流动负债率

$$现金流动负债率 = 年经营现金净流量 \div 年末流动负债 \times 100\%$$

现金流动负债率用于衡量本期经营活动所产生的现金净流量足以抵付流动

负债的倍数。

一般来说，现金流动负债率越大，表明企业经营活动产生的现金净流量越多，越能保证按期偿还到期债务。但是，该指标也不是越大越好，指标过大表明企业流动资金利用不充分，获利能力不强。

由于净利润与经营活动产生的现金净流量有可能背离，有利润的年份不一定有足够的现金（含现金等价物）来偿还债务，所以利用以收付实现制为基础计量的现金流动负债率指标，能体现企业经营活动所产生的现金净流量可以在多大程度上保证当期流动负债的偿还，直观地反映出企业偿还流动负债的实际能力。

4. 资产负债率

$$资产负债率 = 负债总额 \div 资产总额 \times 100\%$$

资产负债率用于衡量企业利用债权人资金进行经营活动的能力，以及反映债权人发放贷款的安全程度。资产负债率也可以反映企业总资产中有多大比例是通过借债来筹集的，衡量企业在清算时保护债权人利益的程度。

资产负债率越高，说明投资者投入的资本在全部资产中所占比例越低，企业风险主要由债权人承担，企业长期偿债能力越差。

5. 产权比率

$$产权比率 = 负债总额 \div 所有者权益 \times 100\%$$

产权比率用于衡量企业的资本结构是否合理、稳定，同时也表明债权人投入资本受到股东权益的保障程度，反映企业基本财务结构是否稳定。产权比率越低，表明企业自有资本占总资产的比例越高，长期偿债能力越强。

一般说来，产权比率高是高风险、高报酬的财务结构，产权比率低是低风险、低报酬的财务结构。

6. 已获利息倍数

$$已获利息倍数 = (净利润 + 利息费用 + 所得税费用) \div 利息支出$$

已获利息倍数用于衡量企业在一定盈利水平下支付债务利息的能力。其中，分子中的利息费用只包括财务费用中的利息支出，而分母中的利息费用包括财务费用中的利息支出和资本化利息支出。

一般情况下，已获利息倍数越大，企业长期偿债能力越强，反之则越弱。

9.3.2　营运能力指标

表现企业营运能力的相关指标主要有应收账款周转率、存货周转率、流动资产周转率、总资产周转率等。在实务中，随着财务分析体系的不断发展，应收账款周转率、存货周转率等指标也已发生更新，财务人员需要及时掌握并视情况应用。

1. 应收账款周转率

传统的应收账款周转率包括应收账款周转次数和应收账款周转天数，两者本质相同，只是表述方式差异，且周转次数×周转天数＝360。

$$应收账款周转次数＝营业收入÷平均应收账款余额$$

$$应收账款周转天数＝平均应收账款余额×360÷营业收入$$

$$平均应收账款余额＝（期初应收账款余额＋期末应收账款余额）÷2$$

由此可见，应收账款周转次数表明应收账款一年中周转的次数，或者说明1元应收账款投资支持的销售收入。

应收账款周转天数表明从销售开始到回收现金平均需要的天数。

应收账款周转率主要衡量企业应收账款周转速度及管理效率。应收账款在流动资产中具有举足轻重的地位。企业的应收账款如能及时收回，企业的资金使用效率便能大幅提高。

一般情况下，应收账款周转率越高，说明应收账款回收越快；反之，说明营运资金过多表现为应收账款，影响正常资金周转及偿债能力。

（1）传统应收账款周转率指标的局限。传统应收账款周转率指标在企业管控中被频繁使用，但在多年实践中，其局限性也凸显。

①不符合可比性原则。营业收入为不含增值税金额，而应收账款余额为包含增值税金额。

②未明确是否包括现销。公式有理论和运用之分，二者的区别仅在于销售收入是否包括现销收入。可把现销业务理解为赊销的同时收回货款。

③未明确是否剔除坏账准备。统一财务报表上列示的应收账款是已经提取减值准备后的净额，其结果是提取的减值准备越多，应收账款周转天数越少。这种周转天数的减少不是好的业绩的体现，反而说明应收账款管理欠佳。

④未明确短于1年的期间如何分析。是按照所选期间计算，还是转为全年指标；按所选期间，如月度、季度，不加以特别强调的话，很容易误导阅读者。

⑤未明确年末余额的可靠性问题。应收账款是特定时点的存量，容易受季节性、偶然性和人为因素影响。在将应收账款周转率用于业绩评价时，最好使用多个时点的平均数，以减少这些因素的影响。

（2）新型应收账款周转率。针对传统应收账款周转率指标的局限性，段老师提出了应收账款现金周转这一创设性指标。

应收账款现金周转次数 = 应收账款贷方发生额 ÷ 平均应收账款原值。

应收账款现金周转天数 = 平均应收账款原值 × 360 ÷ 应收账款贷方发生额。

应收账款贷方累计发生额反映本期应收账款收到的货币资金、应收票据及其他类型（如货物抵债、应收账款冲销等），表示本期应收账款回款金额，且应收账款回款金额、期初应收账款原值、期末应收账款原值均包含增值税金额，期初（末）应收账款原值未包括计提的坏账准备。

应收账款现金周转次数较传统的应收账款周转率更能反映应收账款周转效率，二者对比如表9.3 – 1所示。

表9.3 – 1　应收账款周转率对比

单位：万元

项目名称	期初金额	借方发生额	贷方发生额	期末余额
营业收入		50 000.00	50 000.00	
应收账款原值	10 200.00	56 500.00	56 900.00	9 800.00
坏账准备	510.00		– 20.00	490.00
应收账款净值	9 690.00			9 310.00
传统应收账款周转次数	5.26	= 营业收入 ÷ 平均应收账款余额		
新型应收账款回款次数	5.69	= 应收账款贷方发生额 ÷ 平均应收账款原值		
差异幅度	8.1%	增值税销项税额及坏账准备余额影响		

2. 存货周转率

传统的存货周转率包括存货周转次数和存货周转天数，二者本质相同，只是表述方式差异，且周转次数 × 周转天数 = 360。

$$存货周转次数 = 营业成本 ÷ 平均存货余额$$

$$存货周转天数 = 平均存货余额 × 360 ÷ 营业成本$$

$$平均存货余额 = （期初存货余额 + 期末存货余额）÷ 2$$

存货周转率主要衡量企业存货周转速度及管理效率。企业的存货在流动资产中具有举足轻重的地位，存货周转迅速则企业的资金使用效率高。

一般情况下，存货周转率越高，说明存货周转越快；反之，说明营运资金过多表现为存货，影响正常资金周转及偿债能力。

（1）传统存货周转率指标的局限。与传统应收账款周转率一样，传统存货周转率指标同样存在其局限性。

①不符合可比性原则。营业成本为产品销售成本，而存货余额包含材料、半成品、成品成本等。

②未明确是否剔除存货跌价准备。统一财务报表上列示的存货是已经提取存货跌价准备后的净额，其结果是提取的存货跌价准备越多，存货周转天数越少。这种周转天数的减少不是好的业绩的体现，反而说明存货管理欠佳。

③未明确短于 1 年的期间如何分析。是按照所选期间计算，还是转化为全年指标？按所选期间，如月度、季度，不加以特别强调的话，很容易误导阅读者。

④未明确年末余额的可靠性问题。存货是特定时点的存量，容易受季节性、偶然性和人为因素影响。在将存货周转率用于业绩评价时，最好使用多个时点的平均数，以减少这些因素的影响。

（2）新型存货周转率。新型存货周转率包括材料周转率和成品周转率，表现形式同传统模式一样，包括周转次数和周转天数。

①材料周转率。

$$材料周转次数 = 生产成本直接材料累计发生额 ÷ 平均材料余额$$

材料周转天数 = 平均材料余额×360÷生产成本直接材料累计发生额

平均材料余额 = (期初材料余额 + 期末材料余额)÷2

生产成本直接材料累计发生额反映本期材料物化至成品的金额，表示本期材料消耗金额，所以材料周转率弥补了传统的存货周转率的不足，反映出材料周转效率。

②成品周转率。

成品周转次数 = 营业成本发生额÷平均成品余额

成品周转天数 = 平均成品余额×360÷营业成本发生额

平均成品余额 = (期初成品余额 + 期末成品余额)÷2

营业成本发生额反映本期成品销售成本结转金额，表示本期成品出库金额，所以成品周转率较传统的存货周转率更能反映出成品周转效率。

半成品较多的企业，还可计算半成品周转率，此时需将在产品成本还原为材料成本计算。

传统存货周转率与新型存货周转率的对比如表9.3-2所示。

表9.3-2 存货周转率对比

单位：万元

项目名称	期初余额	借方发生额	贷方发生额	期末余额
营业成本		40 000.00	40 000.00	
生产成本——直接材料		25 200.00	25 200.00	
原材料原值	2 100.00	25 000.00	25 200.00	1 900.00
原材料跌价准备	-210.00		20.00	-190.00
原材料净值	1 890.00			1 710.00
产成品原值	3 100.00	39 800.00	40 000.00	2 900.00
产成品跌价准备	-310.00		20.00	-290.00
产成品净值	2 790.00			2 610.00
存货原值	5 200.00	64 800.00	65 200.00	4 800.00
存货跌价准备	-520.00		40.00	-480.00
存货净值	4 680.00			4 320.00
传统存货周转次数	8.89	=营业成本÷平均存货余额		
新型材料周转次数	12.60	=生产成本——直接材料÷平均材料余额		
新型成品周转次数	13.33	=营业成本÷平均成品余额		

3. 流动资产周转率

流动资产周转率的计算公式如下。

流动资产周转次数 = 营业收入 ÷ 平均流动资产余额

流动资产周转天数 = 平均流动资产余额 × 360 ÷ 营业收入

平均流动资产余额 = (期初流动资产余额 + 期末流动资产余额) ÷ 2

流动资产周转率主要衡量企业流动资产利用效率。要实现该指标的良性变动，应以主营业务收入增幅大于流动资产增幅作保证。通过对该指标的对比分析，可以促进企业加强内部管理，充分利用流动资产，如调动暂时闲置的货币资金用于短期的投资创造收益等，还可以促进企业采取措施扩大销售，提高流动资产的综合使用率。

一般情况下，该指标越高，表明企业流动资产周转速度越快，利用越好。在较快的周转速度下，流动资产会相对节约，相当于流动资产投入的增加，在一定程度上增强了企业的盈利能力；而周转速度慢，则需要补充流动资金参加周转，会形成资金浪费，降低企业盈利能力。

4. 总资产周转率

总资产周转率的计算公式如下。

总资产周转次数 = 营业收入 ÷ 平均资产总额

总资产周转天数 = 平均资产总额 × 360 ÷ 营业收入

平均资产总额 = (期初资产总额 + 期末资产总额) ÷ 2

平均资产总额是指企业资产总额年初数与年末数的平均值，数值取自资产负债表。总资产周转率是考察企业整体资产运营效率的一项重要指标，体现了企业经营期间全部资产从投入到产出的流转速度，反映了企业全部资产的管理质量和利用效率。企业通过对该指标的对比分析，可以反映企业本年度以及以前年度总资产的运营效率和变化，发现企业与同类企业在资产利用上的差距，促进企业挖掘潜力、积极创收、提高产品市场占有率、提高资产利用效率。一般情况下，总资产周转率越高，表明企业总资产周转速度越快，销售能力越强，资产利用效率越高。

9.3.3　盈利能力指标

对盈利能力的衡量主要考量企业的利润水平，常用指标有销售毛利率、销售净利率、总资产收益率、净资产收益率等。

1. 销售毛利率

销售毛利率的计算公式如下。

$$销售毛利率 = （营业收入 - 营业成本） ÷ 营业收入 × 100\%$$

$$销售毛利率 = （销售单价 - 单位成本） × 销售数量 ÷ 营业收入 × 100\%$$

销售毛利率主要衡量企业产品的竞争力和获利潜力，反映产品销售的初始获利能力。企业没有足够高的销售毛利率便不能形成较大的盈利。

与同行业比较，如果企业的销售毛利率显著高于同业水平，说明企业产品附加值高，产品定价高，或与同行比较企业存在成本上的优势，有竞争力。

与历史比较，如果企业的销售毛利率显著提高，则可能是企业所在行业处于复苏时期，产品价格大幅上升。

总体来讲，稳定的销售毛利率是大家最为期待的，忽上忽下的销售毛利率往往会引发人们对会计核算真实性的怀疑。

2. 销售净利率

销售净利率的计算公式如下。

$$销售净利率 = 净利润 ÷ 营业收入 × 100\%$$

企业营业收入扩大的同时，相应也会带来成本和费用的增加，净利润可能并不会同步增长，有时甚至会出现负增长。因此，关注销售净利率可以判断营业收入是否带来效益增长，通过分析销售净利率变化，可优化资本结构和销售管理模式，调整业务结构。

提高销售净利率，按照其驱动因素，有以下 4 个方法：提高销量、提高价格、降低营业成本、降低营业费用。

3. 总资产收益率

总资产收益率的计算公式如下。

$$总资产收益率 = 净利润 \div 平均资产总额 \times 100\%$$

$$平均资产总额 = （期初资产总额 + 期末资产总额）\div 2$$

总资产收益率主要衡量企业整体资产获取利润的能力，反映企业总资产的利用效率，表示企业每单位资产能获得净利润的数量。这一比率越高，说明企业全部资产的盈利能力越强。该指标与销售净利率成正相关关系，与平均资产总额成反相关关系。

一般情况下，企业可将此指标与市场资本利率进行比较，如果该指标大于市场资本利率，则表明企业可以充分利用财务杠杆，进行负债经营，获取尽可能多的收益。

4. 净资产收益率

净资产收益率的计算公式如下。

$$净资产收益率 = 净利润 \div 平均净资产总额 \times 100\%$$

$$平均净资产总额 = （期初净资产总额 + 期末净资产总额）\div 2$$

净资产收益率主要衡量企业运用自有资本即股东权益的效率。该指标越高，说明投资带来的收益越高。该指标体现了自有资本获得净收益的能力。

一般来说，负债增加会导致净资产收益率的上升。

9.3.4 发展能力指标

衡量企业未来发展能力的指标主要有总资产增长率、净资产增长率和营业收入增长率等。

1. 总资产增长率

总资产增长率的计算公式如下。

$$总资产增长率 = （年末资产总额 - 年初资产总额）\div 年初资产总额$$

总资产增长率是衡量企业当年资本积累能力和发展能力的主要指标，反映企业本期资产规模的增长情况。

总资产增长率越高，表明企业一定时期内资产经营规模扩张的速度越快。但在分析时，需要关注资产规模扩张的质和量的关系，以及企业的后续发展能力，避免盲目扩张。

三年平均资产增长率指标消除了资产短期波动的影响，反映了企业较长时期内的资产增长情况。

2. 净资产增长率

净资产增长率的计算公式如下。

净资产增长率 =（年末净资产总额 – 年初净资产总额）÷ 年初净资产总额

净资产增长率是代表企业发展能力的一个指标，反映企业资产保值增值的情况。

3. 营业收入增长率

营业收入增长率的计算公式如下。

营业收入增长率 =（本年营业收入 – 上年营业收入）÷ 上年营业收入

营业收入增长率主要衡量企业经营状况和市场占有能力、预测企业经营业务拓展趋势，是反映企业成长状况和发展能力的重要指标。营业收入增长率大于零，表明企业营业收入有所增长。该指标越高，表明企业产品市场需求大，业务扩张能力强，市场前景越好。

9.3.5　现金流动能力指标

现金好比企业运营的血脉，衡量企业现金流动能力的指标主要有销售现金比率、现金流动负债比等。在结合多年实践应用之后，段老师创新性地提出了销售收入收现比、采购入库付现比等衡量指标。

1. 销售现金比率

销售现金比率的计算公式如下。

销售现金比率 = 经营活动现金净流量 ÷ 主营业务收入 × 100%

销售现金比率是指经营活动现金净流量和主营业务收入的比值。该指标反映企业销售质量的高低，与企业的赊销政策有关。如果企业有虚假收入，也会使该指标过低。

该比率反映每 1 元销售收入得到的现金流量净额，其数值越大越好，表明企业的收入质量越好，资金利用效果越好。

2. 现金流动负债比

现金流动负债比的计算公式如下。

现金流动负债比＝年经营活动现金净流量÷年末流动负债余额

现金流动负债比是企业一定时期的经营现金净流量同流动负债的比率，它可以从现金流量角度来反映企业当期偿付短期负债的能力。

经营活动现金净流量是经营现金毛流量扣除经营营运资本增加后企业可提供的现金流量。

一般该指标大于1，表示企业流动负债的偿还有可靠保证。该指标越大，表明企业经营活动产生的现金净流量越多，越能保障企业按期偿还到期债务，但也并不是越大越好，该指标过大则表明企业流动资金利用不充分，盈利能力不强。

3. 销售收入收现比

销售收入收现比的计算公式如下。

销售收入收现比＝（当期销售收现－当期销项税金）÷当期营业收入

销售收入收现比主要衡量企业一定时期的销售回款与营业收入的比率，应结合营业收入变动及销售政策分析。收入回款按照当期销售收现扣除当期销项税金后的金额计算，与当期营业收入具备可比性。

一般该指标在1上下浮动均属于正常。若该指标与1相比过于大或过于小，都应关注是否存在除营业收入波动及销售政策调整以外的因素及其解决办法。

4. 采购入库付现比

采购入库付现比的计算公式如下。

采购入库付现比＝（当期采购付现－当期进项（或暂估进项）税金）÷当期
采购入库金额

采购入库付现比主要衡量企业一定时期的采购付款与材料入库的比率。采购付款按照当期采购付现扣除当期进项税金后的金额计算，与当期采购入库具备可比性。

一般该指标在 1 上下浮动均属于正常。若该指标与 1 相比过于大或过于小，都应关注是否存在采购政策调整以外的因素及其解决办法。

9.4　综合分析

上述分析方法或财务指标，基本都是聚焦于企业的某些方面进行分析，难以对企业有一个整体的认知。因此，我们还必须掌握对企业进行综合分析的方法。

9.4.1　杜邦分析法

杜邦分析法是十分常见的综合分析法。杜邦分析法会将资产收益率的计算逐级分解得到一些系列指标，再通过其他指标反过来计算净资产收益率。

（1）净资产收益率 = 总资产净利率（净利润 ÷ 资产总额）× 财务杠杆比率（资产总额 ÷ 净资产）

（2）将总资产净利率拆分为销售利润率和总资产周转率。净资产收益率 = 销售利润率（净利润 ÷ 销售收入）× 总资产周转率（销售收入 ÷ 总资产）× 财务杠杆比率

杜邦分析法的实施关键就是找到企业净资产收益率的主要影响要素。一般而言，净资产收益率的影响要素主要有总资产报酬率、负债利息率、资本结构和所得税税率等。

1. 总资产报酬率

净资产是企业全部资产的一部分，因此，净资产收益率必然受企业总资产报酬率的影响。在负债利息率和资本构成等条件不变的情况下，总资产报酬率越高，净资产收益率就越高。

2. 负债利息率

负债利息率之所以影响净资产收益率，是因为在资本结构一定情况下，当负债利息率变动使总资产报酬率高于负债利息率时，将对净资产收益率产生有利影响；反之，当负债利息率变动使总资产报酬率低于负债利息率时，将对净资产收益率产生不利影响。

3. 资本结构

当总资产报酬率高于负债利息率时，提高负债与所有者权益之比，将使净资产收益率提高；反之，当总资产报酬率高于负债利息率时，降低负债与所有者权益之比，将使净资产收益率降低。

4. 所得税税率

因为净资产收益率的分子是净利润即税后利润，所以所得税税率的变动必然引起净资产收益率的变动。通常，所得税税率提高，净资产收益率下降；反之，所得税税率降低，则净资产收益率上升。

根据这些影响要素的数据，我们就可以采用杜邦分析法进行综合分析，如表9.4 - 1所示。

表9.4 - 1 杜邦分析法

金额单位：万元

报表项目	金额	财务指标	比值	财务指标	比值	财务指标	比值
资产总额	9 000	资产周转率	1.11				
营业收入	10 000						
营业成本	7 000						
税金及附加	100						
期间费用	900	销售净利率	17.0%	资产净利率	18.9%	净资产收益率	56.7%
税前利润	2 000						
所得税	300						
净利润	1 700						
负债总额	6 000	权益乘数	3				
所有者权益	3 000						

9.4.2　销售毛利率

销售毛利率指标体现企业进行生产经营获取产品附加值的情况，对该指标进行横向、纵向对比，可判断企业未来发展趋势以及在行业中的市场竞争地位。可以说，销售毛利率反映着企业的生命能力或生存能力。

在会计实务中，甚至各类资本运作的考量中，销售毛利率指标的重要性都不可忽视。尤其在上市审核中，销售毛利率指标的考核往往会让企业如履薄冰：销售毛利率高于可比企业有可能存在水分，销售毛利率低于可比企业，说明竞争力不足。评价看似苛刻，但充分展示出销售毛利率的窗口指标地位。

销售毛利率看似是简单的销售收入和销售成本之间的对比，却蕴含着初探者想知道的几乎所有重要信息。因此，销售毛利率是外部报表使用者十分青睐的财务指标。通过销售毛利率及其深挖分析，报表使用者可以判断企业产品获利能力及会计核算合理性和真实性等几乎所有重大信息。

需要提示的是，从销售毛利率计算公式来看，任何产品或服务的销售毛利率不可能大于等于100%，这与我们日常听到的多少倍毛利（率）是不一样的，日常的说法是以销售成本为分母，大于等于100%是有可能的。

具体而言，透过销售毛利率的异常波动，我们可以观察到企业的以下事项。

（1）收入确认是否合规，有无提前或延后等随意调节行为。

（2）成本核算是否规范，有无提前或延后等随意调节行为。

（3）收入成本配比、确认和结转，有无重大遗漏或重大重复。

（4）产能利用是否提升，固定成本费用是否因此摊薄。

（5）产品结构是否变化，尤其是高毛利率产品占比变化。

（6）成本要素，如主要材料、人工、能耗等价格是否存在重大波动。

（7）产品售价是否存在波动，若有波动是市场原因还是客户原因。

第十章
资金管控

　　资金是企业管控的重要组成部分。"现金为王"始终被很多企业视作市场竞争、企业管理的核心理念，在竞争环境复杂多变的当下，企业只有不断提升资金的管控水平，才能合理控制运营风险，提高企业资金利用效率，进而加速企业发展。

10.1　资金安全管控

货币资金流动性强、易受侵害，却也是企业运营管控的基础。因此，货币资金安全管控为财务部门的首要且底线任务，如果资金安全无法得到保障，那么财务部门再多的努力都会化为乌有，财务团队会丧失管理团队甚至全体员工的信任。

10.1.1　资金安全基本管控措施

资金安全管控必须关注"收支两条线"。收支两条线起源于国家财政管控要求，指中央对地方年度预算采取收支脱钩，分别计算收入留解比例和支出指标的办法。

将"收支两条线"运用到企业资金管控时，其是指资金的收入和资金的支出必须全部纳入账务体系，"收是收、支是支"，两条线泾渭分明、自成体系，汇合起来又是完整的货币资金收支关系。

收入在纳入账务体系前不得直接用于支出，即不得坐支。坐支就是指收到的钱没有纳入账务体系，而是直接用于开支。坐支会造成业务体外循环，严重的话还会造成资金灭失的风险。

一般而言，资金安全基本管控措施包含以下内容。

1. 不相容职务分离

资金安全管控的基本原则就是不相容职务分离原则。

（1）资金收取的执行与确认分离。

（2）资金支付的审批和执行分离。

（3）资金支付的发起和审核分离。

（4）资金保管的记录与盘点分离。

2. 资金收入管控

资金管控往往侧重于资金支出管控，而轻视或忽略资金收入管控，资金收入管控也是极易被侵害的环节。资金收入管控措施包括以下内容。

（1）专口收取。所有银行收取款项必须汇至公司对公账户，所有货币现金（含银行票据）收取必须在工作场所、工作时间交付公司出纳。

（2）凭据收取。出纳收取货币资金必须开具加盖财务专用章的收据，收据必须包括出纳签认、经办人签认。不允许出现无签认或单人签认收据。

（3）警戒提示。向客户或潜在交款人温馨提示，款项必须交付公司对公账户，不得私自由他人转交；向业务人员强调不得直接收取货款。

3. 资金存放管控

资金存放管控的重点主要包括安全位置和资金盘点两项内容。

（1）安全位置。资金必须存放在安全的位置，尤其是非工作时间，一般要存放在财务室的保险柜内，大型公司的财务用保险柜也有设置在保安室的情形；存放场所必须安装防盗门窗及监控网络。

（2）资金盘点。资金盘点是对其状态安全的一种确认，公司财务部门应合理组织货币资金及银行票据的盘点工作。

4. 资金支出管控

资金支出管控是很多公司管控资金安全的重心，在实务中，资金支出管控的措施也比较丰富。

（1）逐级核批。一项资金支付应当经过"经办人申请—经办部门负责人审核—会计审核—财务部门负责人审核—总经理审批—出纳支付"等 6 个环节。大型公司环节可能更多，即便小微公司也至少须有 3 至 4 个环节。

（2）一支笔审批。必须坚持一支笔审批制，中小型公司本身人员不多，如果还实施分级审批，势必造成宽严不一的情形，不利于资金管控。分级审批更适合于多层次大型集团。

（3）印章分管。印章分管的实质是付款的操作权和审核权要分开，同一笔付款业务须经两人或两人以上协作配合才能支付成功，这种配合也是互相制约。财务印章包括财务专用章和法人章，财务专用章一般由财务部负责人或其指定非出纳人员保管，法人章可由出纳保管。网络支付时代则为 U 盾或其他支付工具分管。

（4）凭单支付。所有资金支付必须凭借审批完备的支出类单据支付，如请款单、借支单、费用报销单；金额巨大的支付在支付前还须与最终审批者再次确认。

（5）逐级支付。一笔款项支付应当经历两人或两人以上的支付流程。以支票支付为例，出纳填写支票，凭请款单和支票向财务专用章保管人申请盖章，盖章后将支票交付经办人，经办人签字确认收取支票。这个过程经历多人确认。

网银支付同样，出纳发起支付申请，网银审批人凭单点击确认。即便最简单的现金报销费用，费用报销单上也必须有出纳签名及报销人收款签名。

10.1.2　现金管控

现金管控是企业资金管控的重要内容，企业应当做好现金限额设定，并确定提取和盘点机制，保障企业现金安全。

1. 现金限额设定

财务部出纳应根据企业日常现金使用量拟定现金限额，以财务部名义报总经理审批后执行。超过限额的现金下班前无法存放银行的，必须马上向总经理书面请示，并按其指示办理。企业应为此制作现金存放限额申请表，如表 10.1 - 1 所示。

表 10.1 - 1　现金存放限额申请表

年　　月　　日

申请人	
现金存放限额申请	
财务部负责人	
总经理	

2. 现金提取申请

取现行为属企业内部资金流转，所以多数取现都是出纳与财务经理口头沟通后完成的，有的甚至由出纳随意确定金额。取现申请单将口头沟通转变为书面凭据，夯实了证据链条。

出纳根据估计的现金使用量确认取现金额报财务经理审批，财务专用章保管人员根据审批后的取现申请单加盖印章。取现申请单如表 10.1 − 2 所示。

表 10.1 − 2　取现申请单

年　月　日

申请前库存现金余额				
需支出现金	序号	事项	金额	备注
	1			
	2			
	3			
	4			
	5			
	6			
	7			
	8			
	小计			
本次申请取现				
支出后库存现金余额			未超过 30 000 元库存现金余额	

财务经理：　　　　　　　　　　　　　　　　　　出纳：

3. 现金盘点

现金盘点包括出纳自盘和现金监盘，出纳必须每日自盘现金，确保日清。

现金监盘分为定期监盘和不定期监盘。定期监盘一般在月末进行，目的是确保现金的账实相符。

不定期监盘的频率由财务部负责人确定，不定期监盘必须强调突击性，失去突击性的监盘不能称为不定期监盘。

不定期监盘的简要流程：监盘人员宣布不定期监盘—出纳立即打开保险柜清点库存现金、登记现金盘点表—监盘人员监盘无误后签认现金盘点表—出纳登记完整现金日记账并将其与已清点现金核对。现金盘点表的格式一般如表 10.1-3 所示。

表 10.1-3　现金盘点表

年　月　日

单位：元

清点现金					
面值	张（枚）数	金额		加：已支付未登账事项	金额
100 元			1		
50 元			2		
20 元			3		
10 元			4		
5 元			5		
				减：已收到未登账事项	
1 元			1		
5 角			2		
2 角			3		
1 角			4		
				日记账应有金额	
				日记账实载金额	
实点金额				差异金额	

差异说明（如有）：

财务经理：　　　　　　监盘人：　　　　　　出纳：

4. 不得白条抵库

白条抵库指以个人或单位名义开具的不符合财务制度和会计凭证手续的字条与单据，抵冲库存现金的行为。

白条抵库会使实际库存现金减少，导致库存现金账实不符，违反资金支出管控。不管金额大小，白条抵库的性质极为恶劣，应坚决杜绝。

10.1.3　银行账户管控

【情景剧场：凭空出现的银行账户】

某会计师事务所对某公司进行上市前审计，审计师取得的被审计公司银行账户开户清单显示，该公司在某银行某支行开设有一个一般类账户，但公司账面从未记录该账户的任何信息。审计师与公司财务人员一并赶往该支行，却发现公司现有印章与银行预留印鉴核对不一致。

账户开立年份久远，公司总经理也记不清为何跑到那么远的地方开户，后来才想起是一个朋友借用公司资料开户，且开户的所有印章均是该朋友私自刻制的，如今却已经联系不上这个朋友。几经周折，该公司才把这个"凭空出现"的账户销户，但这也影响了公司的上市进程。

银行账户管控包括银行账户的开设、变更、注销及银行存款余额调节表的编制。银行账户的开设、变更、注销必须依据经有效审批的银行账户管理表进行，如表10.1-4所示。

表10.1-4　银行账户管理表

年　月　日

经办部门		经办人	
事项	□开户　　　　□变更	□销户　　□其他	
开户银行名称			
开户银行地址			
银行账户号码			
账户性质	□基本户　　　□一般户	□临时户　　□专用户	
事由			
财务经理			
总经理			

续表

资料移交清单	1	
	2	
	3	
	4	
	5	
	6	
	7	
	8	
	9	
	10	
移交人（经办人）		接收人	

银行存款余额调节表是调整企业银行日记账与开户银行资金收支的重要工具，财务部应指派非出纳人员取得银行对账单并及时编制银行存款余额调节表，如表10.1-5所示。

即便企业不存在调整事项，也必须编制银行存款余额调节表。

表10.1-5　银行存款余额调节表

年　月　日

银行名称			银行账号		
银行存款账面余额			银行对账单账面余额		
加：银行已收，企业未收			加：企业已收，银行未收		
序号	日期	摘要	金额	备注	序号	日期	摘要	金额	备注
1					1				
2					2				
3					3				
4					4				
5					5				
小计					小计				

续表

银行名称			银行账号	
银行存款账面余额			银行对账单账面余额	
减：银行已付，企业未付			减：企业已付，银行未付	
1			1		
2			2		
3			3		
4			4		
5			5		
小计			小计		
调节后的存款余额			调节后的存款余额	
差异金额		差异说明		

财务经理：　　　　　　　　　　　　　　　编制：

10.1.4　银行票据管控

【情景剧场：丢失的百万元贴现利息】

资金老张：李行长，上次我们说的承兑汇票贴现率是二点七呀，你怎么变成三点二四了。

银行老李：张经理，我给您说的是二点七，千分之二点七呀，是月利率，换算为年利率就是三点二四，百分之三点二四呀。我们签署的贴现合同上写得很清楚呢。

资金老张：我就是看合同才感觉不对呀，我们这次贴了3亿多元，贴现息都600多万元，那就是相当于我们多掏了100多万元的贴现利息。

银行老李：张经理，我在电话给您报得很清晰的，而且合同也写得很清晰，业务我们都办理完了。这样吧，下次贴现时，我们再看看能不能争取点优惠。

资金老张：真想扇自己几下。

银行票据包括支票、银行承兑汇票等，企业应做好票据购买、登记、使用、核销管控。以支票管理为例说明银行票据的管控，如表10.1－6和表10.1－7所示。

表 10.1-6 支票管控流程

管控过程		管控要求
支票购买		出纳向财务部负责人申请后购买支票
支票登记		支票监管人登记支票使用登记表并签认
支票使用	正常支付	出纳按审批完备的付款申请开具支票
	支票作废	将作废支票右上角支票号码剪下粘贴至对应支票核销栏
支票稽核		支票监管人核查支票使用情况

表 10.1-7 支票使用登记表

公司名称			开户银行			银行账户			
支票号码	日期	摘要	对方名称	开户银行	银行账户	金额	领用人签字	支票核销	
××××01									
××××02									
××××03									
××××04									
××××05									
××××06									
××××07									
××××08									
××××09									
××××10									
××××11									
××××12									
××××13									
××××14									
××××15									
××××16									
××××17									
××××18									
××××19									
××××20									
××××21									
××××22									
××××23									
××××24									
××××25									

支票监管： 出纳：

10.2 资金周转管控

【情景剧场：公交车的配置】

某公交线路长 15 千米，来回 30 千米，发车间隔 5 分钟。

目前运行速度为 15 千米/时，即一辆公交车运行来回全程需要 120 分钟，假定公交车到达终点站后即刻发车，需要配置 24 辆公交车。

车队决定将运行速度提升至 20 千米/时，即一辆公交车运行来回全程需要 90 分钟，需要配置 18 辆公交车。

新方案比原方案节约配置 6 辆公交车，按每台公交车成本为 50 万元计算，可节约资金 300 万元，人员成本相应也得到节约。

资金周转管控的原理和公交车配置的原理是同样的，周转速度提升，相应的资金需求就会下降。

当然，具体到公司运营资金的周转，并非是越快越好，而是在数据收集分析与计算基础上，按照成本效益原则计算出最佳的资金周转方案。

资金周转方案的确定是一项复杂的预测与计算过程，简便起见，我们以商贸类公司资金周转管控为例予以说明。

10.2.1 资金周转基本案例

某商贸公司商品销售毛利率为 30%，月固定成本费用为 10 万元且月末支付，原始投入资金为 100 万元，所赚利润又全部投入新购销环节。为简便起见，测算周期为两个月。

供应商账期为到货 15 日付款，客户账期为到货 30 日收款，假定商品到货即销售。该公司资金周转过程如表 10.2 - 1 所示。

表 10.2－1　资金周转基本案例

单位：万元

序号	项目	9月1日	9月15日	10月1日	10月15日	10月31日
一	现金流入	100.00	0.00	142.86	0.00	189.80
1	原始投入	100.00				
2	收商品货款			142.86		189.80
二	现金流出	0.00	100.00	10.00	132.86	10.00
1	付商品货款		100.00	0.00	132.86	0.00
2	付费用开支			10.00		10.00
三	净现金流量	100.00	－100.00	132.86	－132.86	179.80
四	累计现金流量	100.00	0.00	132.86	0.00	179.80

也就是说，在两个月时间内，扣除初始投入 100 万元，不考虑其他因素，该商贸公司共获取利润 79.8 万元。

10.2.2　资金周转加速案例

在上述案例中，为加快应收账款回收，该公司采取降价销售策略，销售毛利率调整为 25%，客户账期为到货 15 日收款，假定商品到货即销售。则其资金周转过程如表 10.2－2 所示。

表 10.2－2　资金周转加速案例

单位：万元

序号	项目	9月1日	9月15日	10月1日	10月15日	10月31日
一	现金流入	100.00	133.33	177.78	223.70	298.27
1	原始投入	100.00				
2	收商品货款		133.33	177.78	223.70	298.27
二	现金流出	0.00	100.00	143.33	167.78	233.70
1	付商品货款		100.00	133.33	167.78	223.70
2	付费用开支			10.00		10.00
三	净现金流量	100.00	33.33	34.45	55.92	64.57
四	累计现金流量	100.00	133.33	167.78	223.70	288.27

也就是说，在两个月时间内，扣除初始投入 100 万元，不考虑其他因素，该商贸公司共获取利润 188.27 万元。

10.3 资金计划管控

资金计划的制订，是企业全面预算管理的重要组成部分。但与全面预算不同的是，资金计划一般是以月度为单位的短期计划，更关注短期资金的回笼及需求。企业要对此有效区分，并灵活应用。

10.3.1 资金计划概述

资金计划就是预算管理办公室组织各部门编制的短期资金回笼及需求计划，一般以月度编制为原则，为兼顾季度规划，可编制 3 个月资金计划，其中第 1 个月为详细计划，第 2、3 个月则为粗略计划。随着月度推进，企业可以根据计划实行情况不断细化下个月的资金计划。

10.3.2 计划与预算

资金计划与全面预算都是对未来的预测及规划。

全面预算一般按年度（即 12 个月）编制，资金计划一般按月度编制。

但在资金计划与全面预算的指导下，企业也往往会面临这一难题：随着时间推进，逐月细化的资金计划必然与年初制定的全面预算差异加大，此时的计划管理，究竟是该按照该月的资金计划还是该月的全面预算执行呢？

要厘清这个问题，其实就是要厘清计划与预算的关系。

（1）对于月度而言，资金计划是更细化、更实际的阶段性全面预算。

（2）月度资金计划编制中既要参照全面预算，又要结合近期实际。

（3）关于月度执行，必须确认一个标准，否则对标工作量明显加大，所以月度执行应以资金计划为主。

第十一章
固定资产管控

　　固定资产在生产过程中可以长期发挥作用，随着企业生产经营的不断推进，固定资产的价值也会逐渐转移到产品成本当中，成为产品价值的重要组成部分。固定资产管控的意义就在于最大化固定资产的价值，提高固定资产利用率。

11.1　固定资产概述

固定资产是企业资产的重要组成部分，固定资产的入账、折旧等内容，在会计、财税等方面都有相关要求。因此，在理解固定资产管控之前，我们先要明确固定资产的定义及其入账价值、折旧政策。

11.1.1　固定资产定义

固定资产是企业资产的重要组成部分，也是企业赖以生产经营的主要资产。从相关法律法规来看，固定资产的定义可以从两个角度理解。

（1）《企业会计准则第 4 号——固定资产》。

该准则第三条规定，固定资产是指同时具有下列特征的有形资产：（一）为生产商品、提供劳务、出租或经营管理而持有的；（二）使用寿命超过一个会计年度。

该准则第五条规定，固定资产的各组成部分具有不同使用寿命或者以不同方式为企业提供经济利益，适用不同折旧率或折旧方法的，应当分别将各组成部分确认为单项固定资产。

（2）《中华人民共和国企业所得税法实施条例》（2019 年 4 月 23 日修订）。

该条例第五十七条规定，企业所得税法第十一条所称固定资产，是指企业为生产产品、提供劳务、出租或者经营管理而持有的、使用时间超过 12 个月的非货币性资产，包括房屋、建筑物、机器、机械、运输工具以及其他与生产经营活动有关的设备、器具、工具等。

该条例第六十条规定，除国务院财政、税务主管部门另有规定外，固定资产计算折旧的最低年限如下：（一）房屋、建筑物，为 20 年；（二）飞机、火车、轮船、机器、机械和其他生产设备，为10年；（三）与生产经营活动有关的器具、工具、家具等，为5年；（四）飞机、火车、轮船以外的运输工具，为4年；（五）电子设备，为3年。

根据上述定义，对固定资产的简要判断可以借助表11.1-1。

表11.1-1　固定资产简要判断方法

判断标准	企业会计准则	企业所得税法实施条例
资产性质	有形资产	非货币性资产
持有目的	生产商品（产品）、提供劳务、出租或经营管理	
使用寿命	超一个会计年度	超过12个月
折旧年限	企业自行判断	规定最低年限

由此可见，企业会计准则和企业所得税法实施条例对于固定资产采取描述法的定义方式，给予企业一定自由选择权，相比企业会计准则而言，企业所得税法实施条例更关注处理底线。例如，约定各类固定资产的最短折旧年限、特殊折旧政策的采用限制等，防止企业滥用会计政策和会计估计。

大型企业集团专设固定资产管理部门，人员配备齐全，一般对于固定资产采取列举法定义，即详细列举出集团所属企业在业务运转中可能遇见的固定资产类别及细目，遇见时对号入座。

中小型企业建议折中处理，固定资产管理规定采取列举法粗犷列举固定资产类别，不必列举细目，同时采取如单价控制的方式分类归属。

【情景剧场：打印机归属】

会计小张：段经理，综合部报销打印机，单价380元，是作为固定资产还是办公费用。

经理老段：这个做费用报销处理吧。

会计小张：上次综合部也报销打印机，单价3 000元，是作为固定资产处理的，经理，我们如何把握打印机计入固定资产还是费用呢？

经理老段：虽然我们公司的固定资产管理规定列明打印机作为固定资产，但同时约定了单价低于1 000元的打印机直接作为办公费用处理。因为打印机既有三五百元一台的，也有数万元甚至更贵的，所以处于临界单价的打印机我们协商处理。

会计小张：好的，明白初步处理思路了，但是，经理，我们为何这样处理呢？

会计老段：这个要看公司管理风格。有些公司管理细化，甚至百把块钱的工具都要作为固定资产，并通过定期盘点防止丢失，但是这个价位的东西很容易损坏，如果纳入固定资产，不到使用年限损坏了，又要做清理和税务备案等工作，异常麻烦，所以不建议过细。

会计小张：好的，明白了。

 【情景剧场：单价 8 000 元的空气压缩机为何费用化】

车间报销空气压缩机一台，单价 8 000 元。财务人员将其列入固定资产，半年后，车间又报销同类型空气压缩机一台。这引起了财务人员注意，询问得知，空气压缩机安装在生产线上，属于易耗品，使用半年左右基本报废，财务人员恍然大悟：看来不能仅凭感觉和经验来判断是否计入固定资产，沟通交流很重要。

11.1.2　固定资产入账价值

固定资产取得方式一般包括外购、自建、投资者投入、非货币性资产交换、债务重组等。

总体上，企业会计准则和企业所得税法实施条例关于固定资产的取得方式和入账价值确定本质趋同，只存在部分细节性差异，如表 11.1－2 所示。例如，所得税法实施条例关于自建固资的节点为竣工结算前发生的，一般晚于企业会计准则约定的预计可使用状态；借款费用、弃置费用所得税法实施条例未专项列示，表明并非禁止，也是一种认可。

表 11.1-2 固定资产入账价值

取得方式或其他项目	企业会计准则	企业所得税法实施条例
基本原则	按取得成本计量	以历史成本为计税依据
借款费用	应计入固定资产成本的借款费用,按照借款费用准则处理	未专项表示
弃置费用	确定固定资产成本时,应当考虑预计弃置费用因素	
外购	购买价款,相关税费,使资产达预定可使用状态前发生的可归属的运输、装卸、安装费和专业人员服务费等	以购买价款和支付的相关税费以及直接归属于使该资产达到预定用途发生的其他支出为计税基础
自建	建造该项资产达到预定可使用状态前所发生的必要支出	以竣工结算前发生的支出为计税基础
投资者投入	按照投资合同或协议约定价值确定,但合同或协议约定价值不公允的除外	通过捐赠、投资、非货币性资产交换、债务重组等方式取得的固定资产,以该资产的公允价值和支付的相关税费为计税基础
非货币性资产交换 债务重组 企业合并 融资租赁	分别按各项具体准则确定	

11.1.3 固定资产折旧政策

总体来看,企业会计准则和企业所得税法实施条例关于折旧政策的规定大致相同。企业会计准则趋于理论化、理想化,规定折旧方法一经确定,不得随意变更,同时提出年度复核,即至少每年年终了,对使用寿命、预计净残值与折旧方法复核,并按照复核后的结果重新调整使用寿命、预计净残值与折旧方法。企业会计准则与企业所得税法实施条例对固定资产折旧政策的规定如表 11.1-3 所示。

表 11.1-3 固定资产折旧政策

项目	企业会计准则	企业所得税法实施条例
使用寿命	确定固定资产使用寿命,应考虑下列因素: 预计生产能力或实物产量; 预计有形损耗和无形损耗; 法律或者类似规定对资产使用的限制	除国务院财政、税务主管部门另有规定外,固定资产计算折旧的最低年限如下:(一)房屋、建筑物,为 20 年;(二)飞机、火车、轮船、机器、机械和其他生产设备,为 10 年;(三)与生产经营活动有关的器具、工具、家具等,为 5 年;(四)飞机、火车、轮船以外的运输工具,为 4 年;(五)电子设备,为 3 年

续表

项目	企业会计准则	企业所得税法实施条例
预计净残值	企业应当根据固定资产的性质和使用情况，合理确定固定资产的使用寿命和预计净残值	企业应当根据固定资产的性质和使用情况，合理确定固定资产的预计净残值。固定资产的预计净残值一经确定，不得变更
折旧方法	应当根据与固定资产有关经济利益的预期实现方式，合理选择固定资产折旧方法。 可选用的折旧方法包括年限平均法、工作量法、双倍余额递减法和年数总和法等。 折旧方法一经确定，不得随意变更。但是，符合本准则第十九条规定的除外	固定资产按直线法计算的折旧，准予扣除。企业应自固定资产投入使用月份的次月起折旧；停止使用的固定资产，应当自停止使用月份的次月起停止计算折旧。 企业所得税法第三十二条所称可以采取缩短折旧年限或者采取加速折旧的方法的固定资产，包括：（一）由于技术进步，产品更新换代较快的固定资产；（二）常年处于强震动、高腐蚀状态的固定资产。 采取缩短折旧年限方法的，最低折旧年限不得低于本条例第六十条规定折旧年限的60%；采取加速折旧方法的，可以采取双倍余额递减法或者年数总和法
折旧周期	按月计提折旧	
年度复核	至少应当于每年年度终了，对使用寿命、预计净残值和折旧方法进行复核。 使用寿命预计数与原先估计数有差异的，应当调整固定资产使用寿命。 预计净残值预计数与原先估计数有差异的，应当调整预计净残值。 经济利益预期实现方式有重大改变的，应当改变固定资产折旧方法。 固定资产使用寿命、预计净残值和折旧方法的改变应当作为会计估计变更	未提及

企业会计准则关于折旧方法选择包括普通方法和加速折旧法，企业所得税法实施条例认可直线法折旧，同时提出缩短年限或加速折旧的使用要求。

1. 年限平均法

年限平均法又称为直线法，是将固定资产的折旧均衡地分摊到各期间的折旧方法。计算公式如下。

年折旧率 =（1 - 预计净残值率）÷ 预计使用年限 × 100%

2. 双倍余额递减法

双倍余额递减法是在不考虑固定资产残值情况下，根据每一期期初固定资产账面净值和双倍直线法折旧率计算固定资产折旧的折旧方法。计算公式如下。

$$年折旧率 = 2 \div 预计的折旧年限 \times 100\%$$

$$月折旧率 = 年折旧率 \div 12$$

$$月折旧额 = 年初固定资产折余价值 \times 月折旧率$$

这种方法没有考虑固定资产的残值收入，因此不能使固定资产的账面折余价值降低到它的预计残值收入以下，应当在其固定资产折旧年限到期的最后两年或者当采用直线法的折旧额大于等于双倍余额递减法的折旧额时，将固定资产账面净值扣除预计净残值后的余额平均摊销。

3. 年数总和法

年数总和法，也称为合计年限法，是将固定资产的原值减去净残值后的净额乘以一个逐年递减的分数计算每年的折旧额的折旧方法。计算式中分数的分子代表固定资产尚可使用的年数，分母代表使用年数的逐年数字总和。计算公式为如下。

$$年折旧率 = 尚可使用年限 \div 预计使用年限年数总和$$

$$月折旧率 = 年折旧率 \div 12$$

$$月折旧额 = (固定资产原值 - 预计净残值) \times 月折旧率$$

在实务中，各类固定资产折旧方法的使用情况各不相同，如表 11.1 - 4 所示。

表 11.1 - 4　固定资产折旧方法比较

原值	100 000.00	折旧年限	5	净残值率	5%
年份	第一年	第二年	第三年	第四年	第五年
年限平均法	19 000.00	19 000.00	19 000.00	19 000.00	19 000.00
双倍余额递减法	40 000.00	24 000.00	14 400.00	8 300.00	8 300.00
年数总和法	31 666.67	25 333.33	19 000.00	12 666.67	6 333.33

11.2 固定资产管控要点

固定资产的管控包括目录管控、台账管控、调拨管控、盘点管控等诸多内容，而在固定资产的日常使用中，企业也不可避免地会遇到固定资产维修、残缺资产组合和固定资产处置等业务。对此，企业都要明确相关管控要点。

11.2.1 固定资产目录管控

中小型公司应采取列举法和金额法并重的原则设置固定资产分类及其目录。

中小型公司固定资产分类一般包括房屋及建筑物、机器设备、运输工具、研发设备、办公设备、其他设备。

中小型公司固定资产编码采取8位编码。前2位为字母，代表各类别首两位汉字拼音的首位字母；第3至6位为数字，代表固定资产入账年月；后2位为数字，按投入使用时间依次排编。这样设置，可以直观地判断出固定资产的类别、入账年月两大核心信息。

示例：编码"JQ190809"中，"JQ"代表机器设备，"1908"代表2019年8月入账，"09"代表该月的第9个入账固定资产。

11.2.2 固定资产台账管控

为了强化固定资产管控，便于后续管理跟踪与监督，企业还需建立固定资产卡片，如表11.2 – 1所示，并据此建立固定资产台账，如表11.2 – 2所示。

表 11.2 −1 固定资产卡片

建卡日期				卡片编号	
资产名称	规格型号	资产大类	资产细类	资产编码	
取得方式	取得年月	资产数量	资产单价	资产原值	
折旧方法	折旧年限	使用部门	使用人员	使用状态	
备注					

表 11.2 −2 固定资产台账

序号	资产名称	规格型号	资产大类	资产细类	资产编码	取得方式	取得年月	单位	数量	单价	入账原值	折旧方法	折旧年限	净残值	使用部门	使用人	费用归属	备注
1																		
2																		
3																		
4																		
5																		
6																		
7																		
8																		
9																		
10																		
11																		
12																		
13																		
14																		
15																		
16																		
17																		
18																		
19																		
20																		

11.2.3　固定资产调拨管控

为了合理调配资源，提升固定资产利用率，固定资产调拨时常发生，但调入、调出当事部门也常存在轻视或忽视心态，不办理调拨手续就随意调拨，导致费用归属出现偏差。

按照受益原则，一般而言，固定资产调拨应由调入部门办理手续，特殊情况上级指定办理部门。固定资产调拨单格式如表 11.2 – 3 所示。

表 11.2 – 3　固定资产调拨单

申请调入部门　　　　　　　　　　　　　　申请人　　　　　　　　　年　月　日

固定资产	项目	一	二	三
	资产名称			
	规格型号			
	取得方式			
	入账年月			
	入账金额			
	折旧方法			
	折旧年限			
	累计折旧			
	资产净值			
	其他备注			
调拨事由				
调出部门				
调入部门				
综合部				
财务部				
总经理				
其他备注				

11.2.4　固定资产盘点管控

固定资产盘点是对实物的数量清点及状况摸排，是确保固定资产安全性的重要举措。盘点周期不宜过于频繁，但也不宜过于稀疏，每年年末盘点必须进行，有条件的建议期中，如半年盘点一次。

中小型固定资产可分为设备类固定资产和非设备类固定资产，生产部门熟悉设备类固定资产，负责组织盘点设备类固定资产，综合部门负责组织盘点非设备类固定资产，生产部门使用的办公类固定资产一般归集为非设备类固定资产。财务部门必须参与整个盘点过程，并制作固定资产盘点表，如表 11.2 – 4 所示。

表 11.2 –4　固定资产盘点表

盘点时点　　　年　月　日

序号	资产名称	规格型号	资产大类	资产细类	资产编码	单位	账面数量	实际数量	差异数量	使用部门	使用人	使用状态	备注
1													
2													
3													
4													
5													
6													
7													
8													
9													
10													
11													
12													
13													
14													
15													
16													
17													
18													
19													
20													

审核人：　　　　监盘人：　　　　　　盘点人：　　　　　　编制日期：

11.2.5　日常维修与大修

在固定资产的使用过程中，企业必然需要面临固定资产的维修与大修等情况，这一过程同样涉及会计入账及企业所得税缴纳。

（1）《企业会计准则第4号——固定资产》。

该准则第六条规定：与固定资产有关的后续支出，符合本准则第四条规定的确认条件的，应当计入固定资产成本；不符合本准则第四条规定的确认条件的，应当在发生时计入当期损益。

该准则第四条规定，固定资产同时满足下列条件的，才能予以确认：

（一）与该固定资产有关的经济利益很可能流入企业；

（二）该固定资产的成本能够可靠地计量。

该准则第二十四条规定，企业根据本准则第六条的规定，将发生的固定资产后续支出计入固定资产成本的，应当终止确认被替换部分的账面价值。

（2）《中华人民共和国企业所得税法实施条例》（2019年4月23日修订）。

该条例第六十八条规定，企业所得税法第十三条第（一）项和第（二）项所称固定资产的改建支出，是指改变房屋或者建筑物结构、延长使用年限等发生的支出。

企业所得税法第十三条第（一）项规定的支出，按照固定资产预计尚可使用年限分期摊销；第（二）项规定的支出，按照合同约定的剩余租赁期限分期摊销。

改建的固定资产延长使用年限的，除企业所得税法第十三条第（一）项和第（二）项规定外，应当适当延长折旧年限。

该条例第六十九条规定，企业所得税法第十三条第（三）项所称固定资产的大修理支出，是指同时符合下列条件的支出：

（一）修理支出达到取得固定资产时的计税基础50%以上；

（二）修理后固定资产的使用年限延长2年以上。

企业所得税法第十三条第（三）项规定的支出，按照固定资产尚可使用年限分期摊销。

总体来看，相比于企业会计准则，企业所得税法实施条例关于大修的界定更为明确，核心要点为：修理支出达计税基础 50% 以上，延长使用寿命 2 年以上。为了规范企业固定资产管控，企业需要制作固定资产维修（大修）申请单，如表 11.2 - 5 所示，并建立相应的审核流程。

表 11.2 - 5　固定资产维修（大修）申请单

申请部门			申请人		年　月　日
	项目	一	二	三	
固定资产	资产名称				
	规格型号				
	取得方式				
	入账年月				
	入账金额				
	折旧方法				
	折旧年限				
	累计折旧				
	资产净值				
	其他备注				
维修事由					
使用部门					
技术部门					
综合部					
财务部					
总经理					
其他备注					

11.2.6　残缺资产组合

【情景剧场：残缺的计算机】

综合部小王心灵手巧，有一天，看到公司有些计算机主机是好的，但是没有显示器，有些很旧的显示器堆放在仓库，性能是好的。小王灵机一动：好主机搭配旧显示器，刚好用在对显示器效果要求不高的场所。

相信这样的场景随处可见，那么作为财务部门该如何处理呢？

《企业会计准则第4号——固定资产》第二十四条规定：企业根据本准则第六条的规定，将发生的固定资产后续支出计入固定资产成本的，应当终止确认被替换部分的账面价值。

在上述情景剧场中，综合部小王搭配的计算机估计早已折旧完毕，这个小故事主要是启迪财务人员，面对此类残缺资产的组合该如何处置。

11.2.7　固定资产处置

固定资产进入企业之后，为企业生产经营做出了巨大贡献，但随着固定资产的长期使用，或是报废，或是出售，固定资产也终有离开企业的时候，此时，企业就要做好固定资产处置。

《企业会计准则第4号——固定资产》对固定资产处置同样做了明确的规定。

该准则第二十一条规定，固定资产满足下列条件之一的，应当予以终止确认：（一）该固定资产处于处置状态；（二）该固定资产预期通过使用或处置不能产生经济利益。

该准则第二十二条规定，企业持有待售的固定资产，应当对其预计净残值进行调整。

在固定资产处置中，企业要制作固定资产处置申请单，如表11.2-6所示，并规范相应流程。

表 11.2 -6 固定资产处置申请单

申请部门 　　　　　　　　　申请人 　　　　　　　年 月 日

固定资产	项目	一	二	三
	资产名称			
	规格型号			
	取得方式			
	入账年月			
	入账金额			
	折旧方法			
	折旧年限			
	累计折旧			
	资产净值			
	其他备注			
处置事由				
使用部门				
技术部门				
综合部				
财务部				
总经理				
其他备注				

11.3 固定资产分析

固定资产是企业生产经营的重要劳动资料。企业要想让固定资产在生产过程中长期发挥作用，就要对固定资产的使用状况做好分析，并根据分析情况做出合理应对。

11.3.1　产能利用

衡量固定资产产能利用的主要指标是产能利用率，其计算公式为：

$$产能利用率 = 实际产能 \div 设计产能 \times 100\%$$

产能利用率衡量企业生产能力的发挥程度：产能利用率越高，单位产品的固定成本就相对低；产能利用率过低，会造成人员、生产设备的闲置及成本的浪费。

产能利用率亦可用于评估产能扩充的需求程度：若产能利用率过高，可能表示产能有扩充的必要性，此时企业可拟订扩充计划，以免受限于固定产能而影响交期。

11.3.2　成新率分析

成新率分析指标主要分为静态成新率和动态成新率，其计算公式分别为：

静态成新率 = 尚可使用年限 ÷（尚可使用年限 + 已使用年限）× 100%

动态成新率 = 重置成本净值 ÷ 重置成本原值 × 100%

成新率衡量与反映设备的新旧程度，也就是设备的现行价值与其全新状态重置价值的比率。影响成新率的因素较多，涉及设备的设计制造、使用维护、修理改造等。设备的成新率不仅由其使用时间长短决定，还应通过现场对设备的观察和检测，判定其现时的技术状态，综合考虑有形损耗和无形损耗多种因素科学合理地测定。

11.3.3　年维修费占比

年维修费占比计算的是固定资产维修费占固定资产原值的比率，其计算公式为：

年综合维修费占比 = 年综合维修费 ÷ 固定资产原值合计 × 100%

重点设备年维修费占比 = 重点设备年维修费 ÷ 重点设备原值 × 100%

一般而言，年综合维修费占设备总值的比例为 2% ~ 3%；如果是重点设备大修，其年维修费占比为 15%~20% 。

年综合维修费占比可揭示公司年度维修费用的使用合理性，重点设备年维修费占比可提示该重点设备的使用状态。

11.3.4　闲置资产处置

闲置资产形成原因包括生产线更新换代、原设备不再适用、产品转型原设备闲置等。

闲置资产处置程序包括闲置资产确认及闲置资产处置。公司资产管理部门定期对资产使用状态进行评估，评估为闲置资产的，应及时提出处置思路，报批后切实执行。

闲置资产处置方式包括扩产、转产、利旧、投资、租赁、出售等方式，通过这些方式实现资源再利用，发挥资产效能。

第十二章
成本管控

　　成本管控关系到企业的竞争，在同质化竞争激烈的今天，做好成本管控是企业获得强大竞争力的关键。

12.1　成本性态管控

成本已经成为市场竞争的重要元素。成本并非孤立存在的，而是与企业业务总量息息相关，成本管控也必然需要与相关业务联系起来。因此，成本管控的前提是成本性态管控，对成本性态形成明确的认知，企业才能对症下药。

12.1.1　成本性态概述

成本性态指成本总额与业务总量之间的依存关系，也称为成本习性。成本总额指为取得营业收入而发生的营业成本费用，包括生产成本、销售费用、管理费用等。按性态，成本可分为变动成本、固定成本和混合成本等三大类。

1. 变动成本

变动成本指在一定条件下，成本总额随业务量变动而成正比例变动的成本项目。变动成本通常包括直接材料、燃料及动力、计件工资、运输费、业绩提成等项目。

变动成本是相对于成本总额而言的；相对于单位产品成本而言，变动成本项目则是固定成本。

变动成本的特点及性态模型如下。

变动成本总额的正比例变动性。变动成本表现为一条以单位变动成本为斜率的直线，其总成本模型为：$y = bx$。

单位变动成本的不变性。单位变动成本性态模型为：$y = b$。变动成本性态模型如图 12.1 − 1 所示。

2. 固定成本

固定成本指在一定条件下，成本总额不随业务量变动而变动的成本项目。

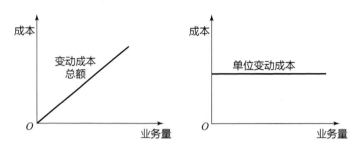

图 12.1 - 1　变动成本性态模型

固定成本通常包括固定资产折旧、房屋设备租赁费、保险费、固定底薪等项目。

固定成本是相对于成本总额而言的；相对于单位产品成本而言，固定成本项目则是反比例变动成本。

固定成本的特点及性态模型如下。

固定成本总额的不变性。固定成本表现为一条平行于横轴的直线，其总成本性态模型为：$y = a$。

单位固定成本的反比例变动性。单位产品负担的固定成本随着业务量变动而成反比例变动，单位固定成本性态模型为：$y = a/x$。固定成本性态模型如图 12.1 - 2 所示。

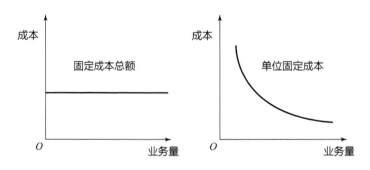

图 12.1 - 2　固定成本性态模型

3. 混合成本

混合成本一般用排除法判断，混合成本就是除变动成本和固定成本以外的成本。混合成本虽受业务量变动的影响，但其变动幅度并不同业务量变动保持严格的比例关系，既不成正比例变化，也不成反比例变化。混合成本包括半变动成本和半固定成本。

半变动成本，通常有一个基数，相当于固定成本，在这个基数之上，业务量增加，成本也会相应增加。

半固定成本，也叫阶梯式成本，当业务量在一定范围内增长时，其发生额固定不变，但在业务量增长超过一定限度时，其成本就会跳跃式上升，然后在新业务量的一定范围内又保持不变，直到出现新一次的跳跃。

12.1.2　成本性态特点

成本性态分析存在一个基础性假定，即在一定范围内，脱离了这个范围，性态有可能发生变化。成本性态具有相对性、暂时性和可转化性等特点。

1. 相对性

同一时期内同一成本项目在不同公司之间可能具有不同的性态。这种相对性决定了不同公司都有着区别于其他公司的不同成本特性。

2. 暂时性

同一公司同一成本项目在不同时期可能有不同的性态。成本性态分析的基础性假定是"一定范围内"，然而从长远看，任何一种成本不可能永久地保持不变，也不可能与业务量永久地保持线性关系。因此，就某一公司而言，应当经常进行成本性态分析，而不能将某次成本性态分析的结果作为一成不变的标准。

3. 可转化性

同一时空条件下，某些成本项目可以在固定成本和变动成本之间实现相互转化。因此，进行成本性态分析时，都要从实际出发，具体问题具体分析。

12.1.3　成本管控思维

在成本管控中，企业必须树立成本管控的应有思维，在掌握成本管控理论逻辑的基础上，结合实际应用问题，真正形成有利于现场实务应用的思维。

1. 理论逻辑思维

理论上讲，所有成本都可区分为变动成本与固定成本两类，混合成本只是过渡类型，是人们现有管理及分析手段难以解析其与业务量关联关系的成本。

成本管控的首要任务就是成本区分，只有尽可能将成本分解为固定成本和变动成本，才可进一步选择管控措施，合理降解成本。

成本性态对于成本预测、决策和分析，特别是对于控制成本和寻求降低成本的途径同样重要。所以成本性态分析在生产成本管理中理应得到极大地应用。

成本区分包括简单区分和深度分解，简单区分即将标志明确的变动成本和固定成本分类列示，深度分解指运用数理统计方法对混合成本进行分解。

2. 实际应用问题

（1）管理者意识及业务水平不强。它直接影响到成本划分的正确与否，最终影响成本的控制管理。

（2）成本原始资料不足。有些资料难以全面获得，因此成本正确划分与分析也就存在隐患。

（3）办公自动化条件不够。成本性态分析工作量大，数据分析复杂，没有全面的计算机数据模型作为工具快速分析处理，成本性态分析应用范围受到局限。

（4）假设的局限性。一方面，"成本与业务量之间的完全线性关系"的假定不可能完全切合实际。另一方面，固定成本与变动成本的成本性态，只有在一段有限期间和一个有限产量范围内，才是正确的，如果超过了一定时期或者一定的业务量范围，成本性态的特点就有可能发生变化，使得成本性态分析及其结果的应用必须保持在一定的相关服务内。也正是因为相关范围的多变性，使得成本性态分析只能用于短期分析，而不能用于长期分析。

3. 现场实务思维

（1）成本合理思维。"准确"或者"精确"是人们对成本数据的期望，从计算手段上讲，这种期望并不过高，但是从计算手段之前的数据获取路径来讲，合理才是人们对数据的务实期望。换言之，要将成本性态分析的理论逻辑思维和现场应用问题有机结合，追求成本的合理思维，而不是理论精准或现实消极两个极端方向。这样才能合理运用成本性态分析手段，将以成本性态分析为主导的成本管控落到实处。

（2）成本效益思维。要从"投入"与"产出"的对比分析来看待"投入（成本）"的必要性、合理性，即考察成本高低的标准是产出（收入）与投入（成本）之比，该比值越大，则说明成本效益越高，相对成本越低。在成本效益观念下，成本绝对数并非越低越好，关键看成本产生的效益（或成本节省）是否大于该项成本支出。

12.1.4　混合成本分解

混合成本分解方法一般有高低点法、散布图法和回归分析法。

1. 高低点法

高低点法是根据一定期间的最高业务量及其成本与最低业务量及其成本来推算成本中固定成本部分和变动成本部分的成本性态分解方法。

单位变动成本 =（最高业务量成本 − 最低业务量成本）÷（最高业务量 − 最低业务量）

固定成本 = 最高业务量成本 − 最高业务量 × 单位变动成本

用高低点法分解混合成本计算简单、易于运用，只要有两个不同时期的业务量和成本，就可求解，使用较为广泛，如表 12.1−1 所示。但这种方法只根据最高、最低两点资料，而不考虑两点之间业务量和成本的变化，计算结果往往不够精确。

表 12.1−1　成本性态分析——高低点法

月份	机器工时（业务量）	维修费用（混合成本）	高低点
1	300.00	18 000.00	最低点
2	330.00	19 000.00	
3	345.00	20 000.00	
4	375.00	22 000.00	
5	390.00	23 000.00	

续表

月份	机器工时（业务量）	维修费用（混合成本）	高低点
6	420.00	24 500.00	
7	450.00	26 000.00	
8	480.00	27 500.00	
9	510.00	28 500.00	
10	525.00	29 250.00	最高点
11	380.00	23 000.00	
12	460.00	25 500.00	
合计	4 965.00	286 250.00	
单位变动成本	= (29 250 − 18 000) ÷ (525 − 300)		50.00
固定成本	= 29 250 − 525 × 50		3 000.00
成本性态公式	维修费用 = 3 000 + 50 × 业务量		

2. 散布图法

散布图法是根据若干期的业务量和成本数据，在坐标图中标出各期的业务量和成本数据对应点，再用目测方式画出一条能够反映成本变动平均趋势的直线，直线与纵轴的截距即为固定成本，进而计算出直线斜率即单位变动成本。

散布图法准确程度比高低点法高，散布图直观有效，因素之间繁杂数据变成了坐标图上的点，其相关关系便一目了然地呈现出来。

但因为散布图法采用目测方法画图得出固定成本及单位变动成本，不同的人利用相同数据可能绘制出不同的直线，所以计算结果存在一定的不准确性。

3. 回归分析法

回归分析法是将业务量和成本数据分别作为自变量和因变量，通过对二者一定期间内历史观测数据的处理，建立起描述业务量和成本数据相互关系的回归方程式，借以将混合成本分解为固定成本和变动成本的数理统计方法。回归分析法较为精确，一般可适用于成本数据增加变动趋势较大的企业。

12.1.5 本量利分析法

本量利分析法是"成本—销量—利润"依存关系分析的简称。在变动成本计算模式基础上，以数学化会计模型与图文来揭示固定成本、变动成本、销售量、单价、销售额、利润等变量之间的内在规律性联系，为会计预测决策和规划提供必要的财务信息。

1. 单产品本量利分析

（1）盈亏平衡分析。盈亏临界点指使得产品毛利润与固定成本恰好相等时的销售量。此时，企业处于不盈不亏的状态。确定盈亏临界点是进行本量利分析的关键。

盈亏平衡分析是本量利分析法的首要目标，人们运用本量利分析法首先想获知的是在什么情况下盈亏平衡或不亏损。

①按实物单位计算，其计算公式如下。

　盈亏临界点销售量 = 固定成本 ÷（单位产品销售收入 − 单位变动成本）

②按金额综合计算，其计算公式如下。

　　盈亏临界点销售额 = 固定成本 − 单位变动成本 × 销售量

在销售总成本已定的情况下，盈亏临界点的高低取决于单位产品销售收入的高低。单位产品销售收入越高，盈亏临界点越低；单位产品销售收入越低，盈亏临界点越高，如表 12.1 − 2 所示。

表 12.1 −2　单产品本量利分析法

项目	按销售数量	按销售金额
单位产品销售收入（元）	12.00	12.00
单位变动成本（元/件）	8.00	8.00
边际贡献（元）	4.00	4.00
边际贡献率（%）	33.3%	33.3%
固定成本总额（元）	30 000.00	30 000.00
单产品盈亏平衡销售数量（件）	7 500.00	
单产品盈亏平衡销售收入（元）		90 000.00

在销售收入已定的情况下，盈亏临界点的高低取决于固定成本和单位变动成本的高低。固定成本越高，或单位变动成本越高，则盈亏临界点越高；反之，盈亏临界点越低。

在盈亏临界点不变的前提下，销售量越大，企业实现的利润便越多（或亏损越少）；销售量越小，企业实现的利润便越少（或亏损越多）。

在销售量不变的前提下，盈亏临界点越低，企业能实现的利润便越多（或亏损越少）；盈亏临界点越高，企业能实现的利润便越少（或亏损越多）。

（2）目标利润管理。目标利润管理是本量利分析法的次要目标，在获知盈亏临界点后，人们期望通过多重分析多重努力，定位企业能实现的目标利润。

目标利润销售数量 ＝（目标利润 ＋ 固定成本）÷（单位产品销售收入 － 单位变动成本）

目标利润销售收入 ＝（目标利润 ＋ 固定成本）× 销售量 ÷（单位产品销售收入 － 单位变动成本）

根据上述公式，目标利润的管理如表 12.1 － 3 所示。

表 12.1 － 3　目标利润管理

项目	按销售数量	按销售金额
单位产品销售收入（元）	12.00	12.00
单位变动成本（元/件）	8.00	8.00
边际贡献（元）	4.00	4.00
边际贡献率（%）	33.3%	33.3%
固定成本总额（元）	30 000.00	30 000.00
目标利润（元）	10 000.00	10 000.00
目标利润销售数量（件）	10 000.00	
目标利润销售收入（元）		120 000.00

2. 多产品本量利分析

多产品本量利分析一般不能直接计算产品的实物数量，而必须利用能够综合反映各种产品销售量的金额指标即销售收入。实务中常采取综合边际贡献率法计算多产品条件下的盈亏平衡销售量。该方法是在掌握每种产品边际贡献率基础上，按各种产品销售额的占比进行加权平均，据以计算综合边际贡献率，进而计算多品种保本额和保利额的一种方法。

多产品本量利分析的应用如表 12.1 － 4 所示。

表 12.1 -4　多产品本量利分析

项目	甲产品	乙产品	丙产品	合计
预计销售数量（件）	1 000.00	800.00	600.00	
单位产品销售收入（元）	10.00	25.00	50.00	
单位变动成本（元/件）	6.00	12.00	24.00	
固定成本总额（元）	100 000.00			
产品收入（元）	10 000.00	20 000.00	30 000.00	60 000.00
产品收入占比（%）	16.7%	33.3%	50.0%	
产品成本（元）	6 000.00	9 600.00	14 400.00	30 000.00
边际贡献（元）	4 000.00	10 400.00	15 600.00	30 000.00
边际贡献率（%）	40.0%	52.0%	52.0%	50.0%
综合盈亏平衡收入（元）	=固定成本总额÷综合边际贡献率			200 000.00
单产品盈亏平衡收入（元）	33 333.33	66 666.67	100 000.00	

12.2　生产成本管控

【情景剧场：小问题难倒财务精英】

　　某知名公司招聘高级财务人员的面试题目：我们知道成本核算对于公司各项决策具有重要意义，请问您如何看待生产成本中的料工费？您认为 3 项中哪一项的失误对决策影响较大？为什么？

　　据说这道题目成为很多应聘者的分水岭，回复满意者十之一二。

　　第一问对高级财务人员应聘者来说，只能算作常识题，该题的精髓就在于第二问和第三问。财务人员职业特点决定其正向思维偏多，导致很多应聘者在解答后两问时出现逻辑混乱、条理不清等问题。

　　从正面角度思考，第二问其实没有固定答案。从成本金额占比来看，传统行业中直接材料金额占比最大，大部分应聘者基于这点回答第二问；但现代行业机械化程度高，制造费用金额增长较快，小部分应聘者则基于这点回答第二问。

而在这样的思路下，第二问回答直接材料的，第三问基本上也会延续传统分析，这样的回答当然难以出彩；但如果第二问回答制造费用，除了极少数具备缜密思路和分析条路的应聘者，都难以对第三问进行完整论述，只能泛泛而论。

为什么制造费用对决策影响较大？怎么样的回答才更容易令人满意呢？

以下回答值得参考：直接材料一般属于变动成本，其体量虽大，但归属明确，核算固化；直接人工一般属于半变动半固定成本，其固定部分也有保底工作量关联，所以直接人工也可归属为较为模糊的变动成本；制造费用则不同，包括固定制造费用、变动制造费用和混合制造费用，制造费用相比前两者的最大差异在于制造费用需要归集和分配，而直接材料只需归集，直接人工虽也需要归集和分配，但其体量较小，分配偏差对成本核算合理性影响不大，而制造费用的归集偏差、分配基础选取不当，对成本核算合理性的影响较大。

12.2.1 直接成本和间接成本

直接成本指成本费用发生与特定的产品存有直接关联的成本，通常为变动成本，但也可能是固定成本；间接成本与之相对应，指成本费用发生与特定的产品存有间接关联的成本，通常为固定成本，但也可能是变动成本。

凡是有形物体，其成本构成分为3类：直接材料、直接人工、制造费用，也就是我们通俗所说的料工费。直接材料、直接人工属于直接成本，制造费用属于间接成本。

料工费的关联关系和成本性态如表12.2–1所示。

表 12.2–1 料工费的关联关系和成本性态

项目	直接/间接	变动/固定/混合
直接材料	直接成本	变动成本
直接人工	直接成本	混合成本
制造费用	间接成本	变动成本、固定成本、混合成本

12.2.2　直接材料管控

在制造业，材料成本控制是一件非常复杂的事情。企业要做好材料成本控制，就需要多个部门的协同工作。

企业采购什么材料、采购多少材料，首先取决于客户的订单需求，这就要求销售部门明确客户需求及其动态变化；企业是采购高品质材料还是低品质材料、采购国产配件还是进口配件，则由研发部门在研发产品时决定；企业向哪家供应商采购、花费多少采购费用，则由采购部决定；采购回来的材料品质高低、交货期是否准时，则会影响到生产部门的工作效率及产品成本的高低……

在材料成本控制的问题上，企业各个部门的工作会交错掺杂在一起，这并非一件易事。

从数量上讲，直接材料一般属于变动成本。企业直接材料管控模式以满足客户需求为前提，直接材料管控手段不外乎数量和单价管控，具体则分为夯实物料清单和采购竞价比价。

1. 夯实物料清单

物料清单（BOM）是计算物料需求、预估材料成本、按单领料的重要依据，技术部门根据销售部门提供的客户产品需求组织设计物料清单。

一般而言，物料清单包括三类场景应用，第一类是高度标准化产品制造企业，第二类是高度定制化产品制造企业，第三类是综合性产品制造企业。

高度标准化产品制造企业的特点：物料清单固化；以产品为会计核算对象，提前备货销售；生产计划变化少；物料采购相对稳定。

高度定制化产品制造企业的特点：均为定制化产品，即非标产品；产品批量多样化；以订单为会计核算对象；按订单独立设计物料清单；物料采购时间紧迫。

综合性产品制造企业的特点：既有标准化产品又有定制化产品，分别按照高度标准化模式和高度定制化模式处理。

高度标准化模式中，物料清单包括标准物料清单和订单物料清单。标准物料清单指生产或组装最小批量的某个产品所需物料的需求清单，包含物料编码、物料名称、规格型号、单位用量、损耗率等信息，最小批量未指明默认值就是数量1。订单物料清单指参照标准物料清单修正而成的用于指定生产的物料清单，包含物料编码、物料名称、规格型号、生产数量、单位用量、总体用量、损耗率等信息。

高度定制化模式中，物料清单只有订单物料清单，即根据客户具体需求而独立设计出的物料清单。

（1）物料清单的问题。物料清单关乎客户需求满足、现实生产管理、物料采购需求、积压存货消化，更重要的是，物料清单的准确性直接影响着直接材料核算，进而影响成本管控举措的选择与实施。

然而，物料清单运用中也存在诸多问题。

①标准物料清单长期不更新，逐渐失去了对订单物料清单及现实生产领料的指导意义。

②以标准物料清单代替订单物料清单，在标准物料清单的基础上简单乘上生产数量，订单物料清单与现实材料耗用差异较大。

③订单物料清单设计纸上谈兵。设计人员对订单物料清单设计认识僵化，未深入物料现场，不了解物料库存状态，未考虑现有物料消化，采用这样的订单物料清单，直接导致采购工作量增加，或间接导致存货积压。

④物料领用未严格遵照订单物料清单。生产部门自认为更贴近生产现实、知晓物料属性，生产领料随意，且不屑与产品设计部门衔接沟通，领用变更不及时反馈给产品设计部门。

上述事项导致订单物料清单与生产实际耗用严重偏离，给存货库存管理、成本核算管控带来极大隐患，难以指导生产，更不谈成本核算的准确。所以直接材料管控的首要任务就是夯实物料清单，尤其是订单物料清单与现实生产领料的衔接。

（2）物料清单管控。针对上述问题，物料清单的管控要点主要在于以下方面。

①确保客户临界需求。满足客户需求是企业占领市场、树立口碑的首要任务，但满足客户需求不能僵化理解运用，要结合成本管控的目的来实施，在确保产品满足客户基本临界需求的基础之上，有效降低产品成本。

②优化产品构成结构。在满足产品性能的基础上，进一步优化产品构成结构，降低产品成本。要注意的是，优化产品构成结构不是单纯为优化而优化，而要切实结合企业工艺路线合理优化。

③充分利用现有物料。在考虑客户需求、优化产品结构的同时，不能忘记现有库存物料的充分利用，要加速库存周转效率，降低库存成本。

④合理拯救积压物料。在充分利用现有物料的同时，也不能遗漏积压物料的拯救，在物料清单设计中，筛选现有积压物料加以合理利用，变废为宝、变闲为用。

2. 采购竞价比价

采购价格是影响直接材料成本的又一项重要因素，通过供应商遴选、合理询价比价、优化采购批次等举措，降低材料采购成本及相应采购费用。

材料分为专用材料和常用材料，其管理适用不同的方法。

（1）专用材料指只有某种产品才用得上的材料，其控制方法一般为按需采购、订单采购。销售人员须与客户紧密联系，便于掌握订单变化，避免专用材料储备不够或采购过多造成呆滞的情况。

（2）常用材料指很多种产品都会用得上的材料，其控制方法一般为设定安全存量、计算经济订货批量和请购点。

12.2.3 直接人工管控

人工管控的主要手段包括提高劳动生产率、完善人工薪酬结构、自动设备替代人工等。

1. 提高劳动生产率

劳动生产率是劳动者在一定时期内创造的劳动成果与其相适应的劳动消耗量的比值。劳动生产率水平可以用同一劳动在单位时间内生产某种产品的数量来表示，单位时间内生产的产品数量越多，劳动生产率就越高；也可以用生产单位产品所耗费的劳动时间来表示，生产单位产品所需要的劳动时间越少，劳动生产率就越高。

提高劳动生产率不仅会使生产过程中的活劳动消耗得到节约，促使单位成本中的工资降低；同时，也会使产量增加，从而促进单位产品中的固定费用下降。

编制先进且合理的劳动定额和编制定员、制定出勤率指标、控制非生产性损失、实行合理的工资制度和奖励制度，努力降低产品成本中的工资费用。

提高劳动生产率的举措包括合理安排生产、改善劳动组织、建立岗位责任制、强化岗位培训、提高员工素质等。

2. 完善人工薪酬结构

直接人工一般属于半变动成本，保底薪酬属于固定成本；超过保底工作量按计件工资计算，这部分薪酬属于变动成本。

完善人工薪酬结构指有效衔接生产一线人工薪酬与生产业务量的对应关系，主要举措就是建立直接人工薪酬体系，包括保底生产量设计、保底薪酬设计、超额计件薪酬设计等。

保底生产量设计一般要确保实际生产量不跌破保底生产量，否则保底人工单价将会变高；保底薪酬设计一般要确保不低于所在城市最低工资标准，否则有可能无法执行或带来法律风险；超额计价薪酬一般分段实施且轻度超额累进。

为了进一步明确如何完善人工薪酬结构，我们可以借助表 12.2 - 2 进行具体优劣分析。

表 12.2 - 2　直接人工方案优劣选择

项目	方案一	方案二	方案三
最低产量（吨）	4 000		
基础保底薪酬（元）	2 000		
保底产量（吨）	5 000	4 000	3 000
保底产量吨薪酬（元/吨）	0.5	0.5	0.5
产量保底薪酬（元）	2 500	2 000	1 500

项目	方案一	方案二	方案三
综合保底薪酬（元）	4 500	4 000	3 500
综合保底吨薪酬（元/吨）	0.90	1.00	1.17
超额吨薪酬（元/吨）		0.6	
实际生产 3 000 吨	4 500	4 000	3 500
实际生产 4 000 吨	4 500	4 000	4 100
实际生产 5 000 吨	4 500	4 600	4 700
实际生产 6 000 吨	5 100	5 200	5 300
实际生产 7 000 吨	5 700	5 800	5 900
实际生产 8 000 吨	6 300	6 400	6 500
3 000 吨时吨薪酬（元/吨）	1.500	1.333	1.167
4 000 吨时吨薪酬（元/吨）	1.125	1.000	1.025
5 000 吨时吨薪酬（元/吨）	0.900	0.920	0.940
6 000 吨时吨薪酬（元/吨）	0.850	0.867	0.883
7 000 吨时吨薪酬（元/吨）	0.814	0.829	0.843
8 000 吨时吨薪酬（元/吨）	0.788	0.800	0.813

由表 12.2-2 可见，方案一的保底产量高于最低产量，可能会出现实际产量低于保底产量时，仍需按照综合保底薪酬发放工资的可能，导致综合吨薪酬过高的现象：实际产量为 3 000 吨时，不足最低产量 4 000 吨，方案一的综合吨薪酬 1.500 元，高于方案二的 1.333 元和方案三的 1.167 元。

3. 自动设备替代人工

【情景剧场：情绪稳定的码垛机】

某企业产品打包码垛有两个班组，共 10 人，因属于重体力劳动，工作效率受到疲劳及心态影响较多，人员流动性大、团队无法凝聚，10 人年薪酬差不多 100 万元。企业后来经过决策决定，花费 65 万元采购一套自动打包码垛机，并将打包码垛班组缩减 5 人，年缩减人工成本 50 余万元，剩余 5 人的体力劳动强度大大降低，工作效率也得到提升。

不可否认，人力资源是企业内部的重要生产要素，也是更具弹性的生产要素。人力资源的积极与消极往往难以察觉，但机器设备则不同，开即动、关则停。所以，单纯从管理难度和成本效益原则分析，机器设备代替人工尤其是基础性人工是多数企业的希望和选择。

12.2.4 制造费用管控

【情景剧场：锅炉费用怎么分】

某饲料公司进行锅炉费用分摊时，粉料车间主任认为只有颗粒饲料生产使用锅炉蒸汽作为动力，理应由颗粒饲料车间负担；颗粒饲料车间主任认为虽然表面看锅炉蒸汽用于颗粒饲料生产，但如果生产粉状饲料，也须保持锅炉不熄火，封炉也得有费用。双方争执不休。

最后锅炉主管表达了分配观点：将锅炉费用与近2年的实际产量等历史数据结合起来分析，划分为封炉费用与生产费用两个部分，其中生产费用直接与颗粒饲料产量挂钩，封炉费用计入公司费用。

直接材料和直接人工属于直接成本，其归属对应关系、分配方法简单，制造费用属于间接费用，或者说由无法直接认定的其他生产费用组合而成为制造费用。

制造费用管控简而言之就是归集管控、分摊管控和目标管控。

1. 归集管控

首先要清楚制造费用所包括的内容，然后才能有目的地控制制造费用。制造费用是指公司生产单位为组织和管理生产所发生的各项费用，一般包括车间管理人员薪酬、厂房机器折旧费、厂房机器租赁费、水电能耗费、劳动保护费、机物料消耗、检验试验费、维修费、办公费、差旅费、财产保险费等。

归集管控要做到以下几点。

（1）确保制造费用归集内容稳定延续。每个公司生产情况不同、管理风格各异，制造费用归集内容和范围也是略有差异的，公司需要根据自己的实际特点，清晰梳理制造费用归集内容和涉及范围并稳定延续。

例如，部分大宗物料存放在车间，占用车间场地，那么这部分费用是归属仓储费用还是归属制造费用，要视情况而定，且要有理有据，确定方式稳定延续。

（2）严格区分制造费用与其他成本费用。既不能将制造费用归集至其他成本费用，也不能将其他成本费用归集至制造费用，确保制造费用归集的真实性和完整性。

（3）归集期间必须与核算期间一致。例如，水电能耗供应商的抄表周期可能与核算周期不一致，这就要求公司自行在核算周期节点自行查表核实能耗数量。

2. 分摊管控

做好制造费用核算内容与范围的准确归集后，下一步就是将制造费用合理地分配到成本对象上。遗憾的是，这个分配动作并没有标准答案，这就导致成本项目的发生与成本对象的关系判断及其依据因人而异，我们只能追求合理的分摊。合理的分配方案应当是经过大多数人认可且由决策者确认选择的，一经确定就应当持续保持。

传统的制造费用分摊方法一般选取材料数量占比、材料金额占比、机器工时、人工工时等方法，一般选取更靠近企业实际且合理的一种分摊方法。

作业成本法认为：成本对象消耗作业、作业消耗资源，在成本费用和核算对象之间提出作业这一关联词语，采取直接追溯、动因追溯、分摊的方式将资源也就是成本费用分配至作业库，再由作业库分配至成本对象。作业水准按照作业属性分为单位水准、批量水准、产品水准、设备水准4类，4类作业水准相当于4类分配基数或依据。

对于直接材料和直接人工，传统成本法和作业成本法差异甚微，主要在制造费用的分摊上。简略总结，传统成本法的分配依据单一，只考虑了主要因素，未考虑主要因素以外的其他因素；作业成本法按影响因素不同将制造费用分类归属，可以说分为制造费用一、制造费用二、制造费用三等，每一类制造费用受同种分配依据（即作业水准）的影响，这样的分配更趋向合理。

可以说，作业成本法并不是成本管理理论的颠覆，甚至谈不上创新，而是成本管理理论和实践的细化，属于电子计算机普及过程中的实地运用之一。

3. 目标管控

制造费用分为固定性制造费用和变动性制造费用，其中固定性制造费用为主，变动性制造费用为辅。虽然无法确定制造费用的标准目标，但是为强化管控，也必须根据历史数据及未来预测确定制造费用的管理目标，即使这个目标合理性存在瑕疵。

固定性制造费用包括生产管理人员薪酬、厂房折旧费用、机器设备折旧费用、厂房租赁费用、机器设备租赁费用、财产保险费用等，这些费用已成定局，各个使用部门不能改变，属于不可控成本，此类费用的管控包括定岗定酬管控、提升产能利用降低单位固定分配。

变动性制造费用包括水电能耗费用、维修费用等，这些费用管控可参考直接材料和直接人工管控，如制定消耗定额，杜绝"跑冒滴漏"。

其他制造费用，如办公费、差旅费等因费用金额较小，可参考期间费用加以管控。

12.3　目标成本管控

常见的目标成本管控方法包括定额成本法、标准成本法、目标成本法。

定额成本法和标准成本法属于传统的成本管控方法，从成本管控正面入手，即从产品成本构成及其管控入手，确定标准，并将实际耗费与标准进行对比分析，然后加以改进。两种方法的本质基本一致。

目标成本法属于现代的成本管控方法，表面上看是基于产品售价，在考虑必要利润因素后倒推出产品预期成本，但从具体内涵看，目标成本法是确定目标成本及围绕目标成本落实而展开的一系列成本控制活动的总称。目标成本法不仅是成本控制方法，也是在既定营销政策下的利润规划。

12.3.1　定额成本法

定额成本法是企业为了及时地反映和监督生产费用和产品成本脱离定额的差异，加强定额管理和成本控制而采用的一种成本计算方法。一般成本计算方法中，生产费用的日常核算都是按照生产费用的实际发生额进行的，产品的成本也都是按照实际生产费用计算的实际成本。这样，生产费用和产品成本脱离定额的差异及其发生的原因，只有在月末时通过实际资料与定额资料的对比、分析，才能得到反映，而不能在费用发生的当时反映出来，因而不能很好地加强成本控制。定额成本法正是针对以上方法的不足所采用的一种成本计算辅助方法。

定额成本法基本程序如下。

（1）事前制定产品的消耗定额、费用定额和定额成本作为降低成本的目标。

（2）在生产费用发生的当时将符合定额的费用和发生的差异分别核算，加强对成本差异的日常核算、分析和控制。

（3）月末在定额成本的基础上加减各种成本差异，计算产品的实际成本，为成本的定期分析和考核提供数据。

因此，定额成本法不仅是一种产品成本计算方法，还是一种对产品成本进行直接控制、管理的方法。

采用定额成本法，需要事先制定单位产品消耗定额、费用定额，并据此制定单位产品的定额成本。产品定额成本的制定过程，也是对产品成本进行事先控制的过程。产品的消耗定额、费用定额和定额成本，既是对生产耗费、生产费用进行事中控制的依据，也是月末计算产品实际成本的基础，还是进行产品成本事后分析和考核的依据。

定额成本法主要适用于定额管理制度比较健全，定额管理基础工作比较好，产品生产已经定型，各项消耗定额比较准确、稳定的企业。

12.3.2　标准成本法

标准成本法是以预先制定的标准成本为核心，用标准成本与实际成本进行比较，核算和分析成本差异的成本计算方法。标准成本法的核心是按标准成本记录和反映产品成本的形成过程和结果，借以实现对成本的控制。

标准成本按其制定所依据的生产技术和经营管理水平，分为理想标准成本、正常标准成本和现实标准成本。

理想标准成本是现有生产条件所能达到的最优水平的成本，这种成本难以实际运用；正常标准成本是根据正常的工作效率、正常的生产能力利用程度和正常价格等条件制定的标准成本，它一般只用来估计未来的成本变动趋势；现实标准成本，是根据适用期合理的耗费量、合理的耗费价格和生产能力可能利用程度等制定的切合适用期实际情况的一种标准成本。

标准成本法基本程序如下。

（1）制定产品各成本项目的标准成本。

（2）按标准成本进行产品成本核算。

（3）计算各成本项目实际成本与标准成本的各项成本差异，并分类归集。

（4）计算分析各种成本差异，月末编制各成本差异汇总表，并计入当期损益。

标准成本法适用于产品品种较少的大批量生产企业，而对于单件、批量小和试制性生产的企业比较少用。标准成本法可以简化存货核算的工作量，对于存货品种变动不大的企业尤为适用。

12.3.3　目标成本法

目标成本法是现代企业成本管理的一种重要方法，在市场竞争环境中，竞争者之间的产品质量差异正在逐步缩小，企业对产品市场价格的影响能力越来越有限，为实现预定的利润，必须从成本控制入手。

传统成本管理思路是：售价－产品目标成本＝利润；目标成本管理思路则

是：产品目标成本＝售价－利润。

直观地看，目标成本是基于产品售价，在考虑必要利润因素后倒推出的产品预期成本。但是，目标成本法的内涵远远不仅限于此，倒挤出目标成本仅仅是设计目标成本的开始。

从具体内涵看，目标成本法是确定目标成本及围绕目标成本落实而展开的一系列成本控制活动的总称。目标成本法不仅是成本控制方法，也是在既定营销政策下的利润规划。

目标成本管理过程由价格引导，关注客户，以产品和流程设计为中心，从产品开发的最初阶段开始，贯穿产品整个生命周期，而不是简单地在制造过程中降低成本。

目标成本法是一种以市场为导向、对有独立的制造过程的产品进行利润计划和成本管理的方法。它的出发点是以大量市场调查为基础，根据客户认可的价值和竞争者的预期反应，估计出在未来某一时点市场上的目标售价，然后减去企业的目标利润，从而得到目标成本。

目标成本法的特点是改变了成本管理的出发点，即从生产现场转移到产品设计与规划上，从源头抓起，具有大幅度降低成本的功效。

第十三章
费用管控

　　费用看似简单，但企业的费用管控水平却如同一面镜子，可以映射企业管理的方方面面：签字流程和权限额度体现企业内控水平；费用审核与归属可以反映企业风险管控意识；费用动向可以透视企业运作效能。所以，费用管控工作虽小，但影响面很大。

13.1　费用分类管控

企业生产运营离不开各种费用的产生，但在实务当中，很多企业却经常轻视费用管理，甚至未曾对费用进行明细分类。对此，企业必须从费用分类管控开始，着手建立起企业的费用管控体系。

13.1.1　费用管控概述

相比于采购、生产、销售三大运营主干线，费用业务具有如下特点。

（1）发生频繁。从会计凭证数量来看，费用报销及其前端借支业务凭证数量占整个凭证数量的60%甚至70%以上。

（2）涉及面广。费用看似只有报销及前段借支业务，但涉及业务种类异常繁杂。

（3）涉及人多。企业几乎所有员工都有可能涉及费用报销。

但在实务当中，企业费用管理现状却不容乐观。

（1）轻视费用管理。费用业务在业务量中占比较高，大家都觉得费用业务简单重复、毫无含量，所以普遍存在轻视费用管理的思想。

（2）费用标准模糊。费用业务细小而繁杂，需要的标准林林总总，但现实中的费用标准模糊，导致费用业务执行中的审核审批随意性较大。

（3）费用项目交错。费用明细项目分类随意，没有规划布局，明细项目设置随意。

（4）费用审核不实。费用单据看似层层审核，但责任未划分明确，出现问题没人担责。

13.1.2 费用明细分类

一般而言，费用的分类可以根据大类和明细进行划分。

（1）费用大类。常见的费用大类包括制造费用、研发支出、销售费用、管理费用、财务费用等类别。

（2）明细分类。费用明细可根据费用大类的特性设置，也可设置一套各费用大类可共用的费用明细，且保持编码一致、名称一致、顺序一致、内容一致。如此一来，一方面便于财务人员记忆，另一方面也有利于管理分析报表的编制。

不同的企业适用不同的费用明细分类，但无论如何，企业都要遵循相应的分类原则。

（1）列举法原则。费用明细的核算内容表示方式包括描述法和列举法，为防止费用业务执行中的理解歧义，要求用列举法列示费用核算内容。

（2）同类项原则。一般而言，同类费用明细排列在一起，如工资薪酬类费用明细全部排列在一起。

（3）重要性原则。重要的费用明细项目单独列示，非重要的可合并列示，零星琐碎、不可预见类别的可归类到"其他"项目，一般而言，"其他"项目的费用金额不得超过费用总金额的5%。

（4）从外原则。对于数据信息来源于外部的费用明细，必须按照外部单据的排列方式设置费用明细项目。例如，人工薪酬中的社保类明细必须和社保局的缴费清单排列顺序一致。

（5）协同性原则。费用大类及费用明细设置好后，费用业务涉及部门及人员都须遵照执行，经办人员在费用业务办理中必须严格按大类和明细类的要求分类归属。

13.2　费用标准管控

企业运营中涉及的费用纷繁复杂，企业要对如此复杂的费用进行有效管理，就必须建立相应的费用标准管控体系，尽可能将企业各类费用容纳到各种费用标准当中。在运营过程中，企业也应根据实际情况及时对费用标准进行调整。

13.2.1　费用标准分类

费用标准分类包括：无标准凭票实报实销、有标准凭票实报实销、标准内凭票据实报销、限额标准包干使用。

1. 无标准凭票实报实销

无标准指无法制定标准或无须制定标准。无法制定标准指企业无法把控该项费用的标准制定，只能按有权机关公布价格执行，如水费、电费，企业能做的只有节约消耗量；无须制定标准主要指高管的实报实销类费用。

2. 有标准凭票实报实销

有标准凭票实报实销指概括性设定项目标准，具体以实际票据金额为准。例如，差旅费设定"某层级员工可乘坐航班商务舱、高铁特等座"，实际出差时以航班商务舱、高铁特等座实际票据金额为准报销。

3. 标准内凭票据实报销

标准内凭票据实报销指设定项目的单位标准上限，经办人员在标准内凭合法票据报销，超标部分不得报销，经特批的超标费用可报销。例如，规定市内办事误餐费每餐 30 元，经办人员费用在 30 元以内凭票报销，超过 30 元的只能报销 30 元，特殊情况超过 30 元的经特批可全额报销。

4. 限额标准包干使用

限额标准包干使用指设定项目的单位标准，经办人员包干使用，可不需要对应票据，一般适用于杂费类费用项目。

13.2.2　费用标准确立

众所周知，标准确立是费用管理的核心，有了标准，经办人、审核人、审批人的设定也就有章可循。但现实中，多数企业的费用标准确立毫无章法，导致与费用相关的小事却占用企业较大的沟通成本。

为什么难以确立费用标准呢？因为费用具有差异化特点，即同一项费用，时间不同、地点不同可能现实耗费不同，标准难以确立。例如，差旅费中的住宿费标准，出差城市不同、同一城市地点不同、酒店档次不同、淡旺季时机不同，真实可能发生的住宿费用就千差万别。我们无法穷尽所有可能性并为之确立标准，但是费用管控执行中又必然需要标准。怎么办？人们往往陷入两难状态。

归根结底还是因为大家对于这种差异化标准制定没有深刻认识，没有想明白面对这种差异化标准的确立原则。可参照以下原则确立费用标准。

1. 标准参照原则

参照可获知的同行业、同地域、同等规模、相似风格的企业的标准，结合企业实际情况，建立费用标准规则基础。

2. 合理标准原则

费用种类多样化、区域水平差异化，势必要求不能追求所谓的精准标准，而是根据管理风格把握合理标准即可。

例如，午餐费每餐30元，这是估计出来的、参照出来的标准，任何理论计算都无法支撑为什么是30元，而不是29元或31元。

3. 松紧适宜原则

先看一个生活小日常：人们系皮带时，不宜过紧，过紧感觉不舒服；不宜过松，过松容易让人长胖。所以系皮带的原则就是——松紧适宜。

同样，标准确立也是如此，既然无法寻求准确，甚至连合理性都无法确保，那么松紧适宜也许是费用标准确立的宏观指向。按照松紧适宜原则设定的标准一定不能满足现实中的所有费用行为，满足绝大多数费用行为即可。

以差旅住宿标准为例，按区域、按人员层级确立差旅住宿标准。如果人人都不超标，只能说明一点——标准过高了；如果几乎所有人都超标，只能说明标准过低了。那么什么样的标准才是一个合格标准呢？在综合判断基础上，确立的标准大多数人不会超标，即使有部分人员因特殊原因超标，也可采取特批申请的方式。

什么样的标准才算是松紧适宜的呢？或者说如何检验标准是松紧适宜的？这也涉及宏观标准，即大多数通过原则或者9∶1原则。一项标准确立后，100次费用业务中，90人通过，10人超标。10人超标中可能有6人情况特殊，可以特批通过，剩余4人则须自行负担超标部分才能通过。9∶1原则是个大概原则，不同企业可根据实际情况确定大概数据原则。

13.2.3　费用标准调整

费用标准并非一成不变的，而是根据实际状况实时调整的。费用标准的调整频次要适度，一般组织每年对各项标准进行合适度讨论确认。

费用标准的调整也不是单向的，即只能上调、不能下浮，要根据实际状况而定。例如，移动电话费用的单位价格较很多年前已经降低许多，那么通信费的标准就是逐渐下调的。

13.2.4　超标费用特批

鉴于标准确立、业务执行的现实状况，超过标准的费用业务偶有出现，对待超标费用采取特批方式。特批主要原则包括以下内容。

（1）情况说明原则。经办人员必须就超标事项进行书面说明，简要的可在报销单据上说明，复杂的可独立书面说明。

（2）文字审批原则。正常业务环节中审核审批人签名即表示同意，对于超标费用，审核审批人除了签名，可用简要文字表明意见。

（3）高阶特批原则。即由正常审批最高层级的上一层级审批。正常业务由总经理审批即可，超标业务须由董事长审批。

（4）环节适度原则。超标费用总体上属于正常费用，只是因为标准限定、情况特殊等而成为超标费用，所以对于超标费用的特批要求和流程不能过于复杂，环节适度即可。

13.3　费用报销管控

【情景剧场：手机话费报销】

财务老段：到公司不到半年，怎么每天都有人报销手机话费签字？

综合小王：段总，我们公司可以报销手机话费的有400多人，依此平均，每天应该有近20人找您签字。

财务老段：这种有标准有额度的费用不能这样审签了，浪费好多人力。可以想象下，一个员工手持一张手机话费单据，要找部门签、找费用会计签、找财务经理签、找我签、还要找总经理签，综合部还要登记，即使签字顺利，一个上午也没了。

综合小王：是的，段总，您有什么好办法吗？

财务老段：要求以部门为单位汇总手机通信费、一个季度报销一次，部门单据全部汇集到综合部后，你们安排一个人专门统计其是否超标及其应该报销的费用，你作为综合部负责人审核，再交财务部费用会计审核、财务经理审核，我再签字、总经理再签字。前段的部门统计、综合文员、综合负责人、费用会计、财务经理五道关口负责把关，我和总经理也可根据个人时间选择翻阅或抽查。

综合部安排沟通后，最终确定两个月报销一次。

财务老段这么一招，变800多个签字为1个签字，大大节约了时间。

13.3.1　借支与请款

借支与请款是企业费用报销管理中的常见情形，企业应当明确二者的区别，并进行有效管理。

1. 借支与请款的异同

（1）借支。借支指企业员工因公务事由需提前借出款项的行为。借支人必须是企业员工，严格来讲，必须是和企业存在劳动合同关系的人员；借支事由必须是因企业公共事务所需，而非个人或其他非企业事务。

（2）请款。请款即申请支付款项，包括采购类请款和非采购类请款。采购类请款又分为材料类请款和工程设备类请款等，非采购类请款指除上述请款以外的其他零星类请款。当然，企业也可根据自身实际划分请款类型并执行。

请款的申请人必须是企业员工，非企业员工不得申请，即使外部相关者现场办理，也必须由企业员工发起申请。

请款事由和借支事由一样，必须是企业公共事务所需，而非个人或其他非企业事务。但请款的收款方可以是其他企业，也可是非员工的其他自然人。

借支与零星类请款的对比如表 13.3－1 所示。

表 13.3－1　借支与零星类请款对比

项目		借支	零星类请款
共同点	申请人相同	均为与企业存在劳动关系的员工	
	申请事由相同	均为企业公共事务处理需求	
	处理流程相同	申请审核、审批流程基本相同	
	会计科目相同	会计科目一般都挂在其他应收款之下	
不同点	区分依据不同	办理时最终收款方待定	办理时最终收款方确定
	金额依据不同	公务金额待定	公务金额确定
	登记细节不同	挂在员工个人名下	挂在收款方名下
	后续发票催收	直接找经办人催发票	查询确知经办人才能催发票

2. 借支原则

相比于各项要素确定的请款，借支的业务流程较为模糊，因此，企业在借支管理中必须遵循以下原则。

（1）一事一借原则。为便于管理核算统计，借支人只能根据一件待办事务申请借支，不得多事混同借支。借支人经办事项比较繁杂的，可申请备用金借支。

（2）清前借后原则。为催促经办人抓紧办理报销冲账手续，一般情况下，前期借支事项未清理完毕，不予办理后期借支事项。紧急情况经特批可在前款未清情况下办理借支手续。

（3）金额控制原则。借支主要办理零星业务，金额不确定、收款方不确定是其特点。总体上讲，借支金额一般不大。遇到大额借支，必须将其金额及收款方明确，转至零星类请款；遇到小额借支，一般要求经办人先行垫付，走报销流程，一来经办人可负担，二来减少一笔借支业务。企业根据实际可行原则约定最小借支金额和最大借支金额。

（4）大额预约原则。金额较大的借支须提前与财务部门预约，以便及时准备。

（5）催收清理原则。有些经办人借支完、办完事，就不管后续发票催收及报销冲账了，导致个人借支长期挂账。财务部门应定期与借支人对账，一般一个月对账一次。经办人为对账催收处理直接责任人，其部门负责人为催收领导责任人。

13.3.2 审核与职责

中小型企业费用借支与报销流程一般包括：经办人填写单据—部门负责人审核—财务会计审核—财务部负责人审核—总经理审批—出纳办理。

一般而言，在企业费用借支与报销流程里，虽然每个节点都需要相关人员签字，但其签字的意义却各不一样。

（1）经办人签字表明承诺真实性。

（2）部门负责人签字表明业务真实、费用合理、金额准确。

（3）财务会计签字表明从细节把关，确保借支业务不存在未清借支，请款业务进度合理、金额准确，报销业务费用合理、金额准确、票据合规。

（4）财务部门负责人签字在于知晓业务及预算管控。

（5）总经理签字表明知晓业务、审批业务。

（6）出纳签字在于签批齐备。

（7）资金审核签字表明签批齐备、金额一致。

13.3.3　报销与冲账

【情景剧场：丢失的单据】

司机小张：李会计（出纳），我的单据打款了吗？

出纳小李：你的哪张单据呀，我要看下。（片刻后）你的单据都付款了呢。

司机小张：不对呀，我上上周给你的 9 000 多元的单据你没有付款呀。

出纳小李：9 000 多元的单据？你的单据比较多，反正你给我的，我都付款了。

接下来，两人为此争论不休……

在报销与冲账管理中，企业一定要树立这样的观点：审批完毕的报销单据等同于资金。在现金或现金支票报销情形下，报销单据和资金实时两讫；在网银报销情形下，报销单据和资金支付一般存在时间差，很多中小型企业的报销业务中，基于信任关系，报销人往往把审批完毕的报销单据交给出纳，出纳统一安排时间支付。

司机小张和出纳小李的情形就是如此，那么，企业怎么才能防范这类事项发生呢？收据可在时间差内替代单据交接证据。司机小张将审批完毕的报销单据交付出纳小李，小李向小张开具收据表明收到报销单据，双方签字，小张自留一联，小李将存根联粘贴在报销单据上，用网银支付款项后小李又将网银回单粘贴在报销单据上，自此报销业务完成。如果小张迟迟未等到报销款项，可以持收据找小李查询，双方也不至于陷入没有真相的争吵。

【情景剧场：神奇的单据】

助理小王：段老师，我们与项目公司初次接触时间很短，如何在很短时间对其做出管理判断？

财务老段：说出来你可能不信，但事实就是这样。我一般通过费用报销来看会计核算、财务管理乃至整个公司管理水平的。

助理小王：啊，就那几张单据，您都可以看出这么多内涵？

财务老段：小王呀，可别小看这些票据，内容可多了。你想想，初步接触座谈中，公司老总通常会介绍得多些吧，但这公司就如同老总的孩子，加上多年的商场磨炼，那些老总的介绍全是好话。所以，我们听了这些介绍，还要拨开迷雾，才能见到太阳。

助理小王：段老师，有一定道理。

财务老段：那么如何在很短时间内做出初步判断呢？听财务人员讲的话，估计也都是些抱怨。

助理小王：是这样的呢。

财务老段：所以，听归听，还是要看的。我一般要求财务人员把公司所有的内部财务单据各拿一份空白的，然后再随便抽取最近期间的几本会计凭证，找找现行的费用报销制度。内部财务单据的多或少都反映了公司员工尤其是财务人员对管理的认知，因为财务单据不能多，多了容易混用，也不能少，少了不能覆盖业务。看会计凭证，就是小型的穿行测试，看看采购入库的、销售出库的、开发票的、收发票的、费用报销的等，看看签字、看看票据粘贴、看看凭证装订，再看看费用报销制度，基本上15分钟内就有轮廓性判断，屡试不爽。

强调一下，单据整理粘贴看似是小事，但整理不好不仅影响美观，且对后续的业务审核、审批造成影响，同时，从单据整理也可侧面反映经办人业务处理能力、处理思路及责任心。所以单据整理粘贴不是小事。

助理小王：赞一个！

【情景剧场：委屈的小张】

公司张总：老段呀，销售部的小张告你状了。

财务老段：告我状，还不是因为零星单据报销被我训斥了一顿。零星单据报销较多，费时费力，我们两个月前补充了零星单据汇总报销的规定，规定百元以下零星单据按部门月度汇总报销。这个小张就是不干，依仗是您张总的侄女，这是第3次了，这不，昨天下午快递费12元，今天早上就开始报销了。被我训斥回去了。

公司张总：老段，你做得对，这些年轻人就要多批评教育。

财务老段：张总，我们算一个账，您就更清晰了。小张月工资小五千元，每个工作日工资200多元吧，半天就是100多元吧，她为了12元折腾一个上午，而且我们又不是不报销，只是每个月把零星费用集中起来报销。

公司张总：老段，你就大胆去干吧，支持你。

报销与冲账指经办人业务办理完毕，整理票据且经审核审批后办理报销领取现金或冲抵先期借支（或零星请款）的行为，分为单纯费用报销、报销冲等额借支（或零星请款）、报销冲借支/付垫付款、报销冲借支/收剩余款等4种情况。

一般而言，除即时钱票两讫的现金报销以外，单据交接和冲账收付现都会存在一定的时间差异，尤其是在网络银行时代，所以，收据就成为时间差异的证明性文件。

（1）所有报销冲账都须开具收据。有人说，报销冲借支再收剩余款是现场两讫的，可以不需要收据，这是因为没有看到收据的另一作用——便于个人记录自己的借支报销及余额。如果报销冲账不开具收据，经办人就要常常到财务部门查询账目。

（2）收据双方都须签认。很多中小型公司的收据要么只有出纳一人的签字，要么谁的签字都没有，这种收据严重违背内部牵制原则，所以收据至少须经出纳和经办人共同签认。

（3）书写格式固定。企业需要将常用的4种书写格式固定下来，如表13.3-2所示，否则容易引起歧义。以报销冲等额借支为例，张三报销一般冲自己的借支，但实务中不排除冲其他员工借支的可能，所以必须将书写格式固定下来，这样便于记忆、便于操作且减少歧义。

表 13.3 – 2　报销与冲账

类型	收据书写示范
单纯费用报销	收张三报销单据 1 000 元，银行支付 1 000 元
报销冲等额借支	收张三报销单据 1 000 元，冲张三借支 1 000 元
报销冲借支/付垫付款	收张三报销单据 1 200 元，冲张三借支 1 000 元，银行支付 200 元
报销冲借支/收剩余款	收张三报销单据 800 元，冲张三借支 1 000 元，收张三现金 200 元

附例：某公司费用报销管理规定

第一章　总　　则

第一条　制定目的

为加强公司内部管理，规范公司员工费用报销行为，提高公司资金使用效率，特制定本管理规定。

第二条　实施范围

本管理规定适用于公司各部门正式员工费用借支及报销行为。

第三条　名词定义

正式员工：指与公司签署正式劳动合同的员工，不含未转正的试用期员工。

公务借支：指正式员工办理公司公务而需临时性借领资金的行为。

费用报销：指正式员工办理公司公务完毕后整理票据报销冲账的行为。

第四条　部门职责

经办部门：对借支与报销行为的必要性、合理性及资金需求进行审核，对归还借支或费用报销行为进行催促督查。

财务部门：对借支与报销行为是否符合本管理规定要求进行审核。

总经理：对借支与报销行为进行审批。

第二章　内部财务单据

第五条　内部财务单据

内部财务单据一般包括借支单、请款单、费用报销单、差旅费报销单、收据、票据粘贴单。

（一）借支单是申请公务借支的单据，一般用于收款单位（或人）、收款金额尚不明确且金额较小的款项支付。

（二）请款单是申请对外付款时的单据，原则上收款单位（或人）、收款金额已经明确的必须使用请款单，请款单的核心信息（收款单位、开户银行、银行账号、付款金额）涂改无效。

（三）费用报销单是办理除差旅费报销事项外的单据。

（四）差旅费报销单是报销出差期间住宿、交通、伙食等费用的单据。

（五）收据是出纳收款（报销冲账）时向交款（票）单位（人）所开的单据。

（六）票据粘贴单是粘贴原始票据的单据。

借支单

年 月 日

部门名称	借支人				
借支事由					
借支金额￥		大写金额	拾 万 仟 佰 拾 元 角 分		

总经理： 财务经理： 部门经理： 会计： 出纳： 借支人：

请款单

年 月 日 附单据 张

请款部门	收款单位			入库及发票
	单位名称	开户银行	银行账号	
合同号	请款项目（品名）	请款内容		支付方式
合同金额	已付款项		本次付款	
人民币（大写）	佰 拾 万 仟 佰 拾 元 角 分			￥

总经理： 财务经理： 部门经理： 会计： 出纳： 请款人：

费用报销单

部门：　　　　　　　　　　　　年　月　日　　　　　　　　　附件　　张

序号	费用项目	摘要	金额	备注
1				
2				
3				
4				
5				
6				
合计（大写）		万 仟 佰 拾 元 角 分	￥	

预支款	￥	应退金额	￥	报销人
		应补金额	￥	

总经理：　　　财务经理：　　　部门经理：　　　会计：　　　出纳：

差旅费报销单

部门：　　　　　　　　　　　　年　月　日　　　　　　　　　附件　　张

出差人		出差事由	

出发				到达				交通工具	交通费		出差补贴		其他费用		
月	日	时	地点	月	日	时	地点		单据张数	金额	天数	金额	项目	单据张数	金额
													住宿费		
													市内交通		
													伙食费		
													其他		
报销金额		￥													

报销金额（大写）	万 仟 佰 拾 元 角 分	预支差旅费	￥	补领	￥
				退还	￥

总经理：　　　财务经理：　　　部门经理：　　　会计：　　　出纳：　　　报销人：

收据

年　月　日

简要事由

报销单据（元）		冲个人借支（元）	
交回现金（元）		支付现金（元）	

出纳　　　　　　　　　　　　　　　　经办人

票据粘贴单

		项目	金额	张数
装订线	1 2 3 4 5			
		合计		合计
		部门：　　　经办人：		
	票据分类并从右至左粘贴 重要信息不得粘贴至装订线以内 票据可粘贴至满页 大张票据折叠 粘贴后不得超出各边线 票面平整，薄厚均匀			

第六条　单据粘贴要求

（一）粘贴原则：分类明确、票面平整、薄厚均匀、关键信息外露。

1. 分类明确指一张粘贴单可包含多张原始票据，应按原始票据类别分类，以便审核审批。

2. 票面平整指粘贴好票据的粘贴单应整体票面平整，不能大起大伏。

3. 薄厚均匀指粘贴好票据的粘贴单应薄厚均匀，以便装订。

4. 关键信息外露指粘贴后，各票据关键信息，如单位抬头、金额、品名、数量、单价、起止日期、开票日期等必须外露，以便审核。

（二）票据左边沿涂抹胶水粘贴在粘贴单上，粘贴顺序按照从右到左将票据仿鱼鳞状粘贴平整，粘贴后确保文字正向排列，符合阅读习惯。

（三）每张票据必须与粘贴单和相邻票据相黏合。

（四）粘贴后不要超过粘贴簿上、下、右三边，大张单据应折叠。

（五）附件张数以自然张数为准，并在粘贴单空白处注明各类别张数、各类别金额、总张数、总金额、经办人部门、经办人姓名。

（六）票据较多的，可分开粘贴，不允许报销以订书针固定的单据。

（七）对于不合要求者，会计人员有权要求其重新粘贴。报销后出纳人员须在所有单据加盖核销或付讫印章以示单据已办理报销手续。

第三章　借支与请款

第七条　借支与请款事由

借支与请款事由包括办公用品购买借支、差旅费用借支、会议费用借支、车辆使用费借支、业务费用借支等。

第八条　借支与请款要求

（一）一事一借、前款不清、后款不借，特殊情况经总经理明确签署意见后可在前款未清的情况下办理。

（二）各部门必须就本部门固定类业务确定借支人并书面告知财务部门，借支人变动时须重新书面告知财务部门，否则财务部门不对该确定借支人以外的其他人员办理此业务借支。

（三）财务部门须就各部门常规性借支人员借支限额予以确定，原则上不超过该员工月薪酬。特殊情况需超出的，由各部门提出申请，财务部门审核、总经理审批后执行。

（四）为节约管理资源，精简业务梳理，原则上1 000元及以下小额公务现金需求由经办人垫付，业务完毕后报销。

（五）收款单位明确、收款金额明确的须按照零星请款流程办理，不得按借支流程办理。

（六）10 000元及以上大额借支须提前一天与出纳预约，大额借支的支付方式首选网上银行打入借支卡中，如需打入非借支人本人卡时借支人须特别注明"请打入××银行×××人×××卡中"。打入非借支人本人银行卡并不能免除借支人的还款及报销义务。

第九条　借支与请款程序

借支与请款流程审核与职责

序号	部门	岗位	工作概要	工作职责
1	经办部门	经办人	单据填写	据实填写借支单（或请款单）
2	经办部门	部门经理	单据审核	审核业务必要性、金额合理性。未通过审核取消或返回序号1
3	财务部	往来会计	单据审核	审核是否存在未清借支。未通过审核取消或至序号5（总经理特批后至序号3）
4	财务部	财务经理	单据审核	审核是否预算内借支。未通过审核取消或至序号5（总经理特批后至序号4）
5		总经理	单据审批	审批
6	财务部	出纳	付款发起	审核权签是否完整。通过审核则发起网银支付，未通过审核则退回借支人
7	财务部	资金审核	付款审核	审核权签是否完整、金额是否相符。通过审核则使用网银支付，未通过则退回出纳

第十条　报销核对与催还

（一）借支人办理完毕业务应及时取得相关票据，并在取得票据3日内办理报销冲账手续。

（二）财务部每月末编制员工借支余额对账表交员工签认，部门负责人对催收账款负有直接及领导责任。

（三）借支款项无法确认使用时间导致超过15天未使用的，经办人应归还借支，业务重新启动时另行办理。

员工借支余额表

年　月　日　　　至　　年　月　日

部门名称						
序号	员工姓名	期初余额	本期借支	本期还款	期末余额	员工签认
1						
2						
3						

续表

部门名称						
序号	员工姓名	期初余额	本期借支	本期还款	期末余额	员工签认
4						
5						
6						
7						
8						
9						
10						

部门经理：　　　　　　　　复核：　　　　　　　　编制：

第四章　报销与冲账

第十一条　费用分类归属表

费用分类及归属表

编号	费用明细	费用描述与说明
01	工资	应付员工工资
03	职工福利费	按国家政策法规列支
05	职工教育经费	按国家政策法规列支
07	工会经费	按国家政策法规列支
09	养老保险	按国家政策规定企业负担部分
11	医疗保险	按国家政策规定企业负担部分
13	失业保险	按国家政策规定企业负担部分
15	工伤保险	按国家政策规定企业负担部分
17	生育保险	按国家政策规定企业负担部分
19	住房公积金	按国家政策规定企业负担部分
21	标书费	各类招投标标书费（不含投标保证金）
23	中标服务费	各类招标中标服务费
25	办公费	办公用品、办公耗材、纸品、报刊、邮递、复印打印、登记、年检及其他办公费
27	市内交通费	因公外出市内车船费
29	通信费	固定电话费、手机话费
31	车辆使用费	企业车辆市内（市外开支计入差旅费用）各项开支包括：车辆保险费、保养费、油费、维修费、过路过桥费、停车费

续表

编号	费用明细	费用描述与说明
33	差旅费	因出差发生的各项开支：交通费（乘坐火车、飞机及其他交通工具）、住宿费、伙食费、出差津贴（差旅期间非上述费用，如业务招待费单独报销并列入对应明细费用）
35	业务招待费	招待外部往来单位发生各项交际应酬费，包括餐饮费、礼品费
37	会议费	召开会议发生的场地租赁费、会场布置费、参会人员的住宿费、工作餐费、交通费
39	机物料	车间机物料消耗
41	研发耗材	研究开发过程中的各种材料消耗
43	包装材料	各种包装材料、桶、罐等
45	维修费	设备、房屋、建筑物等日常维修费用（不含车辆维修费）
47	劳动保护费	劳保工服、防暑降温用品及费用等
49	检验检测费	房屋、设备及产品的检验检测费用等
51	租赁费	固定（办公）房租、临时房租及其他租赁费
53	水电及物业费	水电费、保洁费、绿化费、安保费、物业费等
55	劳务费	临时用工劳务费用
57	保险费	购买财产保险及员工商业保险费用
59	广告宣传费	通过经工商部门批准的专门机构（媒体）向公众介绍商品、企业信息等发生的广告费用及未通过媒体的广告性支出，包括印有企业标志的礼品、纪念品及各项展览费等
61	运输装卸费	材料、产品运输费用、装卸费用及其他杂费
63	咨询服务费	咨询服务费、专业顾问费等
65	审计费用	审计费用、评估费用
67	诉讼费用	诉讼费用
69	折旧	固定资产折旧费
71	摊销	低值易耗品、开办费、装修费、无形资产等摊销
73	研究开发费	研究阶段各项支出，开发阶段不符合资本化的各项支出
75	残保金	残保金
99	其他	各费用其他项目（慎用，金额不超该费用总额的5%）

第十二条　原始单据整理

（一）原始票据内容要齐全，包括单位、日期、业务内容、数量、单价、总价、经办人、开票单位发票专用章或财务专用章等内容。要求数量、单价之积与总价相符，总价大小写金额相符，票面无涂改。发票须有税务部门监制章，行政事业单位（含解放军武警部队等）收据视同发票，须有财政部门监制章。

（二）购买固定资产、低值易耗品、办公用品、图书、劳保用品要附经批准的申请单，报销部门应附出入库单或领用单据。

（三）经办人遵照费用分类归属表对原始单据分类。

（四）经办人遵照单据使用与粘贴要求粘贴整理原始票据。

第十三条　财务单据填写

（一）费用报销单的费用项目必须从费用分类归属表的费用明细中选取。

（二）费用报销单据内容明细、小写金额及小写金额合计由经办人填写，会计人员计算并填写大写总金额。差旅费报销单除补助外由经办人注明小写金额，会计人员核算补助并计算总金额，填写大写金额。

（三）报销人须用黑色钢笔或水芯签字笔签字，禁止用圆珠笔或铅笔。

（四）附件张数不含内部财务单据，包括所有原始单据及证明性文件，按自然张数计。

第十四条　报销与冲账流程

报销与冲账流程审核与职责

序号	部门	岗位	工作概要	工作职责
1	经办部门	经办人	单据整理	据实填写（差旅）费用报销单并附必要合规票据
2	经办部门	部门经理	单据审核	审核业务真实性、费用合理性、金额准确性。未通过审核则返回序号1
3	财务部	相关会计	单据审核	审核费用合理性、金额准确性、票据合规性。未通过审核则返回序号1或至序号5（总经理特批后至序号3）
4	财务部	财务经理	单据审核	审核
5		总经理	单据审批	审批
6	经办部门	经办人		经办人持单交财务部出纳
7	财务部	相关会计	账务处理	出纳收单（款）开收据，双方签认各自留存，不涉付款则结束，涉付款至序号8
8	财务部	出纳	付款发起	审核权签是否完整、金额是否相符，通过审核则发起网银支付，未通过则退回报销人
9	财务部	资金审核	付款审核	审核权签是否完整、金额是否相符，通过审核则利用网银支付，未通过则退回出纳

第十五条　费用报销要求

（一）经办人办理完业务并取得合法票据后应在3个工作日内办理报销冲账

领（还）款手续。

（二）出纳应向经办人开具内部收据，内部收据须有出纳和经办人签认，内部收据为报销附件，必须注明报销金额、冲账金额、付（收）金额等信息。

（三）重要票据背签。日常费用超过2 000元、业务费超过5 000元的单张发票须由经办人、部门负责人、审批人在票据背面签字以示同意。

（四）差旅费用遵照公司差旅管理规定办理报销手续。

（五）报销时间要求。每周一、四办理报销业务，其余时间不办理，特殊单据经总经理特批后可在非报销日办理。

（六）零星费用汇总。以部门为单位，对于单次百元以下票据月度汇总报销，特殊情况经部门负责人同意可独立报销，原则上每月不超过2次特殊处理。

零星费用汇总表

部门名称					
序号	费用项目	经办人	摘要	金额	备注
1					
2					
3					
4					
5					
6					
7					
8					
9					
10					
合计					

部门经理：　　　　　　　　　　　　　　　　　　填报人：

第五章　附　　则

第十六条　解释修订

本管理规定由公司财务部拟定，经总经理办公会讨论通过。

本管理规定由财务部负责解释。

本管理规定自××××年××月××日起实施。

××××科技有限公司

13.3.4　风险与抽核

费用经办人员众多、费用单据种类繁多、费用发生地点遍布各地……种种限制因素决定了费用逐单真实性审核难以实现，因此，费用出现"跑冒滴漏"现象可能性较大。

为有效制止费用管控中的小微风险，引导费用诚信开支，企业可借鉴 ABC 管理法，按金额标准或随机抽样方式定期抽取费用报销单据，组织业务部门及财务部门审查，一旦发现舞弊，必须视舞弊金额给予惩处。

由于所有费用报销单据都有被抽取的概率，抽核及处罚的措施可有效防范费用管理中的舞弊。

13.4　常见费用管控

车辆、业务、办公用品、差旅等费用都是企业常见的费用类型，本节将对这些常见费用的管控进行分解。

13.4.1　车辆费用管控

一般而言，企业综合部作为车辆（含租赁车辆）的归口管理部门，主要负责车辆信息登记、资质保管、车辆调度、运行管理以及费用控制等工作。

1. 车辆管理范围

必须明确哪些车辆属于车辆管理范围，一般而言包括职务配车、公务车辆及租赁车辆。职务配车指为高管或特殊人才配备的专属车辆，公务车辆指承担公共事务的车辆，租赁车辆指外部租赁车辆。

2. 车辆里程盘点

司乘人员每次出车必须登记起始地点、起始里程数，综合部管理人员在起始时间审核确认。

综合部每月末组织登记车辆的截至里程数，据此推算出本月车辆行驶里程，财务部参与并审核签认。

3. 车辆油费管控

车辆加油卡统一由车辆管理员负责办理，一车一卡。如果多车一卡，加油站点或石油公司必须能提供清晰列举出每辆车的加油明细清单。

4. 车辆维修管控

车辆日常保养维修必须到企业比价选择的指定维修保养点，特殊情况，如长途出差期间的保养维修经请示综合部负责人后可就近维修保养。

5. 报销周期管控

车辆使用费按车按月报销，不允许一月多次、多月一次等报销方式。使用以前月份车辆使用费票据时应书面说明原因，部门负责人背签。

13.4.2　业务费用管控

业务费用指接待与外联过程中为拓展业务发生的招待类费用，包括客户来访、客户拜访、商务宴请等费用。

综合部为接待及外联事务的归口管理部门，负责公司对外常规性联系和公共关系处理。对口业务部门向综合部申报后，即可按公司接待与外联规定自行接待。

1. 业务标准管控

业务招待费用的主体人员一般都属于公司高级管理层或部门负责人级别，同时业务招待活动中突发情形较多。很多公司认为业务标准难以制定，即使制定了也难以执行，基于这样的思路和理念，业务费用管控成为总经理的"面子工程"。

越是难以把握，财务部门或综合部门越要理解和配合好总经理的"面子"，根据公司实际制定一套合理的标准。

2. 业务台账管控

不仅要做好业务费用申请控制、预算控制，还要做好台账登记，便于公司高层审阅。

3. 报销人员管控

如果不做报销人员管控，业务费用主体往往会安排部门其他人员作为报销人员，借以转移视线。所以必须明确可以报销业务费用的人员级别。

13.4.3 办公用品管控

综合部是办公用品的归口管理部门，负责办公用品采购、保管、发放、费用控制。

办公用品的管控比较简单，企业需要遵循以下管控思路。

（1）大件办公用品独立管控。如新来员工需购置计算机，独立申请购置即可。

（2）共用办公用品集中管控。如打印纸张、硒鼓等由综合部门统一采购。

（3）日常办公用品总量管控。日常办公用品，如笔记本、纸张、签字笔等具有品种杂、数量多、单价低、总价也低的特点，从成本效益原则来讲，适合总量控制，即匡算单人单月各项办公用品耗用标准，集中采购，按月领取。按部门人数总体把控，特殊部门，如技术部门等可结合部门特点给予倾斜。

13.4.4 差旅费用管控

差旅管理有三大特点：将在外不由帅、开支环境多样、历史难以复原。这三大特点带来差旅管理的多样化、复杂化。

企业千万不要轻视差旅费用的管理。事实上，差旅管理逻辑性强、条理清晰的企业，其主体管理一定也有较高水平。

差旅费用的管控内容较为丰富，涉及方方面面的细节，所以企业要有相关的制度与规范。笔者不再赘述，大家可以参考一些较为成熟的管理制度。

第十四章
应收账款管控

　　应收账款的实质可以看作赊销，是一种信用购买。因此，应收账款管控的核心就是客户信用管控，在对客户进行授信的同时，企业也要做好应收账款的记录和分析，避免应收账款影响企业正常运转，对于逾期应收账款，也要做好催收管控。

14.1 客户信用管控

客户信用管控是应收账款管控的核心。但当下很多企业为了扩大销售规模，而盲目采用赊销手段，导致商业信用被滥用，企业也因此面临极大的逾期和呆账风险。为此，企业必须做好客户信用管控，结合实务建立完善的信用政策。

14.1.1 应收账款管控现状

应收账款是指企业在正常的经营过程中因销售商品、产品、提供劳务等业务，应向购买单位收取的款项。

为扩大销售规模、提升行业地位，赊销手段必不可少。所以说应收账款是赊账销售的必然产物。

但企业对应收账款的态度却常常是"爱恨交织"。应收账款的增加预示着销售业绩的增长，增加的应收账款又预示着管理成本增长甚至呆坏账形成。

1. 应收账款管控现状

"政策不明、确认不清、逾期难回、呆账难活"，寥寥数语高度概括了应收账款管控现状。

销售政策不清晰或未能有效执行，一味追求销售业绩，客户把关不严，问题业绩的产生拖带出天生的问题应收账款。

应收账款和收入确认息息相关，因此，我方与客户方都应当按照企业会计准则规定进行确认，但在现实中，双方记录不一致的情况十分常见。

在商业信用被滥用的当下，准时回款的业务凤毛麟角，拖欠供应商货款似乎已经成为常态，而供应商也已习惯在售价中加入预估的坏账准备。

迫于业绩压力，加上商业大环境中的延期支付常态化、信用追究体系缺失等因素，应收账款催收难度也不断加大，逾期账款催收成本畸高，超期较长时间的呆账基本难以盘活。

2. 应收账款管控意义

虽然应收账款管控现实很残酷，但完善的应收账款管控却可以在协助业务扩展的同时，积极防范应收账款风险的发生。

按照收入确认节点划分，应收账款管控风险可分为先天控制风险和后天管理风险。针对先天控制风险的举措包括客户信用和销售政策（事前管理），针对后天管理风险的举措则包括应收确认（事中管理）和应收管催（事后管理）。

（1）对于先天控制风险，要"测成本、严规则、重把控、去侥幸"。合理测算应收账款逾期违约概率及管控成本，科学设定赊销政策，重点把控客户资质，去除"应该不会吧"的侥幸心理。

（2）对于后天管理风险，要"理原则、勤对账、临提示、逾紧跟"。要清晰我方收入确认与客户方应付确认的原则，合理安排客户对账工作，对临近到期应收账款要急切但不失礼节地提示催促，视账款逾期情形采取现场、律师函、诉讼等处理手法。

14.1.2 理论信用政策

理论信用政策主要包括信用标准、信用期间、现金折扣等 3 部分。

1. 信用标准

信用标准是指客户获得公司的交易信用所应具备的条件。如果客户达不到信用标准，便不能享受公司的信用或只能享受较低的信用优惠。

在设定客户信用标准时，通过"五 C"系统来评估客户信用品质的 5 个方面。

（1）品质（Character），是指客户信誉，即履行偿债义务的可能性。

（2）能力（Capacity），是指客户的偿债能力，即其流动资产的数量与质量以及与流动负债的比例。

（3）资本（Capital），是指客户的财务实力和财务状况，表明其可能偿还债务的背景。

（4）抵押品（Collateral），是指客户付款或无力支付款时能被用作抵押的资产。

（5）条件（Condition），是指可能影响客户付款能力的经济环境。

公司要做到客观准确的判断，关键在于及时掌握客户的信用资料。资料来源渠道主要包括以下方面。

（1）财务报表。财务报表即公司对预期的"准信用"客户索取或查询的近期资产负债表和利润表等报表。这些资料是公司进行分析评估的重要信息，公司可据此对赊销对象的资产流动性、支付能力以及经营业绩诸方面进行详尽分析并做出判断。

（2）银行证明。银行证明即客户向其开户银行申请出具信用状况的证明材料，如客户在银行的平均现金余额、贷款的历史信用信息等。

（3）公司间证明。一般而言，公司的每一客户对外会同时拥有许多供货单位，所以公司可以与同一客户有关的各供货单位交换信用资料，如交易往来的持续时间、提供信用的条件、数额以及客户支付货款的及时程度等证明。这些供货单位出具的书面证明，再加上必要的调查了解，可为公司对客户信用状况做出评价奠定良好的基础。公司可以从各种商业信用评级机构获取客户的信用评级资料。

2. 信用期间

信用期间是公司给予客户的付款期间。例如，某公司允许客户在购货后的50天内付款，则信用期间为50天。

信用期过短，不足以吸引客户，在竞争中会使销售额下降；信用期过长，对销售额增加固然有利，但只顾及销售增长而盲目放宽信用期间，所得的收益有时会被增长的费用抵销，甚至造成利润减少。

公司必须慎重考虑，规定出恰当的信用期。信用期的确定，主要是分析改变现行信用期对收入和费用的影响。延长信用期，会使销售额增加，产生有利影响；与此同时应收账款的机会成本、管理成本和坏账风险增加，产生不利影响。当前者大于后者时，可以延长信用期，否则不宜延长信用期。如果缩短信用期，情况与此相反。

3. 现金折扣

现金折扣指公司为加速应收账款回收，对客户提前付款行为予以奖励。现金折扣也能吸引视折扣为减价出售的客户前来购货，公司可借此扩大销售额。

现金折扣表达方式如"2/10，1/20，$n/30$"的形式：2/10 表示 10 天内付款，可享受 2% 的提前付款优惠，如原价为 10 000 元，只需支付 9 800 元；1/20 表示 10 ~ 20 天付款，可享受 1% 的提前付款优惠，如原价为 10 000 元，只需支付 9 900 元；$n/30$ 表示付款的最后期限为 30 天，此时付款无优惠，即按全价付款。

公司采用什么程度的现金折扣，要与信用期间结合起来考虑。不论是信用期间还是现金折扣，都能给公司带来收益，但也会增加成本。当公司给予客户某种现金折扣时，应当考虑折扣所能带来的收益与成本孰高孰低，权衡利弊，择优决断。

4. 理论信用政策点评

理论信用政策从逻辑上看毫无破绽，但也存在众多理论研究的一大硬伤，即存在实施假定瑕疵。理论信用政策的实施假定为市场友好、客户配合，然而现实可能并不如此。大多数行业仍处于客强供弱的状态，只有在极少数"巨无霸型"的垄断供应领域中，供应商才对客户有选择，客户才会全力配合。所以，理论信用政策存在以下实施难点。

（1）客户信息收集困难。信用标准设置思路毋庸置疑，但现实中，除非供应商异常强势且客户无其他选择，否则客户是不愿意提供报表信息、银行信息、合作单位信息等；供应商即使取得了，也难以确保信息的真实性。

（2）现金折扣不敢放出。现金折扣理论思路也毋庸置疑，但现实中，当客户获知有这样的现金折扣时，不会视其为融资让利费用，客户更相信这是供应商的价格让利空间，认为属于自己理应享有的，不管客户的信用期间多长，都会要求享有折扣且是最大折扣。这样，就增加了谈判和沟通难度，甚至失去客户。

基于此，理论信用政策只适合于规模庞大的垄断型公司，大多数公司不敢采用或不敢完全采用。

14.1.3　实务信用政策

实务中运用比较成熟的客户管理体系包括客户分类分级、客户信用调查、购货预付比例、信用额度控制、信用账期控制等手段。

1. 客户分类分级

客户分类分级即根据产品需求、行业类别、经销模式、客户区域、购销金额等方面对客户进行分类管理，同时根据贡献度等指标对同类客户进行分级管理。

在对客户分类分级的同时，制定出针对各类别各层级客户的差异化销售政策，确保每一个客户都有对应的类别和层级及对应的销售政策。

总而言之，不管如何分类分级，公司都是按照自身有利原则进行的。也就是说，公司按照获益原则对客户进行分类分级。

2. 客户信用调查

客户信用调查包括客户形式性审查和客户实质性审查。

（1）客户形式性审查主要是针对客户的身份证明类文件资料的收集，资料一般包括营业执照或自然人身份证等，是办理客户备案的基础性资料。

（2）客户实质性审查主要是对客户按照分类分级原则确定客户类级的过程。例如，某公司将客户分为经销商和终端客户，经销商又分为区域总代、省级代理、地区经销等，终端客户分为国企、外资、民营类等，同时对终端客户按照合作业务规模再予以分级。

3. 购货预付比例

预付款（或提货款）是客户在提货前支付的预付款项，设定依据就是涵盖公司产品部分成本，覆盖顺序依次为变动成本、生产成本或完全成本。可合理核算变动成本情况下，以变动成本为依据设置预付款比例；无法合理核算变动成本情况下，以生产成本或完全成本为依据设置预付款比例。

例如，某公司产品售价 100 元，产品变动成本为 55 元，占比 55%。那么预付款比例设定在 55% 上下浮动。如果采取扩张型策略，降低预付款比例可以吸引客户、扩大销售；如果采取稳健型策略，则将预付款比例维持在 55% 附近，降低公司应收账款风险；如果采取保守型策略，则预付款比例在 55% 基础上上浮，严控公司应收账款风险。

实务中，中小型公司一般就整体产品销售确定预付款比例，核算基础完善、管理要求较高的公司可以按产品类别甚至细化到产品设定预付款比例。

4. 信用额度控制

信用额度指授予客户的可无抵押占用的赊销金额，包括授予信用额度、已用信用额度、可用信用额度。三者关系：可用信用额度 = 授予信用额度 − 已用信用额度。

授予信用额度指授予某客户的总赊销信用额度，已用信用额度指该客户已经使用的信用额度，可用授信额度指该客户还可以使用的剩余授信额度。

例如，公司授予某客户 100 万元信用额度，客户本次购货 150 万元，按 40% 比例已支付预付款 60 万元，客户已占用信用额度为 90（150 − 60）万元，客户可用信用额度为 10（100 − 90）万元。客户又购货 100 万元，按政策须支付 40% 预付款，即 40 万元，需占用信用额度 60（100 − 40）万元，可用信用额度只有 10 万元，所以该客户再次购货时，要么提升信用额度，要么支付前款腾挪信用额度，要么多付预付款降低信用额度需求。

5. 信用账期控制

信用账期一般用天数表示，如 30 天表示双方确认交付标准日 30 天内结算，交付标准日期即信用账期起始日期，按日期先后排序包括离厂日期、到货日期、验收日期、开票日期、收票日期等。

各类起始日期先后反映了供客关系强弱排序。销售人员一定要做好跟踪并及时获取书面确认材料，尤其是对难以把控的收票日期，货物发出到收票日期间的时间段实际上属于额外赠予的信用账期。

信用账期还存在其他一些形式。月结表示本月末（或下月初）统一结清本月信用额度占用资金；次月结表示下月末统一结清上月信用额度占用资金；固定压货表示本次提货时须结清上次信用额度占用资金。这些形式往往界限模糊，容易导致呆坏账出现，要谨慎选用。

14.1.4 毛利信用额度

具体客户的信用额度如何确定呢？理论信用政策包括按注册资本、按净资产等设定，易确定难执行。

那么，企业该如何设定客户信用额度呢？首先我们必须明确，信用额度看似是一种销售扩张工具，其实也是一种风险控制工具。客户自身品质调查等更多作为是否和客户进行交易的判定依据，所以，究竟该授予客户多少信用额度，根本在于我们能从客户处获取多少边际贡献，也就是我们将要获取或已经获取多少销售毛利——"将要获取"主要针对新客户群体，"已经获取"主要针对老客户群体。

1. 新客户群体授信额度

信用评价为良好的新客户，如国有企业、外资企业、大型集团等可参照将要获取的销售毛利予以授信考虑。

信用评价为模糊或无法进行信用评价的零散小客户，先从现款销售做起，待经过一段时间，如半年的合作后，再根据已经获取的销售毛利予以授信。授信假定就是，即使收款困难甚至形成坏账，企业也不至于发生现金流损失。

2. 老客户群体授信额度

对于老客户，企业已经获取销售毛利，对其的授信额度可以参照过去一定时期，如半年内的销售毛利获取额度，对老客户重新调整授信额度。

14.2 应收记录管控

日常购销交易过程中，物料流（货物）、发票流（发票）、资金流（货款）

"三流"一致，账务流是围绕"三流"的账务处理环节。

14.2.1　物料流管控

【情景剧场：这批材料怎么入账】

会计小张：段经理，公司向甲供应商采购 A 产品，单价为 10 元/千克，公司过磅单显示 A 产品入库 9 780 千克，甲供应商出库单上显示为 9 800 千克，我们该按哪个算？

经理老段：数量按我们的过磅单算，金额按甲供应商金额算。

会计小张：上次向乙供应商购买的 B 产品，为啥数量和金额都按我们的算呢？

经理老段：这还不简单，甲供应商强势，必须按他们的出厂数量乘以单价计算总金额，他们不会理会我们过磅单记录的多与少的，对乙供应商，我们强势些，必须按照我们的入厂数量乘以单价计算金额。主要取决于供客关系的强弱了。

会计小张：这样呀，明白了。

物料流是应收记录管控的基本佐证，物料流就是产品从公司发往经销商或终端客户的过程。单从应收记录和确认依据来看，物料流包括货物离厂、货物交接、货物验收 3 个环节，其对应单据包括质量检验单、货物签收单、货物验收单等。

14.2.2　发票流管控

发票流是应收记录管控中最主要的票据佐证。发票流包括发票申请、发票交接、发票核销 3 个环节。

发票申请包括销售人员或内勤人员申请、销售部负责人或其指定人员审核、销售会计复核、财务部负责人审核、财务部开票员开票。

发票交接包括两种类型。

（1）公司财务部门与客户指定部门直接交接，即财务部门将发票直接交付或邮递至客户指定部门或指定人。

（2）公司财务部门与业务部门交接，再由公司业务部门直接交付或邮递至客户指定部门或指定人。

很多人对"发票核销"这个词语缺乏理解，认为发票开具了且交接了就已经足够。但是，我们该如何证明客户已经收到发票且确认无误呢？这就是发票核销的意义。发票核销指发票交接人员收到客户签认单后交付财务部开票人员核销。至此，整个发票流才完整且形成闭环，如表 14.2 - 1 所示。

表 14.2 - 1　发票流

序号	部门	岗位	工作概要	工作职责
1	销售部门	销售内勤	发票申请	据实填写发票申请单并附合同及发货验收单等依据资料
2	销售部门	部门经理	审核申请	审核开具合理性、金额准确性。未通过审核取消或返回序号1
3	财务部	销售会计	审核申请	审核开具合理性、金额准确性。未通过审核取消或返回序号1
4	财务部	财务经理	审批申请	形式性审核，未通过审核取消或返回序号1
5	财务部	开票员	发票开具	开具发票，将发票和签收单一并交销售内勤
6	销售部门	销售内勤	发票签收	在财务部发票台账中签领发票和签收单
7	销售部门	销售内勤	发票发出	将发票和签收单一并交付或邮递至客户指定人
8	销售部门	销售内勤	收签收单	客户签认发票签收单后回递至销售内勤
9	销售部门	销售内勤	发票核销	将客户回递的签收单交开票员并办理核销登记

14.2.3　资金流管控

资金流是应收记录管控中的重要环节。资金流管控类似发票流管控，是简化版的发票流管控，包括回款确认、收据交接、收据核销 3 个环节，如表 14.2 - 2 所示。

表 14.2 - 2　资金流

序号	部门	岗位	工作概要	工作职责
1			回款确认	业务员、销售内勤或出纳等最早知晓者通知其他方，以出纳确认为准
2	财务部	出纳	收据开具	开具收据，将收据和签收单一并交销售内勤

续表

序号	部门	岗位	工作概要	工作职责
3	销售部门	销售内勤	收据签收	在财务部收据台账中签领发票和签收单
4	销售部门	销售内勤	收据发出	将收据和签收单一并交付或邮递至客户指定人
5	销售部门	销售内勤	收签收单	客户签认收据签收单后回递至销售内勤
6	销售部门	销售内勤	收据核销	将客户回递的签收单交出纳并办理核销登记

14.2.4 账务流管控

严格意义来讲，不管是企业会计准则还是税收法规，销售收入、应收账款及纳税时点确认中均未将发票开具作为收入确认或纳税义务确认的条件之一，但由于发票特有的公信力及对收入确认的理解偏差，实务中很多公司尤其是中小公司以发票来确认收入。

所以，为账务记录发票开具情况，特设计发票开具会计凭证，借方表示开具发票的含税金额，贷方科目是一个平衡科目，即仅为账务平衡而设置，是所有客户发票含税金额的合计。

根据企业会计准则与税收法规的收入确认标准（见表14.2-3），账务流的管控应当如表14.2-4所示。

表14.2-3 企业会计准则与税收法规收入确认标准

序号	企业会计准则	税收法规
	《企业会计准则第14号——收入》第五条规定	《国家税务总局关于确认企业所得税收入若干问题的通知》（国税函〔2008〕875号）
1	合同明确了合同各方与所转让商品或提供劳务（以下简称"转让商品"）相关的权利和义务	商品销售合同已经签订，企业已将商品所有权相关的主要风险和报酬转移给购货方
2	合同有明确的与所转让商品相关的支付条款	企业对已售出的商品既没有保留通常与所有权相联系的继续管理权，也没有实施有效控制
3	合同具有商业实质，即履行该合同将改变企业未来现金流量的风险、时间分布或金额	收入的金额能够可靠地计量
4	企业因向客户转让商品而有权取得的对价很可能收回	已发生或将发生的销售方的成本能够可靠地核算

表 14.2-4　账务流

业务内容	摘要	科目	附件
确认收入	售某客户某产品	借：应收账款——应收（甲客户）	出库单、检验单、签收单
	售某客户某产品	贷：应交税费——应交增值税（销项税额）	
	售某客户某产品	贷：主营业务收入	
向客户开具发票	向甲客户开具发票	借：应收账款——开票（甲客户）	发票申请单、发票、发票核销单
	向甲客户开具发票	贷：应收账款——开票（开票总额）	
结转成本	结转产品销售成本	借：主营业务成本	月度成本结转表
	结转产品销售成本	贷：库存商品——A 产品	
银行收取货款	某银行某支行收甲客户货款	借：银行存款——销售商品收到现金	银行回单、合同收款页、我方开具收据存根
	某银行某支行收甲客户货款	贷：应收账款——应收（甲客户）	
承兑收取货款	承兑（号码）收某客户货款	借：应收票据	承兑票面打印件、合同收款页、我方开具收据存根
	承兑（号码）收某客户货款	贷：应收账款——应收（甲客户）	

14.3　应收分析管控

【情景剧场：应收账款成本之论】

公司王总：段经理呀，闲来无事，和你这个专业人士聊一聊应收账款都有哪些成本。

财务老段：王总，应收账款表示我们的资金被占用了，成本项目包括机会成本、管理成本、坏账成本。

公司王总：段经理不愧是行家，接着说。

财务老段：王总过奖了。机会成本是一个专业术语，就是说资金用在这里了，就不能用在其他地方了；管理成本就是公司为管理这些应收账款所产生的成本，包括客户信用调查、账款催收等耗费的成本；坏账成本就是应收账款确实无法收回形成坏账造成的损失。

公司王总：接着说，段经理。

财务老段：好的。例如我们有 100 万元应收账款，这 100 万元货物中变动成本占 60%，也就是 60 万元，每个月资金成本占 1%，那么每个月应收账款机会成本就是 6 000 元……

公司王总：等等，你这样算不对吧。

财务老段：王总，没问题，这都是多年的理论基础，错不了。

公司王总：公司明明被占用了 100 万元，为何只按 60 万元算呢？

财务老段：这……王总，您说的也是呀。

公司王总：段经理，管理成本我知道大意了，你接着往下说说坏账成本。

财务老段：好的，王总。坏账成本一般和应收账款成正比，也就是说应收账款越多，坏账成本发生就越多。

公司王总：慢着，我看也不一定吧，我们和同行张总的公司规模差不多，客户群体也差不多，但是为啥他们的坏账比我们少得多呢？

王总和段经理到底哪个更有道理呢？我们来看看应收账款管理成本。

14.3.1　传统应收成本

传统应收成本包括机会成本、管理成本和坏账成本。

1. 机会成本

机会成本指因资金投放在应收账款上而丧失的其他收入。成本大小通常与公司维持赊销业务所需要的资金数量（即应收账款投资额）、资金成本率有关。应收账款机会成本可通过以下公式计算得出。

$$应收账款机会成本 = 赊销业务所需资金 × 资金成本率$$

$$赊销业务所需资金 = 应收账款平均余额 × 变动成本率$$

$$应收账款平均余额 = 平均日赊销额 × 平均收账天数$$

应收账款机会成本综合计算公式为：

应收账款机会成本＝平均日赊销额×平均收账天数×变动成本率×资金成本率

平均收账天数一般按客户各自赊销额占总赊销额比重为权数的所有客户收账天数的加权平均数计算，资金成本率一般可参考现有市场融资利率并结合公司的资金期许确定。

2. 管理成本

管理成本是指公司因应收账款管理所发生的费用支出，主要包括客户信用政策设定费用、客户资信调查费用、信息收集费用、应收账款台账记录费用、应收账款催收费用及其他管理费用。

3. 坏账成本

坏账成本，即因应收账款无法收回而给公司带来的损失。坏账成本一般与应收账款金额同方向变动，即应收账款越多，坏账成本也越多。基于此，为规避发生坏账成本给公司生产经营活动的稳定性带来的不利影响，公司应合理提取坏账准备。

14.3.2　重识应收成本

随着企业管理的不断完善以及竞争环境的不断变化，我们也应当重识应收成本。重识应收成本，不仅要对机会成本、管理成本和坏账成本重新认识，还要认识传统应收成本中没有的一个成本——破窗成本。

1. 重识机会成本

机会成本资金占用基数与传统应收成本不同，客户占用的不仅是公司为应收账款投入的资金即变动成本，还包括公司产品附加值。所以计算机会成本的基础应该是应收账款原值（未提取坏账准备前的）。

2. 重识管理成本

管理成本基本与传统管理成本一致。

3. 重识坏账成本

传统理论认为坏账成本与应收账款规模成正相关关系，联系实际案例并深入思考后发现，这种说法的依据并不可靠。很多公司应收账款体量很大，但是坏账金额并不一定比体量小的企业多。

细细思量，我们发现坏账成本主要受3方面影响：市场环境、行业特点和销售风格。

（1）市场环境。繁荣阶段，大家资金都比较充裕，坏账发生较少；相反，市场环境收紧下行阶段，大家资金都异常紧张，坏账发生较多。市场风险基本属于不可控风险。

（2）行业特点。例如工程施工类行业，先行垫资开工，后期催账收款，坏账发生较多；例如零售行业，一手钱、一手货，基本不赊销，自然没有坏账成本。

（3）销售风格。信用政策、客户授信、应收记录、催收执行严谨的，坏账发生较少，因为把很多坏账隐患排除在业务合作之前；相反，政策随意、应收记录不严谨、催收执行散漫无力的，坏账发生不断。这些公司中，管理者急功近利，急于扩大销售规模、拓展市场份额，销售政策随口定、特批口子随意开。销售人员自然投其所好，有意或无意放松客户审查，甚至协助客户通过审查，帮着客户申请"最优最多"的利益——然而，所谓的"最优惠政策"却常常被刷新，这也正是破窗理论的写照。

4. 破窗成本

破窗成本难以衡量和量化，但是不等于不存在，是一种或有成本，即有可能发生的成本，那些后期发生坏账成本的在其未发生前的状态都属于破窗成本。所以说坏账成本是破窗成本的延续和爆发，一后一先、一明一暗。

只有信用政策、客户审查、应收记录、账款催收等设计严谨、执行严明，才能降低坏账成本和破窗成本。

总结来看，传统应收成本与重识应收成本对比如表 14.3 - 1 所示。

表 14.3 - 1　应收成本对比

项目	传统应收成本	重识应收成本
机会成本	与维持赊销业务所需要的资金数量（即应收账款投资额）及资金成本率有关	以应收账款原值被占用金额及时间为基数测算，可按年度平均原值乘以资金成本率
	＝平均日赊销额×平均收账天数×变动成本率×资金成本率	＝（期初应收原值＋期末应收原值）÷2×资金成本率
管理成本	主要包括对客户的资信调查费用、收集各种信息费用、应收账款账簿记录费用、催收账款所发生的费用、其他用于应收账款的管理费用	
坏账成本	因应收账款无法收回而给企业带来的损失。一般与应收账款金额同方向变动，为规避坏账成本给生产经营活动稳定性带来的不利影响，企业应合理提取坏账准备	现实中坏账损失并非与应收账款金额同向变动，看似偶发的坏账损失有其必然性，一般与客户信用调查不严格、信用额度授予不规范有关
破窗成本	未提及	不成熟的信用管理体系，客户信用管理、信用额度授予的底线时常被打破，业务人员更多希望获取新的信用底线，从而扩展客户，然而这些新底线客户往往是逾期乃至坏账的高发群体

14.3.3　应收台账管控

应收台账也叫销售台账，包括使用说明、客户信息表、物料信息表、序时登记账、出库单、客户对账单等信息。

1. 使用说明

应收台账的使用说明包括表格架构、填报要求等，一份优秀的应收台账，使用说明必不可少，一份好的使用说明，可让人随时学习理解，降低沟通成本。

2. 客户信息表

客户信息表一般包括客户名称、营业执照（或纳税识别号）、注册地址、联系人、联系方式、授信额度、所属区域、省级区域、业务部门、业务员等信息。

（1）客户名称必须是规范化的具有法律含义的名称，自然人为其身份证件姓名，非自然人为其营业执照或其他证件规范全称。

（2）开具增值税专用发票的还须增加开户银行、银行账户等信息。

（3）联系地址与注册地址不一致的还须添加联系地址。

3. 物料信息表

物料信息表一般包括物料编码、物料名称、通俗计量、规格型号、基础计量、物料大类、物料小类等信息，如表 14.3 - 2 所示。

表 14.3 - 2 物料信息表

序号	物料编码	物料名称	通俗计量	规格型号	基础计量	物料大类	物料小类
1							
2							
3							
4							
5							
6							
7							
8							
9							
10							

（1）通俗计量，是通俗化的计量基数。例如，以桶作为通俗计量单位。

（2）基础计量，是规范化的计量基数。例如，以千克作为基础计量单位。

（3）规格型号，是通俗计量与基础计量之间的桥梁，通俗计量乘以规格型号即可换算出基础计量基数。例如，某类产品每桶10千克，则50桶该产品 = 50（桶）×10（千克/桶）= 500（千克）。

4. 序时登记账

序时登记账为应收台账的基础部分，也是其核心部分，是出库单、客户对账单等格式表格的信息来源。

序时登记账一般包括日期、摘要、单号、客户名称、物料名称、通俗计量、规格型号、基础计量、单价、增值税税率、不含税金额、增值税税额、含税金额、注册地址、联系人、联系方式、授信额度、所属区域、省级区域、业务部门、业务员、物料大类、物料细类、发票号码等信息。

按照信息性质，信息可分为必备信息和引用信息两类，必备信息指本次业务必须录入的信息，引用信息指根据必备信息从客户信息表及物料信息表利用公式自动引入的信息。

必备信息包括日期、摘要、客户名称、物料名称、通俗计量、单价等信息，除此以外的信息均属于引用信息。实务中，企业也可将必备信息集中设置，虽然逻辑上不太严谨，但是便于输入信息。

需要注意的是，序时登记账的摘要、单号需遵循一定规则。

（1）摘要。摘要需注明销售与收款业务的3个项目，即发出、开票、收款情况。

（2）单号。单号可按照发出、开票、收款首字母 F、K、S 分为3类，每一类按照日期＋序号的排列方式确定。

5. 出库单

很多中小型企业由人工填制出库单，同时人工登记序时登记账，这其实相当于一份工作的重复工作，有些企业因此甚至不登记序时登记账。

利用 Excel 办公软件的强大公式功能，企业可以在销售台账中设置出库单模板、填入出库单号，出库单中的所有信息自动从序时登记账引用过来，出库单模板相当于一块黑板，可以反复使用。这个设计思路和理念对于中小型企业极为重要。

出库单的格式一般如表 14.3 - 3 所示。

表 14.3 - 3　出库单

××××科技有限公司出库单							
日期		业务员			单号		
客户全称							
收货地址及联系方式							
序号	物料名称	通俗计量	规格型号	基础计量	单价	含税金额	其他说明
1							
2							

续表

序号	物料名称	通俗计量	规格型号	基础计量	单价	含税金额	其他说明
3							
4							
5							
6							
7							
8							
9							
10							
	合计金额						
备注	第一联为销售存根联，第二联为仓储出库联，第三联为储运结算联，第四联为客户留存联，第五联为客户签认即财务联，第六联为机动联 本单由客户指定收货人签字确认，并由客户承担法律责任						

收货人：　　　财务：　　　储运：　　　仓库：　　　销售：

6. 客户对账单

客户对账单的设计原理类似出库单，有了序时登记账这个基础信息来源，企业可以如设置出库单一样，设置自动获取客户对账单。

客户对账单的格式一般如表14.3-4、表14.3-5所示。

表14.3-4　客户对账单——正面

××××科技有限公司客户对账单——正面

客户名称		所属区域	
对账日期		业务员	
联系地址		回函地址	
联系人		回函收件人	
办公电话		办公电话	
传真电话		传真电话	
移动电话		移动电话	
起算日期		期初应收	
累计发货		累计收款	
截止日期		期末应收	

续表

××××科技有限公司客户对账单——正面

期末应收（大写）	
备注	

1. 对账相符（签章）	2. 对账不相符，请列明不符项目并签章
经办人： 年 月 日	经办人： 年 月 日

感谢贵司一直以来对我司工作的大力支持，现呈送贵司交易对账单，敬请核对。如相符，请在对账相符栏内加盖贵司公章（或财务专用章）；如不相符，请在对账不相符栏内书写不符事项，并加盖贵司公章（或财务专用章）。

请确认无误后三个工作日内签字盖章回函至我司，逾期未回的我司视为贵司默认，请如期安排付款。如遇纠纷交由我司所在地法院裁决。

郑重提示：我司严禁业务员收取货款，敬请贵司特别留意，将货款直接汇至我司规定账户，如因业务员收取贵司货款而导致贵司对账明细不相符的，我司不承担任何法律责任。

××××科技有限公司（签章）
年 月 日

表 14.3-5 客户对账单——背面

××××科技有限公司客户对账单——背面

起止日期发生明细列示

序号	日期	摘要	货品名称	规格	单位	数量	单价	金额	单号	备注	其他说明
1											
2											
3											
4											
5											
6											
7											
8											
9											
10											
11											
12											
13											
14											

×××科技有限公司客户对账单——背面

起止日期发生明细列示

序号	日期	摘要	货品名称	规格	单位	数量	单价	金额	单号	备注	其他说明
15											
16											
17											
18											
19											
20											
21											
22											
23											
24											
25											
26											
27											
28											
29											
30											

7. 台账审核确认

按照内部牵制原则，销售部门登记的台账必须由财务部门审核确认，要建立台账审核确认签认制度。

应收台账审核确认表由销售内勤保管并组织签认，年末自留原件，将复印件交销售会计保管，如表14.3－6所示。

表14.3－6　应收台账审核确认表

年度

月份	发出金额	开票金额	回款金额	销售内勤	销售经理	销售会计	财务经理	备注
1								
2								
3								
4								

续表

月份	发出金额	开票金额	回款金额	销售内勤	销售经理	销售会计	财务经理	备注
5								
6								
7								
8								
9								
10								
11								
12								

14.3.4　应收分析实施

应收分析管控的三大判断指标就是账龄分析、周转分析与逾期分析，除此之外，企业还可根据实际需求创设性地设计其他指标，如赊销金额销售比、应收毛利占比、回款收入协同率、回款收入增长协同率等

1. 应收账款账龄分析

应收账款的账龄越短，意味着企业能够更快拿到对应的资金。基于应收台账的基础信息，企业就可以经过多样的账龄分析，制作应收账款账龄分析表，更加灵活地进行账龄设置。

（1）先进先出。先进先出假定指先产生的应收账款先被归还，类同于存货的先进先出原理。

（2）区间设置。会计师事务所审计时一般设置1年以内（含1年）、1～2年（含2年）、2～3年（含3年）、3～4年（含4年）、4～5年（含5年）、5年以上等账龄区间。

企业做管理分析时一般设置1个月以内（含1个月）、1～3个月（含3个月）、3～6个月（含6个月）、6～12个月（含12个月）、12～18个月（含18个月）、18～24个月（含24个月）等更加细化的区间。

（3）截止日期。会计师事务所审计时起算日期一般为审计期末。

企业做管理分析时起算日期一般可为年末、季末、月末甚至某个分析日期。应收账款账龄分析表如表 14.3 – 7 所示。

表 14.3 – 7　应收账款账龄分析表

序号	客户名称	应收金额	1个月以内（含1个月）	1~3（含）个月	3~6（含）个月	6~12（含）个月	12~18（含）个月	18~24（含）个月	24~26（含）个月	26个月以上
1										
2										
3										
4										
5										
6										
7										
8										
9										
10										

2. 应收账款周转率

应收账款周转率是分析应收账款管控水平的主要指标，其计算公式为：

应收账款现金周转次数 = 应收账款贷方发生额 ÷ 平均应收账款原值

应收账款现金周转天数 = 平均应收账款原值 × 360 ÷ 应收账款贷方发生额

应收账款贷方累计发生额反映本期应收账款收到的货币资金、应收票据及其他类型（如货物抵债、应收账款冲销等），表示本期应收账款回款金额，且应收账款回款金额、期初应收账款原值、期末应收账款原值均包含增值税金额，期初（末）应收账款原值未包括计提的坏账准备。

应收账款现金周转次数较传统的应收账款周转率更能反映应收账款周转效率。

3. 逾期应收分析

应收账款发生逾期的根本原因无非两种情形：客户没钱还、客户有钱却不想还。逾期应收账款属于特殊类应收账款，必须重点关注，金额大的还必须专项关注。逾期应收分析并非单纯的指标类分析，更要分析如何收回逾期应收账款。

（1）小金额的逾期应收。分析其回款可能，并结合催讨成本，确定是否放弃。

（2）大金额的逾期应收。分析客户状态，采取专户专策，要具体问题具体分析，找到客户的软肋和痛点，果断采取措施保障企业利益。

4. 赊销金额销售比

赊销金额销售比的计算公式如下。

$$赊销金额销售比 = 赊销销售收入 ÷ 全部销售收入 × 100\%$$

赊销金额销售比反映赊销收入占全部收入的比例，理论上该比例越小越好，实务中却不一定如此，如风险承受能力脆弱的小微企业赊销比例就较小。

分析该比例要和行业做横向对比、和自己做纵向对比，借以观察销售政策执行情况及其变化。

5. 应收毛利占比

应收毛利占比的计算公式如下。

$$应收毛利占比 = 应收账款所含毛利 ÷ 应收账款金额 × 100\%$$

很多人认为这个指标难以计算，但在台账基础和核算基础完善的企业，每一笔收入的毛利都是可获得的，这一指标是可以取得的。

即使存在部分数据瑕疵，应收毛利占比指标的计算分析也能给企业应收账款管控带来一定启发。

6. 回款收入协同率

回款收入协同率的计算公式如下。

$$回款收入协同率 = 应收账款贷方发生额 ÷ 应收账款借方发生额 × 100\%$$

应收账款贷方累计发生额反映本期应收账款收到的货币资金、应收票据及其他类型（如货物抵债、应收账款冲销）等。

应收账款借方累计发生额反映本期营业收入及销项税金带来的应收账款

增加。

回款收入协同率大于1，说明回款领先于收入（含税金）；回款收入协同率小于1，说明回款落后于收入（含税金）。回款收入协同率越偏离1，说明回款或收入某方出现了重大影响事项。

值得注意的是，因为回款与收入存在时间差，所以该指标存在一定误差。为充分展现误差，假定某公司账期为3个月，本季度销售全部在下季度回款，每一季度均比上季度增加100万元。其回款收入协同率的计算如表14.3-8所示。

表14.3-8　回款收入协同率计算

金额单位：万元

项目	上年四季度	一季度	二季度	三季度	四季度	次年一季度	年度
回款	800.00	900.00	1 000.00	1 100.00	1 200.00	1 300.00	4 200.00
收入（含税金）	900.00	1 000.00	1 100.00	1 200.00	1 300.00	1 400.00	4 600.00
回款收入协同率	88.89%	90.00%	90.91%	91.67%	92.31%	92.86%	91.30%

由表14.3-8可知，各季度和年度的回款收入协同率均在90%左右，但如果将合理账期考虑进去，该公司的比值应该为100%，这就是该指标运用中的时间差异瑕疵。

该指标通过对回款与收入匹配关系的分析来揭示存在重大销售政策策略风险的可能。

7. 回款收入增长协同率

回款收入增长协同率的计算公式如下。

回款收入增长协同率 = 应收账款贷方增长率 ÷ 应收账款借方增长率 × 100%

回款收入增长协同率大于1，说明回款增长速度领先于收入（含税金）增长速度；回款收入增长协同率小于1，说明回款增长速度落后于收入（含税金）增长速度。回款收入增长协同率越偏离1，说明回款或收入某方出现了重大影响事项。

结合上述案例，回款收入增长协同率的计算如表14.3-9所示。

表 14.3 −9　回款收入增长协同率计算

金额单位：万元

项目	上年四季度	一季度	二季度	三季度	四季度
回款	800.00	900.00	1 000.00	1 100.00	1 200.00
收入（含税金）	900.00	1 000.00	1 100.00	1 200.00	1 300.00
回款增长率		12.5%	11.1%	10.0%	9.1%
收入（含税金）增长率		11.1%	10.0%	9.1%	8.3%
回款收入增长协同率		112.6%	111.1%	109.9%	109.6%

14.4　应收催收管控

应收账款一旦形成，就要在加强日常管理的同时关注催款力度，尽可能降低资金被客户占用的成本，减小企业资金压力。

"催款难"的现象在各行各业广泛存在。但对供应商而言，既要催回货款，也要和客户保持良好关系。因此，企业要在应收账款催收管控中引入更多的技巧，确定合理的收账策略，促使客户愿意偿还货款，同时给客户施加适当压力。

（1）对尚未到期的客户，可措辞婉转地临期提示。

（2）对逾期较短的客户，不便过多地打扰，以业务、财务电话或信函通知即可。

（3）对逾期较长的客户，应频繁地进行催收。

（4）对故意不还或上述方法无效的客户则应诉诸法律。

14.4.1　应收账款对账

应收台账记录是对账的基础，对账是催收的基础。账面不清、核对不勤，极易造成企业利益损失，所以应收账款对账极为重要。

应收账款对账是一个内外沟通配合的过程，尤其是供应商往往处于业务沟通弱势方。所以周期应合理，不宜短，也不能过于长。对账周期包括定期对账和临时对账，如表 14.4 - 1 所示。

表 14.4 - 1 对账周期

定期对账	年度对账	必须进行
	半年度对账	有条件可执行
临时对账	临时集中对账	审计、评估等原因
	临时个别对账	针对个别客户

在应收账款对账过程中，企业也要注意对账差异的存在，如表 14.4 - 2 所示。

表 14.4 - 2 对账差异

差异类型	企业方	客户方
时间性差异	月末发货开票	次月初收货收票
	次月初收款	月末付款
政策性差异	发货确认收入暨应收	收货未收票前按不含税金额暂估应付
历史性差异	无法说清的差异	

（1）时间性差异。同一事项因先后顺序双方记录期间不同而导致，在对账单签认清晰即可，双方均无须调整账务。

（2）政策性差异。根据《增值税会计处理规定》（财会〔2016〕22 号）规定二（一）4："货物等已验收入库但尚未取得增值税扣税凭证的账务处理。一般纳税人购进的货物等已到达并验收入库，但尚未收到增值税扣税凭证并未付款的，应在月末按货物清单或相关合同协议上的价格暂估入账，不需要将增值税的进项税额暂估入账。"

也就是说，供应商将货物发出但未开具发票，客户收到货物且验收入库但未收到发票。这种情况下，按照企业会计准则和税收法规规定，供应商须确认应收，客户须确认暂估应付，供应商应收为含税额，客户暂估应付为不含税额。对于同一事项，双方均规范确认，却存在对接差异。多笔业务交错，客商往来对账将更加复杂。

（3）历史性差异。在长期的合作过程中，双方可能存在一些存在久远、一直未决的差异。这种顽疾性差异须双方沟通处理。

 【情景剧场：对账】

第一幕

财务老段：王总，我们和供应商张总公司的账对不上了。

公司王总：我们账上欠张总公司多少钱？

财务老段：我们账面欠 15 万元，可是我们心里都没有底，也没敢和张总公司对账。

公司王总：（拨通张总电话）喂，张总呀，最近我们资金有点紧张，欠你那 12 万元缓一缓吧。

供应商张总：不对吧，王总，贵司欠我们不止 12 万元吧，我印象应该有 25 万多元。

公司王总：啊，怎么可能这么多？这样吧，张总，你们把清单全部列出来我们看下。

供应商张总：好的好的（好险呀，差点被王总坑了）。

第二幕

供应商张总公司

供应商张总：老李呀，王总公司欠我们多少钱？

财务老李：张总，王总公司欠我们 18 万多元。

供应商张总：好险呀，王总他们公司估计对不清账了，我给他们讲 25 万多元。这样吧，你组织下，按高标准整理和王总公司的往来清单，能加就加点。

财务老李：这……

供应商张总：这什么这，按我说的办。

第三幕

王总公司

公司王总：老段，张总公司的清单来了，我们欠 26 万多元。你们组织核对下。

财务老段：（一天后）王总，我们核对好了，我们欠张总公司 23 万多元（心里独白：不知道欠多少，好多业务都是我的前任和前前任期间发生的）。

公司王总：好的，我看看，这个老张。

公司王总：（拨通张总电话）喂，张总呀，我们核实了下，没有那么多呀，我们只欠 23 万多元。再就是，我们合作这么长时间了，那 3 万多元的零头就算了吧，直接抹平。

供应商张总：不是 26 万多元吗？也是，张总开金口，抹平就抹平吧，但有个前提，这个礼拜帮我们全部解决了。

公司王总：好呀，这么说定了，这个礼拜我给你安排付款。

供应商张总：好的，王哥（哥都叫出来了），感谢。

12 万元、15 万元、18 万元、23 万元、25 万元、26 万元，这些数字哪个是真的？也许都不是真的，这些场景的后续或许还有其他发展方向……

14.4.2 应收临期提示

很多企业对应付账款的心态十分矛盾。

（1）由于自身资金压力，对企业应付的款项希望尽量晚付。

（2）认为企业压供应商的款是市场常态，无须按期付款。

（3）付款安排缺乏计划，哪个供应商催得急促，就先安排付款。

上述矛盾心态正是商业信用被滥用的体现。为了应对这种矛盾心态，作为收款方，企业就要做好应收账款临期提示。

（1）当应收日期临近时，业务人员提前一周左右登门拜访或电话联络，向客户友好提示付款日期，侧面探问客户资金安排状况。

（2）当应收日期将至时，业务人员的催促跟踪频率就要变高。

14.4.3 逾期应收催收

对于逾期应收账款应视其逾期时间及逾期性质采取不同的催收策略。

（1）逾期较短的，需考虑客户暂时性资金困难的情况，业务员可以与财务人员联名发出催收函件。

（2）逾期稍长的，则应转交公司综合部门或法务部门处理，以公司名义发函。

（3）逾期时间更长的，则可以交由公司法律顾问处理，以律师事务所名义出具沟通函件。

14.4.4　呆账重组诉讼

对于长期呆滞应收账款，应根据其款项性质确定处理策略。

（1）客户出现资金周转暂时困难，如果企业对客户立即求偿，那么不仅有可能增加客户的困难，使客户无法摆脱债务，企业也遭受坏账损失，特别是对于双方有长期合作关系的客户，企业的损失将更大。因此，当客户发生暂时财务困难时，双方可寻求重组方式来清偿债务。对于沟通较好、资金困难的客户，可采取债务重组思路处理，即以款项部分回收为目的，双方沟通妥协，通过部分减免、以物抵债等债务重组方式处置。

（2）对于消极应对、不理不睬的客户，可诉诸法律，通过诉讼解决。这种处理方式的关键不在于法律诉讼的成败，而是表明企业对待此类呆滞应收款的态度，防范其他客户效仿。

第十五章
存货管控

　　虽然精益生产理念认为"库存是万恶之源"，但在实务中，企业却很难实现真正的零库存管理。那么，面对难以消除的存货，企业就必须建立完善的存货管控体系，加速存货周转，避免存货积压，让每一件存货都发挥出应有的价值。

15.1 存货编码管控

存货编码管控是存货管控的基础。有效的编码制度，既便于企业进行存货分类和盘点，也有利于存货的规范领用。

15.1.1 存货 ABC 管理

企业存货品种繁多，有的存货尽管品种数量很少，但金额巨大，如果管理不善，将造成极大损失。有的存货虽然品种数量繁多，但金额微小，即使管理中出现一些问题，也不至于产生较大影响。

无论是从管理能力角度还是经济角度，企业均不可能也没有必要对所有存货一视同仁、不分巨细地严加管理。ABC 分类管理正是基于这一考虑应运而生，其目的在于使企业存货管理分清主次、突出重点，以提高存货管理整体水平与效果。

ABC 分类管理是按照一定标准将存货划分为 A、B、C 三类，分别实现重点管理、一般控制和总量管理的存货管理办法。

1. 存货 ABC 分类标准

分类标准主要有两个：一是金额标准，二是品种数量标准。金额标准为基本标准，品种数量标准为参考标准。

A 类存货的特点是金额巨大，但品种数量较少；B 类存货金额一般，品种数量相对较多；C 类存货品种数量繁多，但金额却很小。一般而言，三类存货金额比例大致为 A∶B∶C = 0.7∶0.2∶0.1，而品种数量比例大致为 A∶B∶C = 0.1∶0.2∶0.7。

A 类存货占用绝大多数的资金，企业只要能控制好 A 类存货，基本上不会出现较大的问题。由于 A 类存货品种数量较少，企业完全有能力按照每一个品种进行管理。

B 类存货的品种数量多于 A 类存货，企业通常没有能力对每一具体品种进行控制，因此可通过划分类别的方式进行管理。

C 类存货尽管品种数量繁多，但所占金额极少，企业只需要把握金额即可。

2. 存货 ABC 具体划分

存货 ABC 具体划分过程可分为 3 个步骤。

（1）列示企业全部存货明细表，并计算出每种存货的金额及占总金额百分比。

（2）按照金额由大到小排序并累加计算金额百分比。

（3）当金额百分比累加到 70% 左右时，以上存货视为 A 类存货，金额介于 70% ~ 90% 的存货作为 B 类存货，其余作为 C 类存货。

存货 ABC 分类管理具有广泛指导意义，企业可根据自身实际及管理需求灵活掌握。其中，金额比重也可根据行业特点、管控风格灵活微调，或可以增减分类层级、调整类别比重。

15.1.2　存货编码原则

企业为适应市场发展和客户需求，要不断开发出新产品，存货种类不断增加。为了提高存货管理的质量和效率，存货必须规范名称、分类编码，存货实物与编码必须一一对应，等同使用。

实务中，存货编码的规范不尽人意，常常出现一物多码的情况，各个部门难以有效实时掌握存货库存状态，导致存货周转慢且易造成存货积压。同时存货编码的混乱也是企业资源计划（Enterprise Resource Planning，ERP）软件运行不畅甚至失败的主要因素。

很多企业常常会产生疑问：为什么会出现一物多码却很少出现多物一码的现象呢？

多物即不同的物，如果给予某个新物料一个已被使用的编码，系统会提示且无法保存，所以多物一码较少。

一物即相同的物，存货入库时，该存货已存在规范编码，但疏忽或其他原因导致被确认为新存货，且这样做不严格追查也貌似符合"一一对应"原则，职责风险较低，所以容易出现一物多码。

既然大家都知道存货物码一一对应的重要意义，但为何做得很艰难？这是因为，很多企业不知道根据什么原则来确定实物与编码的对应，未能掌握存货编码的方法。

1. 核心原则：存货实地收发存原则

以存货实地收发存管理为编码唯一依据。例如，企业为确保质量追溯，对于外形、规格、质地相同但供应商不同的零部件，在编制物料清单、生产领用时须分开，应赋予不同的编码；同样的，如果有些物料外形、质地存在微小差异，但是可以混同存放、领用、盘点，那么就应赋予同一个编码。

存货实地收发存管理原则，理顺了物码对应思路，属于存货编码核心原则。

2. 其他原则

在存货编码过程中，我们还需要关注以下原则。

（1）唯一性原则。一种物料只能有一个编码，同样一个编码只能对应一种物料。

（2）协同性原则。在存货整个进销存过程中，物料与编码必须一一对应，所有环节中的部门或人员必须规范使用。协同性原则是对存货编码使用的要求。

（3）分类性原则。物料编码分类分层管理。例如，将存货分为原材料、半成品、包装物、产成品等。

（4）终身制原则。即使某物料以后不再使用，其编码也不能重新分配给其他物料。

（5）严谨性原则。所有物资编码工作由专人负责，即专人申请、专人审核，以便保证其准确性。

（6）简单性原则。编码必须简单易记，编码长度应该短小精悍。

（7）扩展性原则。确定编码规则及编制编码时要有前瞻性，要预留一定的扩展空间。

15.1.3　存货编码转换

同一种物料同一个编码，但因为供应商不同，同一种物料可能采购名称不同、规格型号不同，这就需要企业在物料进厂时将其转变为规范名称和编码。

（1）采购环节转换。在签署采购协议时，企业就应当注重以己方规范名称为准，供应商有其特定名称可以进行备注；与之相对的，即使以供应商特定名称签署，也必须备注己方规范名称。

（2）入库环节转换。在物料入库时，如发现未以己方规范名称签署、也未备注己方规范名称的，仓管人员需在物料入库环节转换，以企业规范名称填写入库单，同时备注协议中的名称。

15.1.4　存货规范领用

【情景剧场：令人痛心的中厚板】

仓储老李：真痛心，每次卖废旧钢材的时候都感觉浪费严重。

财务老段：中厚板入库后直接放在车间，车间工人直接取材。但工人们呀，怎么顺手怎么来，所以每次都感觉中厚板没有用尽、用足量。

仓储老李：关键月末还没办法盘点，说他们也没人听。

公司王总：是呀，这是一个难题，怎么解决呢？老段，你想个办法。

财务老段：王总，我们设定一个中厚板废次率来考核车间，而且以正向考核为主，达到什么样的废次率，奖励班组多少钱。

仓储老李：为啥要奖励他们呀？

财务老段：对一线人员要讲究策略，他们喜欢直来直去，奖励金额可能不一定很多，也就是汽水钱，但是可以获得他们的认可，他们做事就会积极许多。

企业存货规范领用要坚持以下原则。

（1）大宗存货计划领用。在物料清单上会写明做某个产品需要哪几种材料，每种材料的标准用量是多少。生产部门根据物料清单填制定额领料单去仓库分批领料，仓库在发料的同时做相应的记录工作，扣减领料单位、领料人可领用数量，领料定额用完了就不能再领了，从源头严格控制材料消耗。

（2）零星存货周期领用。对机物料类零星耗用存货设置领用周期及领用量，总量把控、周期领用即可。

（3）特殊存货实时领用。部分存货离开了特殊存储环境以后，容易发生变质、生锈等损耗情况，还是分批领用妥善一些。

（4）生产缺料一次领用。如同政务行政管理中的一次告知原则，缺料领用只给生产部门一次机会，不加管控的话，生产一线人员会非常随意，随缺随领，毫无组织计划性。

（5）多余存货及时退还。生产完成后，多余的存货及时退还仓储部门，以免丢失变质等。问题材料也是如此，随时发现、及时更换。

15.1.5　存货盘点

【情景剧场：盘点风波】

经理老段：小王呀，这次存货盘点咋样，都顺利吧？

会计小王：大部分都好，就是盘到备品备件库盘不清楚了。

经理老段：这是为啥呢？

会计小王：备品备件库管老李，人是好同志，就是好说话，自己又不动，都是领料人自己去取，结果，怎么顺手怎么取，同一件物料出现好多半箱子，且摆放位置还乱了。最后大家总算是通过整理加盘点才做好，本来1个小时就好了，结果大半天才做完。

经理老段：这个老李，怎么能这样呢？你把这条意见写进盘点报告，我也让仓储主管老刘提醒下。

存货盘点是对存货实物的数量清点及状况摸排，是确保存货安全性的重要举措。企业可以制作存货盘点表对存货盘点进行记录，如表15.1－1所示。

表 15.1-1 存货盘点表

盘点时点　　　年　月　日

序号	存货编码	存货名称	通俗计量	规格型号	基础计量	账面数量	实际数量	差异数量	存放地点	存货状态	备注
1											
2											
3											
4											
5											
6											
7											
8											
9											
10											
11											
12											
13											
14											
15											
16											
17											
18											
19											
20											

审核人：　　　　　盘点人：　　　　　编制日期：

盘点周期根据 ABC 管理原则，A 类存货必须月度盘点，B 类存货必须季度盘点，C 类存货必须年度盘点。企业也可根据自身实际设定 B 类和 C 类存货的盘点周期。

15.2 存货记录管控

存货的每一次出入库都应当有相应的记录。企业要记录的不仅是物料的流动，还要包括随物料流动而发生的发票、资金流动。确保"三流"一致是规范存货管控的核心。

15.2.1 物料流管控

物料流是存货记录管控的基本佐证，物料流就是材料从仓库到生产车间、成品从车间到仓库的过程。单从存货记录和确认依据来看，物料流包括材料领用、成品入库两个环节，其对应单据则包括材料领用单、成品检验单、成品入库单等。

15.2.2 发票流管控

发票流是存货记录管控中的主要票据佐证。发票流包括发票收取、发票认证两大环节。

发票收取包括两种类型：一是供应商指定部门直接交付企业财务部门；二是供应商指定部门直接交付企业采购部门，企业采购部门统一交付企业财务部门。

发票认证指财务部门将发票在税务机关增值税系统辨识确认并据以抵扣进项税额的过程。

收到发票当月未认证的，可以当月入账，未认证的发票不可以确认进项税，但不含税的部分可以照常入账，如果未付款，进项税不入账，如果已经付款，进项税部分挂预付账款。

发票流的具体管控内容如表 15.2 - 1 所示。

表 15.2 - 1　发票流管控

序号	部门	岗位	工作概要	工作职责
1	采购部门	采购内勤	发票收取	收取供应商发票并登记收取发票明细表
2	采购部门	部门经理	审核发票	对照发票审核收取发票明细表并签认
3	财务部门	采购会计	审核发票	对照发票审核收取发票明细表并签认，确认供应商发票签认表交采购内勤
4	财务部门	税务会计	发票认证	认证发票并将本月发票认证明细表反馈给采购会计
5	财务部门	采购会计	账务处理	根据本月发票认证明细表及待抵扣发票进行账务处理

15.2.3　资金流管控

资金流管控是存货记录管控中的监督举措，包括付款申请、款项支付两大环节。资金流管控如表 15.2 - 2 所示。

表 15.2 - 2　资金流管控

序号	部门	岗位	工作概要	工作职责
1	采购部门	采购内勤	付款申请	填写请款单，附入库单、验收单、合同付款页等办理申请
2	采购部门	采购经理	付款审核	审核业务完整性、付款合理性。未通过审核取消或返回序号1
3	财务部门	采购会计	付款审核	审核业务完整性、付款合理性。未通过审核取消或返回序号2
4	财务部门	财务经理	付款审核	审核是否有资金计划。未通过审核取消或返回序号2
5		总经理	付款审批	审批
6	财务部门	出纳	付款发起	审核权签是否完整。通过审核则发起网银支付，未通过审核则返回序号1
7	财务部门	资金审核	付款审核	审核权签是否完整、金额是否相符。通过审核则通过网银支付，未通过审核则退回出纳

15.3　存货分析管控

科学的存货管控，同样需要借助各种指标进行。其中，存货周转率是存货分析管控的主要指标，通过存货库龄分析则能有效防范存货积压的问题。在存货分析管控体系下，企业各部门也都应当从不同角度担起职责。

15.3.1　存货周转率

存货周转率是存货分析管控的主要指标，具体应用中，主要使用材料周转率和成品周转率这两项指标。

1. 材料周转率

材料周转率的计算公式如下。

材料周转次数 = 直接材料 ÷ 平均材料余额

材料周转天数 = 平均材料余额 × 360 ÷ 直接材料

平均材料余额 = (期初材料余额 + 期末材料余额) ÷ 2

生产成本直接材料累计发生额反映本期材料物化至成品的金额，表示本期材料消耗金额，所以材料周转率弥补了传统的存货周转率的不足，反映材料周转效率。

2. 成品周转率

成品周转率的计算公式如下。

成品周转次数 = 营业成本 ÷ 平均成品余额

成品周转天数 = 平均成品余额 × 360 ÷ 营业成本

平均成品余额 = (期初成品余额 + 期末成品余额) ÷ 2

营业成本累计发生额反映本期成品销售成本结转金额，表示本期成品出库金额，所以成品周转率较传统的存货周转率更能反映出成品周转效率。

15.3.2　主要存货库龄

根据 ABC 管理原则，对于 A 类或重要的 B 类存货必须建立健全库龄记录管控，对于超龄存货必须单独分析并上报。存货库龄分析表如表 15.3 – 1 所示。

表 15.3－1　存货库龄分析表

序号	存货编码	存货名称	通俗计量	规范型号	基础计量	1个月以内（含1个月）	1~3（含）个月	3~6（含）个月	6~12（含）个月	12个月以上
1										
2										
3										
4										
5										
6										
7										
8										
9										
10										

15.3.3　存货管控职责

存货管控是一项综合性工作，非单部门或少数人参与就可以完成，存货流转中涉及的部门都需要认真对待。

（1）销售部职责：做好市场预测和销售计划；落实客户需求，包括产品规格、技术标准、检验标准、数量、外观包装等各方面的要求，目的是减少退货、争议；紧密联系客户，一旦客户要求变更产品规格，则要以书面形式通知公司；一旦客户订单缩减，赶紧通知生产部减少备货、通知采购部减少备料。

（2）技术部职责：材料设计标准化，减少特殊规格的材料使用（因为特殊规格材料采购量小、采购单价贵、交货期比较长）；产品设计时充分考虑提升材料利用率；简化产品设计，尽量用价廉材料，优选就近采购；研究替代材料的可行性和本材料的其他用途。

（3）采购部职责：遴选供应商，材料的料源选择、样品核准、进料验收、退货追踪。

（4）生产部职责：做好生产计划，保持产销协调；规范领料计划，确保领用数量合理，对易损、易变质、易丢失材料随用随领，对其他材料合理安排次数，杜绝随意领料；加强车间存放物料的领用管控；规范成品入库手续，尤其是车间直接发货产品，即使实物未入库，也要发起办理成品入库手续。

（5）仓储部职责：做到存货区划设置合理，摆放整洁；规范存货领发手续，做到先到先发；做好安全防范，防火防盗。

15.4　积压存货管控

积压存货不仅意味着企业资金的积压，还可能导致存货贬值、存货损毁等损失。在存货管控中，企业尤其要注意积压存货的管控，对积压存货进行及时消化和处置。

15.4.1　积压存货分类

存货积压的发生原因多种多样，但归根结底，积压存货产生的主要原因还是内部沟通出现问题。具体而言，企业需要将存货进行分类并区别看待。

1. 按类别区分

（1）积压材料。积压材料的产生主要有以下原因：超计划采购；产品设计变更；重复采购；产品设计未参照现有库存，未考虑消化现有库存；一物多码导致仓储账实差异等。

（2）积压产品。积压产品的产生主要有以下原因：超计划生产；产品退货长期未处理等。

2. 按质量区分

（1）闲置存货，指存货质量没有问题，但是目前或其质保期内或其他可预见期间（如半年内）暂时没有使用需求的存货。

（2）废旧存货，指年限久远，或近乎报废的存货。

15.4.2 积压存货盘点

存货应每月进行盘点，按照关注度区分为常规材料盘点和积压存货盘点。积压存货盘点除了常规存货盘点的账实相符目的外，更重要的目的则在于存货辨识，对积压存货进行分类，并出具相应处理意见。

15.4.3 积压存货消化

积压存货消化一般用于闲置存货处置，属于积极处置举措，由技术部门主导消化，技术部门在产品设计及物料清单编制过程中优先考虑积压存货的利用与消化。

闲置存货的质量和功能是没有问题的，但很多企业的技术部门或仓储部门却不敢主动使用闲置存货，害怕影响成品质量。此时，企业就应当形成完善的积压存货消化制度。一旦经过辨识确认为闲置存货，且技术部门的设计方案符合要求，各部门就应当配合进行积压存货消化。

15.4.4 积压存货处置

积压存货处置一般用于废旧存货处置，属于消极处置举措，同样由技术部门主导。

在处置积压存货时，处置人员切忌持消极态度，而要大胆积极拓宽处置思路，在尽量增加处置收益的同时，对使用及实用价值不高的积压存货也要果断处置，避免废旧存货真的成为废品。

需要注意的是，积压存货处置必须经多部门协商、总经理特批，防止借处置之机，有意将合格存货转为积压存货低价出售给关联人员，造成企业经济利益流失。

第十六章
税费管控

　　纳税是每个企业应尽的义务，而企业在生产经营中，也必然会进行各类涉税活动。税费管控就是依据"依法纳税、诚信纳税"的原则，在遵守相关法律法规的前提下，维护企业自身税费利益。

16.1　增值税管控

增值税是对商品流转过程中产生的增值部分征收的流转税，是企业需要管控的主要税种。虽然增值税最终由消费者负担，但如果缺乏合理的增值税管控，企业也可能承担过高的增值税负担。

16.1.1　增值税简介

增值税是以商品（含应税劳务）在流转过程中产生的增值额作为计税依据而征收的一种流转税。增值税是价外税，最终由消费者负担，有增值才征税，没增值不征税。

（1）增值税实行税款抵扣。根据销售（营业）额按规定的税率计算出销项税额，扣除取得该商品或劳务时所支付的增值税税额，也就是进项税额，其差额就是增值部分应交的税额。

（2）增值税实行以票控税。增值税凭票抵扣，只有取得并认证的进项税额，才能在税务系统被抵扣。国家通过增值税发票抵扣链条的有序运行来实施增值税征收管理。

通俗来说，我们可以借助表 16.1-1 来理解增值税。

表 16.1-1　增值税俗解

栏目	你以为这样的	其实是这样的
材料采购 113 元	供应商收入 113 元	供应商收款 100 元，替国家收款 13 元
对外销售 226 元	客户以为你收入 226 元	你收款 200 元，替国家收款 26 元
利润	赚了 113 元	赚了 100 元，帮国家代收 13 元

16.1.2　增值税税率

自 2019 年 4 月 1 日起，我国实行的增值税税率政策如表 16.1 – 2 所示。

表 16.1 – 2　2019 年 4 月 1 日起增值税税率

适用范围	税率
纳税人销售货物、劳务、有形动产租赁服务或者进口货物	13%
纳税人销售交通运输、邮政、基础电信、建筑、不动产租赁服务，销售不动产，转让土地使用权，销售或者进口粮食等农产品、自来水、饲料等货物	9%
纳税人销售金融服务，现代服务（包括研发和技术服务、信息技术服务、文化创意服务、物流辅助服务、融资性售后回租服务、鉴证咨询服务、广播影视服务、商务辅助服务和其他现代服务），生活服务（包括文化体育服务、教育医疗服务、旅游娱乐服务、餐饮住宿服务、居民日常服务和其他生活服务）	6%

16.1.3　增值税计税方法

不同的纳税人适用不同的增值税计税方法。

1. 纳税人分类管理

纳税人分为一般纳税人和小规模纳税人两类。

（1）一般纳税人是指年应征增值税销售额超过财政部、国家税务总局规定的小规模纳税人标准的企业和企业性单位。

（2）小规模纳税人是指年销售额在规定标准以下，并且会计核算不健全，不能按规定报送有关税务资料的增值税纳税人。自 2018 年 5 月 1 日起执行增值税小规模纳税人标准为年应征增值税销售额 500 万元及以下。

小规模纳税人会计核算健全、能够提供准确税务资料的，可以向主管税务机关申请一般纳税人资格认定，不作为小规模纳税人。

除国家税务总局另有规定外，纳税人一经认定为一般纳税人以后，不得转为小规模纳税人。

2. 不同纳税人增值税计税方法

一般纳税人适用一般计税方法计税，小规模纳税人适用简易计税方法计税。

（1）一般计税方法。一般计税方法下，应纳税额是指当期销项税额抵扣当期进项税额后的余额。应纳税额计算公式如下。

$$应纳税额 = 当期销项税额 - 当期进项税额$$

当期销项税额小于当期进项税额不足抵扣时，其不足部分可结转下期继续抵扣。

销项税额是指纳税人提供应税服务按照销售额和增值税税率计算的增值税税额。销项税额计算公式如下。

$$销项税额 = 销售额 × 税率$$

一般计税方法下，销售额不包括销项税额，纳税人采用销售额和销项税额合并定价方法的，按照下列公式计算销售额。

$$销售额 = 含税销售额 ÷ （1 + 税率）$$

进项税额，是指纳税人购进货物或者接受加工修理修配劳务和应税服务，支付或者负担的增值税税额。

（2）简易计税方法。简易计税方法下，应纳税额是指按照销售额和增值税征收率计算的增值税额，不得抵扣进项税额。应纳税额计算公式如下。

$$应纳税额 = 销售额 × 征收率$$

简易计税方法下，销售额不包括其应纳税额，纳税人采用销售额和应纳税额合并定价方法的，按照下列公式计算销售额。

$$销售额 = 含税销售额 ÷ （1 + 征收率）$$

16.1.4　增值税规划

增值税开征以来，税务机关都是从票入手，以票管税、以票控险、以票提效。企业自身要做好增值税规划，但也要确保合规，规避税务风险。

1. 传统增值税规划

传统增值税规划主要分为以销定进和以进定销两种方式。

（1）以销定进。绝大多数企业都采用这种方式，因为这种方式符合客商关系一般模式——客强商弱，所以在客户所需发票基本确定后，抓紧向供应商催要发票。

（2）以进定销。部分企业采取这种方式，这种方式中一般供应商和客户势均力敌甚至供应商略强，供应商可以把控是否向客户开具发票及开票金额多寡。

传统增值税规划方式都不符合企业会计准则和税收法规的要求，存在一定的税务风险，都是从所谓的税负率出发，人为调控发票流的正常运转。综合而言，传统规划方式不合法合规，具有极大的税收风险。

2. 规范增值税规划

增值税为价外税，增值税税额在纳税主体体外循环，换言之，纳税主体更像代收代付主体，即替国家代收代付应由国家征收部分。这也决定了增值税规划空间极小。增值税规划更多是增值税的规范，包括选择能开具增值税专用发票的合作方、选择能开具较高税率的增值税发票的合作方等。增值税规划具体见表16.1-3。

表 16.1-3　增值税规划

金额单位：元

名称	金额	项目	一般纳税人 13%	小规模纳税人 3% 专票	小规模纳税人 3% 普票	不开票 0%
同等含税价	1 000.00	购进成本	884.96	970.87	1 000.00	1 000.00
		可抵进项	115.04	29.13	0.00	0.00
		合计付出	1 000.00	1 000.00	1 000.00	1 000.00
同等不含税价	1 000.00	购进成本	1 000.00	1 000.00	1 000.00	1 000.00
		可抵进项	130.00	30.00	30.00	0.00
		合计付出	1 130.00	1 030.00	1 030.00	1 000.00

不开票的购进成本不得在企业所得税前扣除，按25%所得税税率计算，多缴纳250元企业所得税

所以，一般纳税人需要抵扣进项税额，应选择一般纳税人供应商，可以获得更多的增值税进项抵扣；小规模纳税人无法抵扣进项税额，应选择小规模纳税人供应商，拥有更大的议价空间。

16.2　企业所得税管控

进行企业所得税管控，是企业精细化管理、优化企业经营状况的重要手段。

16.2.1　企业所得税简介

企业所得税是指对企业（居民企业及非居民企业）和其他取得收入的组织以其生产经营所得为课税对象所征收的一种所得税。企业所得税计算方法如下。

$$企业所得税 = 应纳税所得额 \times 税率$$

$$应纳税所得额 = 收入总额 - 不征税收入 - 免税收入 - 各项扣除 - 以前年度亏损$$

16.2.2　企业所得税税率

根据企业所得税相关政策，企业所得税税率标准有以下区别。

（1）一般企业适用基本税率 25%。

（2）国家需要重点扶持的高新技术企业、技术先进型服务企业（中国服务外包示范城市）、现代服务业合作区的鼓励类产业、西部地区鼓励产业、集成电路生产企业、从事污染防治的第三方企业等国家扶持的科技行业减按 15% 税率征收。

（3）重点软件企业、集成电路设计企业和非居民企业适用 10% 所得税税率。

（4）个人独资企业、合伙企业免征企业所得税，这两类企业对其投资者征收个人所得税或企业所得税即可，避免重复征税。

需要注意的是，自 2019 年 1 月 1 日至 2021 年 12 月 31 日，小型微利企业适用 20% 企业所得税税率：对年应纳税所得额低于 100 万元（含 100 万元）的小型微利企业，其所得减按 25% 计入应纳税所得额，按 20% 的税率缴纳企业所得税；对年应纳税所得额超过 100 万元但不超过 300 万元的部分，减按 50% 计入应纳税所得额，按 20% 的税率缴纳企业所得税。

小型微利企业的评定条件包括：从事国家非限制和禁止行业；年度应纳税所得额不超过 300 万元；从业人数不超过 300 人；资产总额不超过 5 000 万元。小型微利企业无论是采用查账征收方式还是核定征收方式均可享受优惠。

16.2.3　企业所得税缴纳

企业所得税缴纳大部分按照季度预缴、年度汇算清缴的原则实施。纳税人每季度末 15 日内向税务机关申报本季度企业所得税，年度终了汇总计算全年企业所得税。

16.2.4　企业所得税要点

企业所得税是企业税费的重要组成部分，企业需要明确企业所得税的相关要点。

1. 应纳所得税与应纳税所得额

这两个名词相近，也经常让人误解。简单来说，应纳所得税是应缴纳的企业所得税金额，应纳税所得额是所得税计算的基数。用公式来理解如下。

应纳所得税 = 应纳税所得额 × 企业所得税税率 – 减免税额 – 抵免税额

2. 应纳税所得额与利润总额

很多人对这两个概念常常混淆，应纳税所得额是按照企业所得税法律法规计算的企业所得税计算基数，利润总额是按照企业会计准则计算的税前会计利润。用公式来理解如下。

应纳税所得额 = 利润总额 + 会计与税法调整额

3. 职工福利费

《中华人民共和国企业所得税法实施条例》（以下简称《企业所得税法实施条例》）第四十条规定：企业发生的职工福利费支出，不超过工资薪金总额 14% 的部分，准予扣除。

《国家税务总局关于企业工资薪金及职工福利费扣除问题的通知》（国税函

〔2009〕3 号）第三条规定，企业职工福利费应当包括以下内容。

（1）尚未实行分离办社会职能的企业，其内设福利部门所发生的设备、设施和人员费用，包括职工食堂、职工浴室、理发室、医务所、托儿所、疗养院等集体福利部门的设备、设施及维修保养费用和福利部门工作人员的工资薪金、社会保险费、住房公积金、劳务费等。

（2）为职工卫生保健、生活、住房、交通等所发放的各项补贴和非货币性福利，包括企业向职工发放的因公外地就医费用、未实行医疗统筹企业职工医疗费用、职工供养直系亲属医疗补贴、供暖费补贴、职工防暑降温费、职工困难补贴、救济费、职工食堂经费补贴、职工交通补贴等。

（3）按照其他规定发生的其他职工福利费，包括丧葬补助费、抚恤费、安家费、探亲假路费等。

【情景剧场：职工福利费】

财务老段：小王，这次公司年庆发给大家的米和油，你是不是计入职工福利费了？

助理小王：段总，是的，我记错了吗？

财务老段：你可能只是表面理解企业所得税法规规定，找找国家税务总局关于职工福利费开支内容的通知，你就知道我们大多数人理解的福利费开支范围有误。

助理小王：（几天后）段总，我细细研读了，是的，我们大多数人认为只要是大家都有的米面油类的，都属于福利费，其实是误读，我们接下来将严格按照福利费开支范围把关。

4. 工会经费

《企业所得税法实施条例》第四十一条规定：企业拨缴的工会经费，不超过工资薪金总额2%的部分，准予扣除。

5. 职工教育经费

《企业所得税法实施条例》第四十二条规定：除国务院财政、税务主管部门另有规定外，企业发生的职工教育经费支出，不超过工资薪金总额 2.5% 的部分，准予扣除；超过部分，准予在以后纳税年度结转扣除。

6. 业务招待费

《企业所得税法实施条例》第四十三条规定：企业发生的与生产经营活动有关的业务招待费支出，按照发生额的 60% 扣除，但最高不得超过当年销售（营业）收入的 5‰。

【情景剧场：躲不过去的"刀"】

财务老段：小王呀，今天给你们再次叮嘱下，业务招待费属于敏感项目，要严格控制。

助理小王：段总，为什么呀？

财务老段：你们细细看下企业所得税法规关于业务招待费的规定，有两个标准，哪个低按哪个算。也就是说，不管怎么样，业务招待费都不能全额抵扣。我给你们看一个表格吧，如表 16.2 - 1 所示。

表 16.2 - 1　业务招待费扣除

单位：万元

项目	年营业收入的 5‰	发生额的 60%	可扣除金额
营业收入	10 000.00		
业务招待费 30 万元	50.00	18.00	18.00
业务招待费 50 万元	50.00	30.00	30.00
业务招待费 83.33 万元	50.00	50.00	50.00
业务招待费 100 万元	50.00	60.00	50.00

助理小王：段总，我们明白了。

7. 广告费和业务宣传费

《企业所得税法实施条例》第四十四条规定：企业发生的符合条件的广告费和业务宣传费支出，除国务院财政、税务主管部门另有规定外，不超过当年销售（营业）收入 15% 的部分，准予扣除；超过部分，准予在以后纳税年度结转扣除。

参考国家税务总局的释义，"符合条件"的广告费和业务宣传费支出将从广告的制定主体、播放渠道、相应票据依据等多方面予以明确。

纳税人申报扣除的广告费支出，必须符合下列条件：广告是通过经工商部门批准的专门机构制作的；已实际支付费用，并已取得相应发票；通过一定的媒体传播。

纳税人申报扣除的业务宣传费，指包括未通过媒体的与其生产经营活动相关的广告性支出，并取得能够证明该支出确属已经实际发生的真实、合规凭据。

广告费一般应通过媒体传播，如利用图书、报纸、杂志、广播、电视、电影、灯、路牌、招贴、橱窗、霓虹灯、灯箱等形式，并且是为介绍本企业的商品、经营服务项目、文体节目或通告、声明等进行宣传。

业务宣传费也是一种广告推广，是企业开展业务宣传活动所支付的费用，主要是指未通过媒体的广告性支出，包括：印有企业标志的礼品、纪念品，新产品上市新闻发布会，企业印刷的各种产品宣传册（不包括说明书），一些活动的冠名费用，在一些内部刊物上刊登的广告，为推广产品召开宣讲会而发放的会议用品，为展览会消耗的宣传资料、参展样品，为宣传企业产品而发生的群发短信费用等。

8. 坏账准备

《企业所得税法实施条例》第五十五条规定：企业所得税法第十条第（七）项所称未经核定的准备金支出，是指不符合国务院财政、税务主管部门规定的各项资产减值准备、风险准备等准备金支出。

对于坏账的处理方法，企业会计准则规定可以采用备抵法和实际冲销法两种，税收法规规定只能用实际冲销法，即有充分证据佐证坏账真实发生，才能予以抵扣应纳税所得额。

反言之，如果企业采取备抵法计提坏账准备，而税收法规是不认可备抵法的，所以必须就计提的坏账准备金额调增应纳税所得额。

例如，公司会计利润为 100 万元，其中计提坏账准备 20 万元，无其他任何影响因素和差异存在。那么应纳税所得额为 120（100＋20）万元。

9. 公益性捐赠

《企业所得税法实施条例》第五十一条规定：企业所得税法第九条所称公益性捐赠，是指企业通过公益性社会团体或者县级以上人民政府及其部门，用于《中华人民共和国公益事业捐赠法》规定的公益事业的捐赠。

《企业所得税法实施条例》第五十三规定：企业当年发生以及以前年度结转的公益性捐赠支出，不超过年度利润总额12%的部分，准予扣除。

（1）间接捐赠。可以抵扣的捐赠必须是通过公益性社会组织或县级以上人民政府及其部门的捐赠，而不是直接捐赠。

（2）会计利润。12%的计算基础可以理解为规范的会计利润，而不是应纳税所得额。

（3）可往后转。超过部分可以转至以后年度扣除。

10. 利息支出

《企业所得税法实施条例》第三十八条规定，企业在生产经营活动中发生的下列利息支出，准予扣除：

（1）非金融企业向金融企业借款的利息支出、金融企业的各项存款利息支出和同业拆借利息支出、企业经批准发行债券的利息支出；

（2）非金融企业向非金融企业借款的利息支出，不超过按照金融企业同期同类贷款利率计算的数额的部分。

《企业所得税法实施条例》第四十九条规定：企业之间支付的管理费、企业内营业机构之间支付的租金和特许权使用费，以及非银行企业内营业机构之间支付的利息，不得扣除。

【情景剧场：张科长普法】

某公司2020年度发货10 000万元，开具发票9 800万元，营业成本7 000万元，销售费用2 200万元，其中广告宣传费1 600万元，业务招待费100万元，管理费用800万元，财务费用50万元（系借某公司500万元的利息支出），总经理通过公司向其母校捐款20万元。

公司段经理计算：

税前利润 = 9 800 − 7 000 − 2 200 − 800 − 50 − 20 = −270（万元），亏损 270 万元，认为不需要缴纳企业所得税。

税务张科长计算：

应纳税所得额 = 10 000 − 7 000 − 2 200 + (1 600 − 10 000 × 15%) + 50 − 800 − 50 + 50 − 20 + 20 = 150（万元）

应缴纳企业所得税 37.5（150 × 25%）万元。

税务张科长：

来来来，老段，我给你普普法呀。

发货 10 000 万元，开票 9 800 万元，要按发货金额确认收入。

广告宣传费 1 600 万元，扣除限额为 1 500（10 000 × 15%）万元，超出 100 万元转以后年度扣除。

业务招待费 100 万元，营业收入的 5‰ 为 50 万元，业务招待费发生额的 60% 为 60 万元，两者低者 50 万为扣除金额。

利息支出 50 万元未取得扣除票据，不得扣除

捐款 20 万元系公司直接捐赠给总经理母校，不得扣除。

财务段会计：

张科长，谢谢你了，看来我要不断学习，不然不仅耽误事情，也许还给公司带来税法风险呢。

【情景剧场：敏感的餐饮费】

助理小王：段总，有个问题我百思不得其解。餐饮费是不是业务招待费，或者说餐饮费与业务招待费是什么关系呢？

财务老段：这个可不只你有疑惑，估计一半以上的会计都搞不清楚。

助理小王：是的，我问了好几个人，回复都不一样呢。

财务老段：很多会计常常会把餐饮费与业务招待费画上等号，其实它们的关系比较复杂。

业务招待费的核算范围要远远大于餐饮费的范畴。

业务招待费包括：宴请开支；纪念品开支；旅游景点参观费和交通费开支；业务关系人员的差旅费开支。简单来说，因企业生产经营需要而发生的客户应酬开支，都属于业务招待费的范畴。

因客户应酬需要而发生的餐饮费属于业务招待费的明细项目，其他的餐饮费则根据实际不同而归属不同。例如：职工培训期间餐饮费用作为职工教育经费；员工聚餐或加班餐饮费计入职工福利费；出差餐饮费（非客户应酬）计入差旅费；会议期间餐饮费计入会议费等。

助理小王：段总，我明白了。

16.3　税费风险管控

长久以来，很多企业对税费管控都秉持着"尽量少纳税、不纳税"的错误认知，这样的认知也催生出各种税费风险，导致企业不仅要承担相关处罚，还可能面临声誉损害。因此，企业必须正确认识税费，并对税费风险进行有效管控。

16.3.1　税费认知风险

税费是所有纳税人都应当缴纳的，但在日常管控中，很多企业对税费却存在一定的认知风险。

1. "人情税务"

部分企业认为税务是靠"人情"管理，可以借助人情世故达到降低税费的目的。然而，我国税费具有强制性、无偿性和固定性，所谓的"人情税务"认知，不仅不会降低企业税费，反而会导致企业面临合规风险。

2. "筹划税务"

部分企业会专门安排财税人员进行税务筹划培训，想要通过筹划税务的方式，使企业少交税。但现实却是，形形色色的税务筹划书籍与培训，教你的不过是税务知识，甚至仅仅是税务常识。很多会计往往因为欠缺税务常识而多交税，却误以为税务筹划是有效的。

16.3.2　税费深度认知

纵观所有税收法律法规关于税务事项的处理，我们可以抓住一条主要原则，即：与生产经营有关。尤其是影响应纳税额的因素，如成本费用的列支，其必须与生产经营相关，而不管这些规定是否在法律法规中明确列示。

当然，在实务中，对于某些不太明确的事务，税务机关也拥有自由裁量权。

【情景剧场：字画风波】

张科长：老段，你们去年这笔80万元的待摊费用是干什么的？

段会计：（胸口一紧，真是哪壶不开提哪壶）这样呀，是我们公司王总办公室装修费用。

张科长：不对呀，老段，你们王总办公室也就五六十平方米，这样折算每平方米装修费用1万多元呀，你把待摊费用的资料拿来看看。

张科长：（看完资料后）老段呀，这待摊费用中买了这幅名画就要50多万元呀。

段会计：是呀，我们王总觉得办公室太空荡了，于是买了这幅画。

张科长：不行呀，这幅画虽然是以公司名义购买的，但是与公司生产经营关系不大，顶多是王总个人喜好。所以呀，老段，你们在汇算清缴中要调整。

段会计：（王总呀王总，叫你不要买，非要买；老张呀，你不就是觉得价格太高，多高才不算高呢？）可是，张科长，这个也算是公司购买的，也挂在公司的呀。

张科长：你们公司买个价格低点的画挂着也没啥，这么大的金额可不行。

16.3.3　税费常见风险

基于对税费的正确认知，企业必须正确应对税费管控中的常见风险。

1. 收入按开票确认

（1）事项描述。大量的中小企业存在按发票开具时间确认收入归属期间的情况，即什么时候开具发票就什么时候确认收入。为什么没有按企业会计准则或税收法规规定的时期开具发票？因为当客户尚未支付货款时，企业开具发票不仅未能收到款项，还需"垫付"货物销售的增值税销项税金。

（2）事项分析。按照收款时间开具发票，往往延后了销售收入确认及增值税额的缴纳。无论是企业会计准则还是税收法规关于销售收入确认及纳税期间，均未将已开具发票作为条件之一。企业这样做主要是源自一种惯性误解。

（3）风险分析。上述处理造成销售收入延期确认和增值税延期缴纳，存在较大税务风险，且造成销售统计与财务核算的时间性差异，增加了企业运营分析的工作量。

（4）解决方案。该类风险的解决方案主要需从两个角度着手。

①严格按照企业会计准则及税收法规的规定确认收入并开具发票。

②对于确实存在发货与开票时间性差异的行业，与税务机构协商，按照发货确认收入并计缴增值税。

2. 虚开增值税发票

（1）事项描述。企业向甲客户销售了 A 产品，甲客户不需要开具发票，公司向乙客户销售 B 产品，乙客户除了索取 B 产品发票，还希望企业多开具发票。于是企业将 A 产品发票开给乙客户。

（2）事项分析。很多企业往往认为上述处理不属于虚开增值税发票，因为总量没有多开。实际上，只要存在没有真实业务交易的开票行为，都涉及税务风险。

（3）解决方案。企业需要明确业务交易过程中的"实物流""发票流""资金流"的真实一致性。当然，对于因债务抵转等导致资金流不一致的，须获得三方抵债协议或委托收款书。

3. 提前开票事项

（1）事项描述。企业承建甲客户某项建设工程，收取工程预付款时，甲客户要求开具发票，企业提出开具收据以证明款项收取，但沟通未果，企业只好开具发票。

（2）事项分析。这类情况在建筑安装类业务中并不鲜见，原因是甲方财务人员认知肤浅或甲方人为控制自身税负的需求。

（3）解决方案。如果能用收据代替最佳，如不能用收据代替，开具专票缴纳税款。

第十七章
项目投资管控

项目投资或项目筹资是企业生产经营中的常见情形，无论是内部立项还是外部筹资，企业都需要做好项目投资管控，立足于项目投资规划展示的核心板块内容，结合财务预测分析，做出投资决策并进行项目财务管控。

17.1　项目投资规划

项目投资规划是项目投资的基础，其主要作用就在于展现项目情况、吸引阅读者投资。本节将以商业计划书为例，厘清项目投资规划的主要框架及其要点和禁忌。

17.1.1　规划本质

不管是投资类项目还是筹资类项目，项目投资规划本质都是一样的，只是公司在其中扮演的角色发生了对调。投资类项目中公司作为品鉴者评判项目方的规划，筹资类项目中公司作为实施者吸引潜在投资者。

我们以常见的项目投资规划——商业计划书为例，来展示项目投资规划的全貌。

17.1.2　商业计划书框架

不同类别的商业计划书的侧重点各有不同，但其整体框架大致相同。

1. 按照大类区分

规划框架分为业务展示和财务规整，两者相互呼应，分别以文字和数据的方式阐述项目投资全貌。

业务展示为显性核心，从业务视角描述整体规划；财务规整则为内涵核心，从财务专业角度对业务展示内容进行规整翻译，将整个业务描述用财务语言完整地、有条理地、概括地翻译出来，便于非专业人士快速阅读理解，同时也强化和提升非专业人士对团队运营管理能力的信任。

2. 按具体架构区分

规划框架分为摘要、公司简介、管理团队、产品服务、市场分析、研究开发、运维保障、财务预测、融资规划、风险管控、重要附件等。表 17.1－1 所示为商业计划书具体架构。

表 17.1－1　商业计划书具体架构

序号	具体架构	内容简介
1	摘要	高度概括、浓缩全文、增肥减瘦、引人注目
2	公司简介	历史沿革、股权架构、组织机构、战略目标、实际控制人
3	管理团队	核心凸显、多元互补、创业激情、合适股权
4	产品服务	产品简介、产品特性、性量对比、先性后量、性量结合
5	市场分析	大海还是泳池、红海还是蓝海，市场规模、目标市场、影响因素、行业政策、市场趋势、竞争分析
6	研究开发	如何保持差异化及行业领先，研发规划、研发力量、研发成果、后续研发
7	运维保障	如何确保供产销及人财物，制度完善、营销体系、生产保障、原料供应、人力资源
8	财务预测	预测假定、项目投资、收入预测、成本预测、税费预测、损益预测、现金流量预测、投资分析
9	融资规划	资金需求、项目估值、融资规划、投资退出、投资保障
10	风险管控	人无完人、事无完事，政策风险、市场风险、技术风险、资金风险、管理风险
11	重要附件	去虚留实、由主及次、摆放贴心，营业执照、高新技术、行业特许、专利证书、其他重量级附件

17.1.3　商业计划书要点

商业计划书的内容较为繁杂，企业在编制商业计划书时，必须明确以下要点。

1. 认真坦诚

作为展示性文本，商业计划书主要展示团队组合、展示领域专业、展示创业激情、展示组织管理，最大的展示是认真。

商业计划书阅读者大多是有经验的人士，企业要做的是展示对领域的专注、坦诚的胸襟、认真的态度，同时避免夸大其词、吹嘘过度、逻辑紊乱、排版瑕疵、错字别字等。

2. 重点突出

"重点＋重点＋重点＝没有重点"。一份好的商业计划书，需要有一定的重点，但如果处处都是重点，那也就无法突出重点。例如，如果是以产品为驱动的商业计划书，那么描述产品逻辑和应用场景就一定是一个重点，而不是产品的获奖情况等；如果团队强大是核心竞争力，商业计划书就应该告诉投资人为什么你的团队强大，且可以胜任这样的工作，而非把团队成员的成长经历详细描述一遍。

3. 逻辑缜密

计划书中的文字对应关系/勾稽关系应当足够缜密。阅读一份逻辑清晰的商业计划书的过程就如剥笋一般，投资人在你的引导下，由表及里地分析你的项目逻辑，了解创业初衷、思考商业模式，最终形成一个多维的综合判断。这就要求商业计划书有逻辑、分层次地阐明整个项目，展现关键信息；而不应该把所有的信息都堆砌在一起，使阅读者在繁杂信息中挑选重点。

4. 通俗易懂

商业计划书会涉及细分市场、技术路径等专业领域，而商业计划书阅读者却不一定是该市场该领域的专业人士，所以要用通俗易懂的话语来描绘市场、技术等专业，这也是逻辑思维的展示。

5. 前呼后应

商业计划书篇幅较长，一个描述、一个数据很可能在多处出现，在编制和审核时就要关注，文字之间、数字之间、文字数字之间要逻辑自恰，换言之，不能出现矛盾内容。

17.1.4 商业计划书禁忌

在明确商业计划书要点的同时，我们也要注意商业计划书的禁忌。

1. 重"鸡汤"、轻视文本

不究真伪、不看逻辑、过度信奉"鸡汤"文学、重视所谓实战却轻视文本，这样编制出来的商业计划书很容易暴露创业者的幼稚。

2. 过度修饰、天花乱坠

商业计划书实质上是对未来的预测，因此，我们在编制中可以对获益保持乐观、对风险表示可控，这些都无可厚非，但忌讳在商业计划书中过度修饰、自我吹嘘。

例如，过分夸大市场容量、过分夸大市场占有、对生产环节过于理想化，进而夸大盈利预测；甚或高估自我实力，标榜自己为我国未来第一、世界未来第一，认为这样才能吸引投资，但很容易引起阅读者的反感。

3. 虎头蛇尾

商业计划书必须有完整的框架和逻辑。在对自身和市场充分分析，引起阅读者兴趣之后，很多商业计划书却缺乏财务预测与分析、风险揭示或退出渠道，使计划书变得虎头蛇尾。

17.2　核心版块展示

商业计划书的内容纷繁复杂，在突出重点的同时，我们又要展现出项目全貌。因此，商业计划书必须做好核心板块的展示。

17.2.1　管理团队

事在人为，只要团队具有不败的信念，并能持续更新理念，企业就有赢得成功的机会。

创投市场上一直有个投资理念，就是"宁可选择一流团队、二流产品，而不选择二流团队、一流产品"，这充分说明投资者对团队的重视程度。所以商业计划书中要对团队核心着重介绍，包括他们的职务、工作经验、受教育程度等。强有力的外部顾问团队也可罗列其中。

团队介绍的重点在于，通过人员以往的成功经历突出他们的企业家精神和出色的管理能力，注意团队成员之间的分工和互补。

17.2.2　产品或服务

通俗地描述产品或服务的用途和优点，包括有关专利、著作权、政府批文等。着重分析产品或服务与众不同的特点和市场定位，确信产品或服务强劲的吸引力，在投放市场以后可以迅速占领市场份额。

17.2.3　市场分析

市场分析包括国际市场以及国内市场的市场规模、目标市场、影响因素、市场趋势、行业政策、竞争分析等内容。

具有广阔的市场前景、具有竞争优势或难以复制的商业模式、制定详尽的营销计划是打动投资者的关键因素。必须对公司的市场定位、市场容量、估计的市场份额和销售额、市场发展的走势进行清晰的描述，尽可能引用行业的数据进行表述；分析现有和将来的竞争对手，内容包括他们的优势和劣势，以及相应的本公司的优势和战胜竞争对手的方法；对目标市场制定出营销计划，包括产品或服务的定价和分销计划、广告和提升规划、开发计划、开发状态和目标、困难和风险等。

需要注意的是，很多商业计划书中会淡化竞争，甚至宣称"没有竞争"。然而，所谓"没有竞争"，只能说明两点：市场太小、利润太薄，没人愿意进入；企业对市场完全不了解，看不见竞争对手。

17.2.4　运维保障

再广阔的市场、再诱人的收益，没有运营维护的各项保障，都是空中楼阁。所以，运维保障必不可少，包括销售渠道、销售人员、产能设备、工艺路线、产业工人、原料供应、管理体系等内容。

17.2.5 财务预测

商业计划书的焦点最终将聚集在财务模型上。所有的文字描述、所有的业务模型必须有财务模型集中展示，而财务模型的数据要很好地在文字描述中找到依据。

17.2.6 风险管控

千万不要为了获得投资而隐瞒或缩小风险，这将会使投资者失去对你的信任。商业计划书应向投资者说明项目的风险因素及应对风险的措施。风险一般包括政策风险、市场风险、技术风险、资金风险、管理风险等。

17.3 财务预测分析

项目投资管控的前提必然是有效的财务预测分析，只有经过预测分析，确定项目可行且有较大盈利空间，这个项目才能赢得投资者的青睐。

为形象描绘财务预测内容及分析过程，本节以养殖场的商业计划书财务预测分析主干予以说明。

17.3.1 预测假定

预测假定相对于产品或服务、市场分析、运维保障等而言是数据的浓缩，对于财务预测与投资分析而言是数据的集合。对于阅读者而言，即使无暇细读产品及行业等内容，也能通过预测假定很快了解框架。

所以，预测假定非常关键，也是极易被忽视和遗忘的细节之一，全面、细致的预测假定会使商业计划书增色不少。预测假定一般如表 17.3 - 1 所示。

表 17.3 – 1　预测假定

序号	假定描述
1	本预测期自 2020 年至 2024 年
2	14 栋鸡舍，可入栏蛋鸡 65 万羽，一个有机肥场，年产能为 2 万吨
3	蛋鸡租金为 4 元/(年·只)
4	每座鸡舍物业管理费为 2 万元/年
5	蛋鸡产蛋率为 92%
6	每标准箱装鸡蛋 360 枚，每箱收取 9 元整理服务费
7	蛋鸡鸡粪产出量为 40 千克/(年·只)
8	1 000 千克新鲜鸡粪可生产有机肥 600 千克
9	有机肥预测首年销售价格为 900 元/吨，年增长率为 3%
10	有机肥吨消耗菌种 10 元，辅料 80 元，年增长率为 3%
11	人工费用含社保，年增长率为 3%，首年人工指预测期首年暨 2020 年人工基数
12	代养类人工费用、代养水电费由养殖户直接承担，公司仅代收代付相关费用
13	土地使用权摊销年限为 40 年，无残值
14	房屋及建筑物折旧年限为 20 年，净残值率为 5%
15	其他构筑物、机器设备折旧年限为 10 年，净残值率为 5%
16	运输设备、办公设备折旧年限为 5 年，净残值率为 5%
17	房屋及建筑物、机器设备等首年维修费按原值的 1% 计算，以后各年维修费用年增长率为 3%
18	代养类其他费用首年为 20 万元，年增长率为 3%
19	有机肥类其他费用首年为 15 万元，年增长率为 3%
20	技术服务、鸡蛋代销售、有机肥免增值税
21	土地为农业用地，土地使用税、房产税免交
22	其他税种包括车船税、印花税等，单场按 2 万元/年
23	其他销售费用首年为 20 万元，年增长率为 3%
24	其他管理费用首年为 10 万元，年增长率为 3%
25	第一至第三年银行融资额分别为 1 500 万元、1 000 万元、500 万元，第四年、第五年无融资
26	银行融资成本率为 8%
27	综合会计利润和税法利润的差异以及税收优惠，企业所得税税率为 15%
28	收入均当年回款
29	土地取得成本、房屋及建筑物成本、机器设备购置成本按 7∶3 分两年支付
30	人工薪酬、付现费用、税费均当年支付

序号	假定描述
31	固定类投资（土地、房屋及建筑物、机器等）在预测期末即第五年末按扣除折旧、摊销后的资产余值收回
32	流动资金为 100 万元，预测期末即第五年末原值无息收回
33	现金流量折现率为 12%
34	投资期资本化利率按 5% 计算

17.3.2 投资预测

项目投资类别包括房屋及建筑物、机器设备、生产设备、研发设备、运输设备、办公设备、其他设备等，是项目投资总金额的分类分项和细化分解。

按照其他分类方式，也可有不同分类。

（1）按资产性质分，包括固定资产投资和流动资金占用。

（2）按资金来源分，包括自有资金、股权融资、债权融资等。

（3）按投资现状分，包括已投资部分和待投资部分。

投资预测表格主要为投资预测汇总表，如表 17.3-2 所示。投资预测表格的整理和分析应当遵循先汇总后明细的原则，收入预测、成本预测、费用预测等均应如此，在展现汇总信息后再附上相应的明细表。

表 17.3-2　投资预测汇总

单位：万元

序号	资产类别	投资总额	折旧年限	年折旧额	预测期折旧	预测期末余值
一	土地使用权	304.11	40	7.60	38.00	266.11
二	房屋及建筑物	1 899.14	20	90.21	451.05	1 448.09
三	其他构筑物	276.42	10	26.26	131.30	145.12
四	机器设备	2 652.57	10	251.99	1 259.95	1 392.62
五	其他设施	485.58	10	46.13	230.65	254.93
六	运输设备	112.89	5	21.45	107.25	5.64
七	办公设备	9.81	5	1.86	9.30	0.51
八	合计	5 740.2		445.51	2 227.50	3 513.02

17.3.3　损益预测

收入、成本、利润是项目投资的直接体现。损益预测包括收入预测、成本预测、税金预测、费用预测等分项预测和损益汇总预测。

（1）收入预测要适度细化，杜绝随意"拍脑袋"。

（2）成本预测理论上应该是销售成本预测，若要简化，可进行生产成本预测。成本预测包括直接材料预测、直接人工预测、制造费用预测。

（3）费用预测包括销售费用预测、管理费用预测、财务费用预测和所得税费用预测。

具体而言，损益预测分析可以借助表 17.3 - 3 至表 17.3 - 14 进行。

表 17.3 - 3　损益预测

金额单位：万元

序号	项目名称	第一年	第二年	第三年	第四年	第五年	所得税税率
一	主营业务收入	2 244.40	2 286.65	2 330.17	2 374.98	2 421.14	
1	饲养类	836.08	836.08	836.08	836.08	836.08	
2	有机肥类	1 408.32	1 450.57	1 494.09	1 538.90	1 585.06	
二	主营业务成本	715.51	724.20	733.13	742.32	751.83	
1	饲养类	395.20	397.37	399.60	401.88	404.26	
2	有机肥类	320.31	326.83	333.53	340.44	347.57	
三	税金及附加	2.00	2.00	2.00	2.00	2.00	
四	销售费用	38.40	39.55	40.74	41.97	43.23	
五	管理费用	110.32	113.06	115.87	118.76	121.74	
六	财务费用	120.00	80.00	40.00	0.00	0.00	
七	税前利润	1 258.17	1 327.84	1 398.43	1 469.93	1 502.34	
八	所得税	188.73	199.18	209.76	220.49	225.35	15%
九	净利润	1 069.44	1 128.66	1 188.67	1 249.44	1 276.99	
十	毛利率	68.12%	68.33%	68.54%	68.74%	68.95%	
1	饲养类	52.73%	52.47%	52.21%	51.93%	51.65%	
2	有机肥类	77.26%	77.47%	77.68%	77.88%	78.07%	
十一	净利率	56.06%	58.07%	60.01%	61.89%	62.05%	

表 17.3 - 4　损益预测附表

序号	项目名称	第一年	第二年	第三年	第四年	第五年	备注
一	销售费用率	1.71%	1.73%	1.75%	1.77%	1.79%	
二	管理费用率	4.92%	4.94%	4.97%	5.00%	5.03%	
三	财务费用率	5.35%	3.50%	1.72%	0.00%	0.00%	
四	总期间费用率	11.98%	10.17%	8.44%	6.77%	6.82%	

表 17.3 - 5　收入预测

单位：万元

序号	项目名称	第一年	第二年	第三年	第四年	第五年
一	代养服务收入	836.08	836.08	836.08	836.08	836.08
1	蛋鸡代养	260.80	260.80	260.80	260.80	260.80
2	蛋品整理代卖	547.28	547.28	547.28	547.28	547.28
3	物业管理	28.00	28.00	28.00	28.00	28.00
二	有机肥收入	1 408.32	1 450.57	1 494.09	1 538.90	1 585.06
三	销售收入合计	2 244.40	2 286.65	2 330.17	2 374.98	2 421.14

表 17.3 - 6　收入预测明细

序号	项目名称	第一年	第二年	第三年	第四年	第五年	年增长率
一	蛋鸡数量（羽）	652 000.00	652 000.00	652 000.00	652 000.00	652 000.00	
二	代养服务						
1	蛋鸡代养 ［元/（年·羽）］	4.00	4.00	4.00	4.00	4.00	
2	蛋品整理代卖						
2.1	日产蛋率（%）	92.00	92.00	92.00	92.00	92.00	
2.2	日产蛋（枚）	599 840.00	599 840.00	599 840.00	599 840.00	599 840.00	
2.3	单箱数（枚/箱）	360.00	360.00	360.00	360.00	360.00	
2.4	箱数（取整）	1 666.00	1 666.00	1 666.00	1 666.00	1 666.00	
2.5	单箱服务费（元/箱）	9.00	9.00	9.00	9.00	9.00	
3	物业管理费						
3.1	鸡舍数量（栋）	14.00	14.00	14.00	14.00	14.00	
3.2	单栋年租金（万元/年）	2.00	2.00	2.00	2.00	2.00	
三	有机肥						
1	鸡粪［千克/（年·羽）］	40.00	40.00	40.00	40.00	40.00	
2	有机肥成品率	0.60	0.60	0.60	0.60	0.60	
3	年产有机肥（吨）	15 648.00	15 648.00	15 648.00	15 648.00	15 648.00	
4	有机肥单价（元/吨）	900.00	927.00	954.81	983.45	1 012.95	3.0%

表 17.3 −7 成本预测

单位：万元

序号	项目名称	第一年	第二年	第三年	第四年	第五年
一	代养成本	395.20	397.37	399.60	401.88	404.26
二	有机肥成本	320.31	326.83	333.53	340.44	347.57
三	销售成本合计	715.51	724.20	733.13	742.32	751.83

表 17.3 −8 成本预测明细

金额单位：万元

序号	项目名称	第一年	第二年	第三年	第四年	第五年	年增长率	原值比例
一	代养成本							
1	人员工薪	13.00	13.40	13.80	14.20	14.64		
2	折旧	318.19	318.19	318.19	318.19	318.19		
2.1	房屋及建筑物	75.52	75.52	75.52	75.52	75.52		
2.2	其他构筑物	52.23	52.23	52.23	52.23	52.23		
2.3	机器设备	190.44	190.44	190.44	190.44	190.44		
3	维修费用	39.13	40.30	41.51	42.76	44.04		
3.1	房屋及建筑物	15.90	16.38	16.87	17.37	17.90	3.0%	1.0%
3.2	机器设备	19.23	19.81	20.40	21.01	21.64	3.0%	1.0%
3.3	其他维修	4.00	4.12	4.24	4.37	4.50	3.0%	
4	土地使用权摊销	4.88	4.88	4.88	4.88	4.88		
5	其他费用	20.00	20.60	21.22	21.85	22.51	3.0%	
6	代养成本合计	395.20	397.37	399.60	401.88	404.26		
二	有机肥成本							
1	材料成本							
1.1	年产有机肥（吨）	15 648.00	15 648.00	15 648.00	15 648.00	15 648.00		
1.2	吨耗菌种（元/吨）	90.00	92.70	95.48	98.35	101.30	3.0%	
1.3	菌种成本（万元）	140.83	145.06	149.41	153.89	158.51		
2	直接人工	39.60	40.79	42.01	43.27	44.57		
3	制造费用	139.88	140.98	142.11	143.28	144.49		
3.1	管理人工	10.40	10.71	11.03	11.36	11.71		
3.2	折旧	101.84	101.84	101.84	101.84	101.84		
3.2.1	房屋及建筑物	8.54	8.54	8.54	8.54	8.54		
3.2.2	机器设备	93.30	93.30	93.30	93.30	93.30		
3.3	土地使用权摊销	1.33	1.33	1.33	1.33	1.33		

续表

序号	项目名称	第一年	第二年	第三年	第四年	第五年	年增长率	原值比例
3.4	维修费用	11.31	11.65	12.00	12.36	12.73		
3.4.1	房屋及建筑物	1.80	1.85	1.91	1.97	2.03	3.0%	1.0%
3.4.2	机器设备	9.51	9.80	10.09	10.39	10.70	3.0%	1.0%
3.5	其他费用	15.00	15.45	15.91	16.39	16.88	3.0%	
4	有机肥成本合计	320.31	326.83	333.53	340.44	347.57		

表 17.3−9　人工薪酬预测

单位：万元

序号	人工薪酬	第一年	第二年	第三年	第四年	第五年
一	管理人工——饲养类	13.00	13.40	13.80	14.20	14.64
二	直接人工——有机肥类	39.60	40.79	42.01	43.27	44.57
三	制造费用——有机肥类	10.40	10.71	11.03	11.36	11.71
四	销售费用	18.40	18.95	19.52	20.11	20.71
五	管理费用	74.70	76.95	79.26	81.63	84.08
六	合计	156.10	160.80	165.62	170.57	175.71

表 17.3−10　薪酬预测明细

金额单位：万元

序号	部门/岗位名称	第一年	第二年	第三年	第四年	第五年	年增长率
一	综合管理部	41.60	42.85	44.14	45.46	46.82	
1	总经理	17.00	17.51	18.04	18.58	19.13	3%
2	综合经理	8.00	8.24	8.49	8.74	9.00	3%
3	文员	4.60	4.74	4.88	5.03	5.18	3%
4	门卫保洁	12.00	12.36	12.73	13.11	13.51	3%
二	销售部	18.40	18.95	19.52	20.11	20.71	
1	销售内勤	18.40	18.95	19.52	20.11	20.71	3%
三	技术部	12.00	12.36	12.73	13.11	13.51	
1	技术总监	12.00	12.36	12.73	13.11	13.51	3%
四	财务部	15.10	15.56	16.02	16.50	17.00	
1	财务经理	10.50	10.82	11.14	11.47	11.82	3%
2	出纳	4.60	4.74	4.88	5.03	5.18	3%
五	采购仓储部	6.00	6.18	6.37	6.56	6.75	
1	仓管员	6.00	6.18	6.37	6.56	6.75	3%

续表

序号	部门/岗位名称	第一年	第二年	第三年	第四年	第五年	年增长率
六	有机肥生产	50.00	51.50	53.04	54.63	56.28	
1	车间主任	10.40	10.71	11.03	11.36	11.71	3%
2	生产工人	39.60	40.79	42.01	43.27	44.57	3%
七	饲养管理部	13.00	13.40	13.80	14.20	14.64	
1	计划/文员	6.50	6.70	6.90	7.10	7.32	3%
2	物管员	6.50	6.70	6.90	7.10	7.32	3%
	合计	156.10	160.80	165.62	170.57	175.71	

表 17.3 – 11　员工人数预测

单位：人

序号	部门/岗位名称	第一年	第二年	第三年	第四年	第五年
一	综合管理部	6	6	6	6	6
1	总经理	1	1	1	1	1
2	综合经理	1	1	1	1	1
3	文员	1	1	1	1	1
4	门卫保洁	3	3	3	3	3
二	销售部	4	4	4	4	4
1	销售内勤	4	4	4	4	4
三	技术部	1	1	1	1	1
1	技术总监	1	1	1	1	1
四	财务部	2	2	2	2	2
1	财务经理	1	1	1	1	1
2	出纳	1	1	1	1	1
五	采购仓储部	1	1	1	1	1
1	仓管员	1	1	1	1	1
六	生产部	7	7	7	7	7
1	车间主任	1	1	1	1	1
2	生产工人	6	6	6	6	6
七	饲养管理部	2	2	2	2	2
1	计划/文员	1	1	1	1	1
2	物管员	1	1	1	1	1
	合计	23	23	23	23	23

表 17.3-12 岗位薪酬预测

单位：元

序号	部门/岗位名称	月薪（含社保）	年薪（含社保）	年终奖	首年薪酬
一	综合管理部				
1	总经理	13 000.00	156 000.00	14 000.00	170 000.00
2	综合经理	6 000.00	72 000.00	8 000.00	80 000.00
3	文员	3 500.00	42 000.00	4 000.00	46 000.00
4	门卫保洁	3 000.00	36 000.00	4 000.00	40 000.00
二	销售部				
1	销售内勤	3 500.00	42 000.00	4 000.00	46 000.00
三	技术部				
1	技术总监	9 000.00	108 000.00	12 000.00	120 000.00
四	财务部				
1	财务经理	8 000.00	96 000.00	9 000.00	105 000.00
2	出纳	3 500.00	42 000.00	4 000.00	46 000.00
五	采购仓储部				
1	仓管员	4 500.00	54 000.00	6 000.00	60 000.00
六	生产部				
1	车间主任	8 000.00	96 000.00	8 000.00	104 000.00
2	生产工人	5 000.00	60 000.00	6 000.00	66 000.00
七	饲养管理部				
1	计划/文员	5 000.00	60 000.00	5 000.00	65 000.00
2	物管员	5 000.00	60 000.00	5 000.00	65 000.00

表 17.3-13 税金及附加预测

单位：万元

序号	项目名称	第一年	第二年	第三年	第四年	第五年
一	其他税种	2.00	2.00	2.00	2.00	2.00
二	合计	2.00	2.00	2.00	2.00	2.00

表 17.3-14 期间费用预测

金额单位：万元

序号	项目	第一年	第二年	第三年	第四年	第五年	年增长率	原值比例
一	销售费用							
1	人工费用	18.40	18.95	19.52	20.11	20.71		
2	其他费用	20.00	20.60	21.22	21.86	22.52	3.0%	

续表

序号	项目	第一年	第二年	第三年	第四年	第五年	年增长率	原值比例
3	销售费用小计	38.40	39.55	40.74	41.97	43.23		
二	管理费用							
1	人工费用	74.70	76.95	79.26	81.63	84.08		
2	折旧费用	17.88	17.88	17.88	17.88	17.88		
2.1	厂房折旧	6.15	6.15	6.15	6.15	6.15		
2.2	机器折旧	9.87	9.87	9.87	9.87	9.87		
2.3	办公折旧	1.86	1.86	1.86	1.86	1.86		
3	维修费用	6.34	6.53	6.72	6.92	7.12		
3.1	房屋维修	1.30	1.34	1.38	1.42	1.46	3.0%	1.0%
3.2	设备维修	1.04	1.07	1.10	1.13	1.16	3.0%	1.0%
3.3	其他维修	4.00	4.12	4.24	4.37	4.50	3.0%	1.0%
4	土地使用权摊销	1.40	1.40	1.40	1.40	1.40		
5	其他费用	10.00	10.30	10.61	10.93	11.26	3.0%	
6	管理费用小计	110.32	113.06	115.87	118.76	121.74		
三	财务费用							
1	融资金额	1 500.00	1 000.00	500.00	0.00	0.00		
2	融资利率	8.0%	8.0%	8.0%	8.0%	8.0%		
3	财务费用小计	120.00	80.00	40.00	0.00	0.00		
四	期间费用合计	268.72	232.61	196.61	160.73	164.97		

17.3.4 现金流量预测

很多人误以为损益预测是项目投资分析的关键,其实现金流量才应是大家关注的重点,是项目投资分析判断的依据。

现金流量预测包含现金流入预测、现金流出预测等内容,如表17.3-15所示。现金流入预测包括销售收款、投资期末折现、流动资金占用期末回收;现金流出预测项目投资付现、流动资金期初占用、材料采购付现、人工薪酬付现、费用付现等。

表 17.3-15　现金流量预测

金额单位：万元

序号	费用项目	第一年	第二年	第三年	第四年	第五年	付款比例
一	现金流入	2 244.40	2 286.65	2 330.17	2 374.98	6 034.11	
1	收入回款	2 244.40	2 286.65	2 330.17	2 374.98	2 421.14	
1.1	饲养类	836.08	836.08	836.08	836.08	836.08	
1.2	有机肥类	1 408.32	1 450.57	1 494.09	1 538.90	1 585.06	
2	流动资金回收					100.00	
3	其他资金流入					3 512.97	
二	现金流出	4 847.80	2 434.62	695.98	680.02	698.63	
1	土地支出	212.88	91.23	0.00	0.00	0.00	
1.1	首年支出	212.88					70%
1.2	第二年支出		91.23				30%
2	房建支出	1 522.89	652.67	0.00	0.00	0.00	
2.1	首年支出	1 522.89					70%
2.2	第二年支出		652.67				30%
3	设备支出	2 282.59	978.25	0.00	0.00	0.00	
3.1	首年支出	2 282.59					70%
3.2	第二年支出		978.25				30%
4	人工薪酬支付	156.10	160.80	165.62	170.57	175.71	
5	付现费用	382.61	350.49	318.60	286.96	295.57	
5.1	制造费用	226.27	233.06	240.05	247.25	254.67	
5.2	销售费用	20.00	20.60	21.22	21.86	22.52	
5.3	管理费用	16.34	16.83	17.33	17.85	18.38	
5.4	财务费用	120.00	80.00	40.00	0.00	0.00	
6	支付各项税款	190.73	201.18	211.76	222.49	227.35	
7	流动资金占用	100.00					
三	现金净流量	−2 603.40	−147.97	1 634.19	1 694.96	5 335.48	
四	累计现金净流量	−2 603.40	−2 751.37	−1 117.18	577.78	5 913.26	
五	静态回收期				3.66		
六	折现后现金净流量	−2 324.46	−117.96	1 163.18	1 077.18	3 027.49	12%
七	累计折现后现金净流量	−2 324.46	−2 442.42	−1 279.24	−202.06	2 825.43	
八	动态回收期					4.07	
九	内含报酬率					42.12%	

17.3.5　项目投资分析

项目投资分析方法包括静态回收期法、动态回收期法、内部收益率法等。

（1）静态回收期是在不考虑货币时间价值的前提下，投资支出从现金流入中得到补偿（回收）所经历的期间。

（2）动态回收期与静态回收期基本原理一致，唯一不同的是考虑了货币时间价值的影响。

（3）内含报酬率指使现金流入的现值等于投资现值的回报率。

结合表 17.3 - 15 所示的数据可以分析得出该公司的以下相关指标。

（1）静态回收期 = 3 + 1 117.18 ÷ 1 694.96 = 3.66。

（2）动态回收期 = 4 + 202.06 ÷ 3 027.49 = 4.07。

（3）内含报酬率 = 42.12% 。

计算出期间或比率，我们就能对项目表现有基本的了解。此时，投资者可以将公司预期及行业现状进行参照对比，做出投资决策。

17.4　项目财务管控

一旦经过分析确定项目可行，企业就要做好项目的财务管控，推动项目立项、招标、验收的有序进行。

17.4.1　项目立项

公司应当成立或指定专门机构归口管理项目投资类业务，中小型公司可临时设置项目建设工程部。

管理部门根据公司发展战略和投资规划，组织开展项目可行性研究，编制可控性研究报告。

财务部门在项目可行性研究报告整理编制期间，主要关注财务预测和投资分析类数据的勾稽关系是否符合逻辑、数据和项目投资文字描述是否一致、项目投资文字描述有无常识性错误。

17.4.2 项目招标

项目投资一般采取公开招标的方式进行，小型项目不采取公开招标的，也需要多方询价确定。

项目评标委员会一定要组织财务人员参与，财务人员依照合同管理规定的要求对各竞标单位的招标文件进行评审，从财务角度审慎审视。

17.4.3 工程造价

工程造价应由专业的概预算部门或委托外部有资质的中介机构完成，财务人员应积极参与对工程造价概预算的审核工作，重点审查编制依据、项目内容、工程量计算、定额套用等是否真实、完整和准确。

17.4.4 工程建设

财务部门应加强与建设部门或单位的沟通，准确掌握工程进度，根据合同约定，按照规定的审批权限和程序办理工程价款结算。

因工程变更等造成价款支付方式及金额发生变动的，应当对其变更文件和相关资料进行严格审查。

17.4.5 工程验收

工程完工收到竣工报告后，公司应当及时编制或委托外部有资质机构编制竣工决算，开展竣工决算审计，组织实施竣工验收。

财务人员应积极参与竣工验收审计及竣工验收财务工作。

第十八章
集团财务管控

　　随着企业规模的不断扩大，当企业形成多个实力强大、具有投资中心功能的组织以及多个相关外围组织时，企业集团的组织形式也就随之形成。而要对庞大的企业集团进行有效管控，就必须以集团财务管控为核心，确保集团各成员企业的协同发展。

18.1 企业集团管控

企业集团通常表现为以大企业为核心、诸多企业为外围、多层次的组织结构。企业集团管控涉及产权安排、人事控制、商务协作等诸多内容，企业集团必须根据自身实际情况选择合适的集团管控模式。

18.1.1 企业集团概述

企业集团是以一个或多个实力强大、具有投资中心功能的大型企业为核心层，以若干个在资产、资本、技术上有密切联系的企业为外围层，通过产权安排、人事控制、商务协作等纽带形成的一个稳定的多层次经济组织。

1. 企业集团层次

企业集团在结构形式上，表现为以大企业为核心、诸多企业为外围、多层次的组织结构；在联合的纽带上，表现为以经济技术或经营联系为基础、实行资产联合的高级的、深层的、相对稳定的企业联合组织；在联合体内部的管理体制上，表现为企业集团中各成员企业，既保持相对独立的地位，又实行统一领导和分层管理的制度，建立了集权与分权相结合的领导体制；在联合体的规模和经营方式上，表现为规模巨大、实力雄厚，是跨部门、跨地区，甚至跨国度多元化经营的企业联合体。

2. 集团结构成因

企业集团的结构成因包括自我裂变和外部吸收两种类型。

（1）自我裂变一般指核心企业因为业务扩展、市场培育等因素设立具有独立核算资格的实体，将内部业务板块注入该独立实体。

（2）外部吸收一般指企业集团为打通上下游产业链条、找寻新多元增长点或其他目的通过并购重组等方式吸收外部实体，将其纳入企业集团结构。

18.1.2　集团管控意义

集团管控的意义在于促进战略目标实现和防范委托代理风险两个方面。

（1）正面：促进战略目标实现。为什么要形成企业集团？企业一定要把握核心的战略深意，如实现多元发展、延长完善产业链条、实现资产增值等。完善的集团管控可以促进战略目标的实现。

（2）负面：防范委托代理风险。集团（或母公司）与分/子公司通常存在明显的距离或行业间隔，如果不能有效实施集团管控，委托代理危机更容易爆发。换言之，完善的集团管控可以有效防范委托代理风险。

18.1.3　集团管控模式

一谈到集团管控，自然就会想起迈克尔·古尔德 3 种管控类型：财务管控型、战略管控型和运营管控型。表 18.1 – 1 所示为迈克尔·古尔德 3 种管控类型。

表 18.1 –1　迈克尔·古尔德 3 种管控类型

具体架构	财务管控型	战略管控型	运营管控型
管控目标	财务投资获益	战略优化协同	管理优化协同
财务手段	获利指标管控	财务报表管控	财务协同管控
通俗表述	单过，要交赡养费	家庭单元独立核算	生产小队集体劳作

一般而言，管控方式的选择取决于集团（或母公司）对管控对象的控制力度，通俗讲，就是持股比例多寡。

从管控模式来看，战略管控型似乎更受集团企业青睐，既能有效放权，激活事业部（子公司），又能处于控制范围，便于集中管理。但这仅仅是理论设想，现实却令人非常沮丧。这是为何？因为战略管控型的管理模式处于财务管控型与运营管控型的中间地带，理论上可以实现，现实中却很难把握这个"度"，要么力所不及，要么矫枉过正，通常情况下会被打回运营管控型，相当于一个全资子公司或分公司而已。

18.2 集团财务管控实施

企业集团和单独企业相比，具有投资层次多、多元化经营、跨区域经营、规模巨大等特点，从财务管理的角度来看，必然面临着战略管控、资源整合、并购重组、合并报表、关联交易、子公司控制等更为复杂的财务管控要求。

严格意义上讲，能构成集团成员企业的唯一标准就是控制，或者说单纯财务投资实际上谈不上属于成员企业。对达到并入集团合并报表体系的成员企业管控，无论选择哪种模式，都无法回避财务管控，财务管理是基础，财务管控是核心。

集团财务管控的主要目标是实现八大协同，包括内控协同、架构协同、人员协同、资金协同、预算协同、核算协同、信息协同、考核协同。通俗来讲，就是规则要一致、机构要对应、人员要统管、资金要协调、计划要同步、算法要默契、信息要集中、奖惩要一体。

18.2.1 内控协同

内部控制体系是企业管理运营的基础之基础，除因资本运作而引起的过渡类成员企业外，对那些在可预见未来都将处于控制的成员企业，都必须达到内部控制体系协同。

1. 内控协同的意义

（1）协同利于沟通。进了一家门，就是一家人。既然都是成员企业，业务上的沟通协调在所难免，内控规则体系就相当于集团通行的度量衡，统一才利于沟通。

（2）协同便于监控。监控不是不信任，而是有效怀疑，协同便于对成员企业进行各项监控。

（3）协同消除双重成本。如果不能做到内控协同，那么成员企业尤其是吸收合并的成员企业在管理中有可能面对两套内控规则体系，管理成本翻倍，运管人员苦不堪言，所以，内控协同可有效消除双重管理成本。

2. 内控协同的内容

内控协同的内容包括制度协同、流程协同、表据协同，也就是整个规则体系协同。

内控规则体系内容庞杂、体量较大，要想一次性实现新成员企业的协同难度很大，首先要确保核心规则的协同，在此基础上再逐步扩展到细节规则的协同，最后实现全方位协同。

18.2.2　架构协同

架构协同包括业务部门架构协同和财务部门架构协同。对于业务部门，能协同一定要协同，业务特殊的成员企业在集团允许下可以保持其固有业务部门架构，但是财务部门架构要一致。成员企业应按照集团财务管控要求，建立与集团财务中心对口的财务职能部门或架构。

18.2.3　人员协同

人员协同意义重大，人员不协同，相当于没有管控。集团财务管控对财务人员的控制模式包括财务人员委派制、财务人员自由制、财务负责人委派制。

（1）财务人员委派制，是指成员企业的全部财务人员，都由集团委派或以集团名义聘用、管理、考核。这种控制模式的优点在于财务人员独立性强，集团通过财务人员对成员企业管控力度大；缺点是由于财务人员独立性强，难以融入成员企业，与成员企业的沟通协调成本较大。

（2）财务人员自由制，是指成员企业的全部财务人员，都由成员企业自行聘用、管理、考核，集团财务部门仅对其实行有限业务指导。这种控制模式的优点在于财务人员与成员企业联系密切，便于沟通协调，集团通过财务人员对成员企业管控力度小；缺点是由于财务人员与成员企业联系密切，利益相关，难免会出现成员企业利益优先而非企业集团利益优先的抉择。

（3）财务负责人委派制，是指成员企业的财务负责人员由集团委派或以集团名义聘用、管理、考核，一般人员由成员企业自行聘用、管理、考核。该控制模式综合了财务人员委派制和财务人员自由制的优点，也克服了其相应不足。但这种控制模式自身存在不足，具体如下。

①财务负责人委派制的背后就是财务负责人轮岗，难免造成财务负责人短视行为。

②财务负责人为集团聘用管理，难免孤立于成员企业及其财务部门，管理力度难以确保。

③财务负责人存在被"感染"甚至被同化的风险。

实务中，大多数企业集团选用由财务负责人委派制改良的核心关键财务人员委派制。原则上财务部门负责人、财务骨干、出纳人员由集团委派，其他人员由成员企业在财务部门负责人牵头基础上聘用、管理、考核。

18.2.4　资金协同

资金是企业运营的血脉，是企业集团最重要的财务资源，资金统筹运用已然成为集团利益共享的基础，所以资金协同是企业集团财务管控的一个核心要素。

企业集团对成员企业资金管控有两大主要目的：一是保证资金安全；二是便于集团内部有效调拨，从企业集团高度提升资金使用效率。

企业集团资金管控主要模式包括财务公司、结算中心两种类型。财务公司一般适用于超大型企业集团，结算中心一般适用于地域比较集中的企业集团。不管哪一种模式，都要求成员企业的资金必须归入集团集中管控。

资金协同体系下，资金需求方可向集团财务部门提出资金使用申请，由集团财务部门统筹安排调度，同时按照一定的结算利率承担和支付资金成本。

18.2.5 预算协同

预算控制是实施其他财务控制的基础工具，所以对于集团财务管控来讲，意义尤为重要。集团对成员企业的控制活动基本上是靠预算来进行的，最后也是通过预算来进行检查。没有预算协同，就鸡同鸭讲，无法全面实施集团财务管控。

1. 预算编制政策协同

预算编制政策是预算编制的指导性文件，包括预算期间、预算范围、预算程序、预算方法等具体性规定。

2. 预算编制模板协同

模板看似是工具，实则是利器，好的模板基础录入简单、自动归集迅速、计算结果准确。集团财务部门就应以此为目标组织设置企业集团的全面预算管理模板。

成员企业必须严格按照集团财务部门组织设置的编制模板来承载自身预算资料，便于集团全面预算数据的迅速归集汇总，同时也要求集团财务部门设置模板时既要考虑通用性，也不要忘记独特性。

3. 预算差异分析协同

预算既然是事前预测与控制，必然与实际情况存在差异，产生差异并不可怕，可怕的是成员企业对差异的掩饰甚至隐瞒。

成员企业财务部门必须按期计算预算与执行的差异，并对差异进行分析，重大差异还必须专项分析。预算差异分析报告必须及时上报集团财务部门。集团财务部门必须对差异分析报告进行审核，重大差异（性质和金额）还必须亲临现场复核检查。

18.2.6 核算协同

核算协同的内容主要包括以下几点。

（1）会计基础政策要一致，包括会计年度、记账方法、记账本位币等政策。

（2）会计核算政策要一致，包括销售收入确认原则、应收账款确认及坏账准备计提、成本归集与分摊方法、存货的核算与计价方法、固定资产计价与折旧、无形资产计价和摊销等政策。

（3）财务管控政策要一致，包括资金管控、资产管控、成本管控、费用管控、应收账款管控、存货管控等政策。

18.2.7　信息协同

信息协同指信息软件工具协同及其传递沟通的会计信息协同。成员企业必须纳入集团的信息化平台系统，也就是说，成员企业必须对接到集团的服务器系统平台，成员企业内部的计算机作为信息平台客户端，所做的任何操作包括信息及路径均准确无误地被集团信息化平台收录。

18.2.8　考核协同

 【情景剧场：尴尬的财务总监】

助理小王：段总，您从集团开会回来，怎么闷闷不乐的？

财务老段：（思索片刻）哎，小王呀，其他部门去集团开会，要么是表彰大会，要么是"观光旅游"，我们做财务的去开会是煎熬呀。

助理小王：为什么呢？

财务老段：那就长话短说吧。集团每年给我们的指标都很高，生怕我们偷懒了，指标严重脱离实际，怎么努力也完不成。指标能否完成又关乎高管的薪酬收入多少，怎么办呢？上有政策、下有对策，你知道，我们虽然是大集团的成员企业，但我们也是一个小型集团，于是，也不知哪任财务总监想出一个馊主意，变合并报表为汇总报表。

助理小王：变合并报表为汇总报表，怎么理解？

财务老段：正常讲，我们和子公司各有各的客户群体，内部往来不多，顶多是些借调货，而且合并报表编制是要把内部关联交易抵销。可是那个总监却不抵销内部关联交易，合并报表变成汇总报表了，但是利润没法汇总呀，所以就成了收入是汇总报表，利润是合并抵销的。每次大集团开会都难应付。

助理小王：我大概听明白了，段总，您也感觉困难？

财务老段：这样的模式，谁都不能对各项指标及其分析自圆其说呀。

助理小王：段总，那么集团知道这个事情吗？

财务老段：集团也知道的，但是既然成为惯例了，就一直这样了。

结合上述情景剧场可知，考核协同的内容包括考核对象协同和考核体系协同两个方面。

1. 考核对象协同

对于成员企业的考核对象确定要按照集团考核范围要求执行，一般指成员企业的管理层，包括总经理、副总经理、财务总监等。

2. 考核体系协同

对成员企业的考核对象如何考核，需要一套完整的考核指标体系予以约束，考核指标体系不仅包括各类考核指标，还包括具体考核指标的计算口径、目标值设定、指标权重关系、考核结果计量核定、考核结果与考核对象利益挂钩等内容。

一般而言，成员企业考核对象只与本企业的指标体系相关，实务中，也存在考核对象既关联本成员企业的考核指标体系，也关联整个集团的考核指标体系的情况，考核对象既承享自身企业的成长与分享，也承享整个集团的成长与分享。

18.3　审计稽核管控

庞大的组织规模，必然导致集团管控难点增加，其中蕴含的风险也随之增加。对此，企业集团还需建立完善的审计稽核管控体系，防范集团管控风险。

18.3.1 集团管控风险

随着集团规模扩展、产业延伸，集团管控风险也逐渐彰显。对于成员企业，既要充分信任，促使其放开手脚大步向前；又要适时制约，防范管控风险。

集团管控风险一般包括以下几个方面。

1. 成立"独立王国"

成员企业将自身作为企业集团一分子，但内心更倾向于独立存在，所以集团要防范成员企业成立"独立王国"，脱离集团控制。

2. 心理排斥

成员企业尤其是被并购类成员企业虽然被纳入企业集团，但其团队尤其是管理团队内心仍会产生排斥心理，或是认为自己并非"嫡系"而变得消极。

3. 财务被同化

财务委派制的实施能够确保财务核心人员的独立性，便于集团直接掌握成员企业财务状况。但长此以往，被委派的财务人员被同化的情形也难免发生。

4. 数据被虚化

数据关乎形象，更关乎自身利益，虽然做了诸多协同与努力，但数据被虚化、指标被美化的风险依然存在。

18.3.2 内部稽核监管

为了有效防范集团管控风险，企业内部必须建立严格的稽核监管制度。

1. 内部审计机构

企业集团应专门设置内部审计或内部稽核机构，对成员企业进行内部审计监管。

集团内部审计机构设置模式包括3种。

（1）设置独立于集团财务部门的内部审计机构，直接归属集团最高决策者领导。

（2）在集团财务部门下设内部审计机构，直接归属集团财务最高层领导。

（3）在集团纪检部门下设内部审计机构，归属集团纪检最高层领导。

上述3种模式各有利弊，企业集团根据规模大小、管控风格具体情况设置即可。

2. 内部审计内容

内部审计内容主要包括内部控制审计、年度内部审计、任期经济责任审计、专项审计等内容。

3. 内部审计计划

集团内部审计部门要有年度审计计划，包括定期计划和不定期计划，应确保不定期计划占据一定比重，以对成员企业形成潜在制约与压力。内部审计计划要确保成员企业都有被审计的概率。

18.3.3　外部审计监督

由于内部审计部门人员素质、能力水平的限制，企业集团在不断完善内部稽核监管的同时，也要引入外部审计监督机制。

外部审计监督机构以会计师事务所为主导，辅以资产评估事务所、税务师事务所等机构。

外部审计机构由集团负责招标并承担费用，审计费用及现场费用全部保持独立，不由成员企业负担。

为了确保外部审计监督的服务质量，企业一般应与规模较大、人员素养较高的外部审计机构合作。在外部审计机构进行审计监督时，集团内部审计部门也应随同现场跟进，一方面可形成外层监督，另一方面有助于提升自身稽核水平。

需要注意的是，外部审计机构工作底稿必须交集团内部审计部门备存。同一外部审计机构不能长期审计监督同一成员企业。